U0928457

宿州历史文化丛书

赛珍珠、布克与宿州

——皖北大地中美文化交流的百年印记

鄢化志 / 主撰

宿州市档案局（馆）
宿州市地方志办公室 / 编

合肥工业大学出版社

图书在版编目(CIP)数据

赛珍珠、布克与宿州:皖北大地中美文化交流的百年印记/鄢化志主撰. —合肥:合肥工业大学出版社,2017. 8

(宿州历史文化丛书)

ISBN 978-7-5650-3531-9

Ⅰ. ①赛…　Ⅱ. ①鄢…　Ⅲ. ①文化交流—研究—中国、美国②赛珍珠(Buck, Pearl 1892—1973)—人物研究③布克—人物研究　Ⅳ. ①G125②K837. 125. 6③K837. 126. 1

中国版本图书馆 CIP 数据核字(2017)第 219399 号

赛珍珠、布克与宿州

——皖北大地中美文化交流的百年印记

鄢化志　主撰　　　　责任编辑　朱移山

出　版	合肥工业大学出版社	版　次	2017 年 8 月第 1 版
地　址	合肥市屯溪路 193 号	印　次	2017 年 11 月第 1 次印刷
邮　编	230009	开　本	710 毫米×1010 毫米　1/16
电　话	人文社科编辑部:0551-62903310	印　张	19. 25
	市 场 营 销 部:0551-62903198	字　数	283 千字
网　址	www. hfutpress. com. cn	印　刷	合肥添彩包装有限公司
E-mail	hfutpress@ 163. com	发　行	全国新华书店

ISBN 978-7-5650-3531-9　　　　定价: 38. 00 元

本书编写组

编写组成员（按姓氏笔画排序）

王效昭　井红波　白　雪　张桂玲　张雁凌

孟　方　孟筱萌　陈世魁　陈艳梅　居永梅

姚慧卿　鄢二星　鄢化志　魏　群

策　　划　居永立　王　伟

编　　务　陈艳梅

翻　　译　张雁凌　白　雪

主编、统稿　鄢化志

各章撰稿人　见本书《后记》相关说明

油画《赛珍珠在宿州》（宿州 · 张利华作）

序　言

苏兴佳

赛珍珠是世界上唯一的以写中国题材获诺贝尔文学奖的女作家，被政治文化界誉为“沟通东西方文明的桥梁”。2009 年秋，赛珍珠获“中国缘·十大国际友人”提名奖。

赛珍珠、布克夫妇的辉煌事业发轫于宿州，对宿州怀有终生的情结。国内外对二人的成果、贡献研究甚多，但对他们的人生、业绩与宿州的密切联系，却关注较少；对曾为中国农业经济研究做出首屈一指贡献的布克，研究的力度、广度更是明显不足。然而若不具体考察他们的事业成果与宿州人文风貌的深层关联，就难以追本溯源地切中赛珍珠、布克研究的某些关键要素。

本书对赛珍珠与布克予以综合研究，对《大地》与《中国农家经济》予以综合研究的做法，曾受到王逢振、姚锡佩、姚君伟、段怀清等赛研知名学者的启发指点、鼓励支持。据布克、张渌梅之子保罗先生介绍，美国康奈尔大学也有两位教授正在从事“布克、赛珍珠在中国”的研究。故而在国内这方面研究较少的情况下，本书有着填补学术研究空白与拓展赛珍珠、布克研究领域的意义。

本书通过赛珍珠、布克在宿州活动轨迹的介绍，阐释他们的成果与宿州的渊源关系，展现自清末、民国以来宿州及皖北大地百年来的社会历史变迁；通过这两个世界名人在中国经历的微观视野，映射出中美文化交流史中的一个真实侧面。

本书以图片内容为主线，组成全书内容的行文脉络；通过每幅照片引发的相关故事和社会内容，连结成社会历史进程中人物活动的情节链条，从而较为系统地勾勒出赛珍珠、布克发端于宿州大地的中国经历，及其对促进东西文明交融和中美文化交流的贡献与影响。

书中收录数百幅图片，多系近年抢救、挖掘的本地旧照，以及从赛珍珠、布克后人处获得的百年老照片，不少是首次面世，具有较高的文献价值。照片的阐释文字注意情节性、故事性，努力通过图文“悦读”，使读者获得社会历史的启示和文学艺术的陶冶。

今年是赛珍珠诞辰125周年，也是赛珍珠、布克夫妇婚后定居宿州、开始工作的100周年纪念。布克之子保罗先生专为本书发来热情洋溢的信函，并提供了布克100年前写于宿州相关信件的摘录。此书既表达出赛珍珠、布克共同生活工作的《大地》故乡——宿州赛研布研工作者对赛珍珠、布克这两位世界文化名人的崇高敬意，也寄寓着宿州的父老乡亲对赛珍珠、布克这两位中国人民真诚友人的深切怀念，同时也以此书对为本书予以热情关注，并给予资料、信息方面诸多帮助的保罗先生一家，表达衷心的感谢。

宿州正在筹建“宿州市赛珍珠研究会”，研究会筹备会和本书编写组同仁希望和国内外、海内外关心赛研、布研的有识之士加强联系，为推进赛珍珠、布克研究，为促进中美人民的友好交流、为推进习总书记提出的“人类命运共同体”的建设发展，做出更多的努力！

（注：本文作者系宿州市政协副主席，宿州市赛珍珠研究会筹备会负责人）

前　言

一个世纪之前，一位襁褓中的"西方美人"赛珍珠从大洋彼岸的美国随父母来到山清水秀的中国镇江。经东西方双重文化教养而长大成人后，又为爱情婚姻而随同夫君——青年农学家布克来到尘土飞扬、祸乱频仍的北方小城宿州，共同生活了四年左右①，并在这个似乎隔绝于世界文明之外的悲惨世界中逐渐体察到：这方沉寂闭塞、贫脏破败的蛮荒大地，其实蕴含着丰厚财富和巨大潜能；这里苦难辗转、看似愚昧的芸芸众生，其实充满了善良智慧和生命张力。种种体察感受催生出表达与创作的冲动，经她如椽之笔的熔铸，终于形成一部雄浑阔大而又具象真切的中国农民史诗——长篇小说《大地》，并在迅速引起轰动后，进而登上了文坛的荣誉峰巅——荣获诺贝尔文学奖。而夫君布克也在她的支持帮助下，在宿州奠定了毕生事业的方向，成为中国农业经济研究和实证数据考察方法领域中首屈一指、"空前绝后"（张五常语）的权威学者。

这是一对异邦青年夫妇发轫于中国北方小城、继而声闻世界的人生传奇。这个传奇奠定了赛珍珠与布克一生辉煌事业的基础，可以说是以宿州为代表的中国大地所给予赛珍珠与布克的无言而无量的馈赠；同时也是一个尚在沉睡的东方古老文明和西方近现代文明深度交融的划时代的重大事件。这个事件宣扬了以农民为主体的中国人民，宣扬了以农业、农村、农民为代表的中国文化，也宣扬了僻处于北方苍莽大地中的"荒城"宿州，从而使这个鲜为世界文明关注的北方一隅，突然间成为沟通中西文化桥梁上中国一端的"桥头堡"，受到中外各界前所未有的关注，从而极大提高了荒僻小城宿州的知名度。而这些关注与知名度，实际上形成了赛珍珠、布克对以宿州为代表的华夏大地给予的无言哺育，所做出的真诚而功绩非凡的回报！

对赛珍珠布克的一系列回报，当年的中国有过颇为密集的热议，甚至在《大地》获奖前，就引起“中国文化守望者”鲁迅先生的关注与参与。然而与全国的反响相比，身为赛珍珠布克回报“鹄心”的当事之地宿州及“事主”宿州人，却是出乎意料地淡然甚至冷漠：除了流传于口头的令人啼笑皆非的街议巷语，乡曲琐谈[②]，在文字反响上，则几乎见不到宿州人的只言片语。

当时宿州的这种漠然与缄默，当然不是超然高蹈的“宠辱不惊”，更不是高屋建瓴的“大智若愚”，不容回避地说，这实在是一种麻木不仁的“过客”心态，是一种狭隘封闭、懵懂愚昧的“老阿呆”式的无语。这当然不能归咎于尚处于“铁屋子里沉睡”的宿州人民，只能怪半殖地半封建的老大中国文化荒漠的社会现实，以致最应该发声、最有资格评判的宿州，暂时还没有条件对异国友人的报答发出“礼尚往来”的回声。

明确意识到身为大地主人应有的姿态和回声的话语权，要等老大中国“睡狮猛醒”之后。而宿州的明确姿态和发声，则在赛氏获奖一个甲子之后才逐渐出现。如果说莫言以中国农村素材的小说获诺贝尔文学奖，是以文学方式对赛珍珠做出的回应，则本书对赛珍珠、布克在宿州岁月的钩沉、对他们事业成就内涵的阐释、对他们在中西方文化交流中“人桥”意义的探讨，均可视为宿州人对赛珍珠、布克回馈宿州，所做出的理性思辨和应对回声。这样沉默了如此久长岁月的回声，既蕴涵、积淀着中华民族觉醒、奋争和挫折、探索的曲折历程，也载录、见证着中华民族在新中国成立后拨乱反正、改革开放，终于昂首阔步走向伟大复兴的坚定步伐。

为了这份“看似平易实艰辛”的回声，改革开放后的宿州为之做出了不懈尝试、探索与研讨。宿州市委、市政府、人大、政协和宿州学院、市档案局等相关部门与领导都高度关注、支持赛珍珠研究工作，先后成立了宿州市赛珍珠研究会和宿州学院赛珍珠研究所，与北京、上海、南京、镇江、庐山、淮安、保定等地建立了以赛珍珠、布克为中心议题的多重联系。宿州学院中文传学院的资深学者、其家族与赛珍珠有着“世交之谊”的邵体忠先生，从20世纪90年代之初，就致力于以赛珍珠、布克为代表的近代乡土文化名人的研究，在《江淮文史》《传记文学》等刊物上发表了一系列赛珍珠与《大地》的论文，引起国内外赛珍珠研究机构及学者的高度关注。赛珍珠研究所在宿州学院历任领导的支持、指导和文传学院、外国语学院及相关部门领导师生的共同参与下，有组织、有计划地进行了赛珍珠研究的宣传研讨、文献征集、学术交流工作：定期编发赛研专刊，与国内外赛研机构及有关专家学术往来，进而在校方支持下，设立了《宿州学院学报》上的“赛珍珠研究专栏”，和校园网上的“赛珍珠研究”网站，聘请了美国、英国、荷兰、澳大利亚、加拿大、日本及我国港台和内地各省市的赛研专家学者进行交流或举办讲座，在文传学院教学计划中设置“赛珍珠研究”选修课，组织师生申报省厅、校、地的各类赛研项目，抢救性地挖掘、搜集了一批赛珍珠布克夫妇在宿州与《大地》创作和农业调查相关的历史文献、图片资料、逸闻轶事，在全国各报刊发表一系列赛研布研学术论文……上述工作和成果，使宿州逐渐成为国内外“赛学、布研”机构和专家学者关注的焦点，使宿州学院的“赛学研究”登上了央视和多家省市的各种媒体，登上了美国的赛珍珠国际组织网站。2010 年，以承传一方文化为己任的宿州学院在大学文化、大学精神建设进程中，建成了独具《大地》故乡特色的赛珍珠纪念馆，召开了包括美国及我国台湾地区赛研机构、学者参与的“赛珍珠-布克国际学术研讨会”。2014 年文传学院汇集已发表的学术成果，编印了《大地的回声——赛珍珠研究论文集》，集中展示了自 20 世纪末以来赛研学术团队的不懈探索成果。

为赛珍珠、布克研究辛勤耕耘的团队中，既有邵体忠、梅焕亭、周治杰等与赛珍珠或布克家族有过交往的学术顾问、文化耆宿，更有一批年富力强，朝气蓬勃的以博士、硕士为主体的中青年骨干教师，并包括历届在校就读的本科生；此外还有为赛研学术和纪念馆建设做出重要贡献的文化联络员如桂莅鑫、常旻懿、邵荣青、孟小萌、白雪等，他们或已研究生毕业走上工作岗位，或仍在攻读研究生学位，但都从不同环节对宿州学院的赛珍珠、布克研究和纪念馆建设，在资料搜集、文化交流、学术信息传递等方面，做出了效绩鲜明的贡献。几代人的共同努力、薪火相传，使宿州学院的赛珍珠、布克研究形成一道独特的文化景观，引起了省内外乃至国内外的关注支持，成为宿州学院在高校学术领域中一个令人瞩目的特有亮点，对学校的文化学术建设和教育教学的发展，越来越彰显出潜在的推进力量和明确的开拓价值。

世界在前进，文明在发展。人类社会的竞争，将由历史与现实的经济、财富竞争，进入更高更深层面的文明文化之争。在这种关乎国家民族未来命运的文化趋势中，赛珍珠、布克的中国经历，其作品所代表的文化和融共存理念，以及“赛珍珠、布克研究”对文化发展深层内涵的探讨，必将越来越受到更为广泛的关注与参与，相关成果揭橥的科学内涵，也将越来深刻地渗入人类文明发展的总体进程之中。

清末民初的宿州大地以极为贫乏闭塞的经济文化，在不长时间内直接滋毓出诺奖得主和中国农业经济研究奠基者两位世界级的文化名人。现代以宿州农民为代表的中华大地各族人民，已经从农业社会跨越了工业社会和信息社会，步入智能科技、智慧科技时代。今天距赛珍珠、布克1916年由相恋庐山到定居宿州，已经历了100周年的漫长岁月，但人们并未忘记他们对宿州、对中国人民付出的辛劳和贡献。继2009年在人民大会堂颁发给赛珍珠“中国缘·十大国际友人”提名奖以来，宿州已多次参加镇江等地的赛学研讨，并于今年上半年由宿州、镇江两市人大、政协、赛珍珠研究会协同江苏大学，在宿州学院成功举办了“赛珍珠主题书画巡回展·宿州站”的展出。现在由宿州的几位赛研、布研同仁编撰的这本图片说明式的《赛珍珠、布克与宿州——皖北大地中美文化交流的百年印记》，既是新时代对赛珍珠、布克的当年贡献所作出的回声与回望，也寄寓着《大地》故乡宿州对这两位与中国结下不解之缘的国际友人的真诚敬意与纪念。

注：

① 赛珍珠在宿州的生活时段，通行的说法是：1917年5月赛珍珠与布克举行婚礼后，随布克首次来到宿州。至1919年底或1920年初移居南京，其间在宿州生活不到三年时间。然而据布克之子保罗2008年与宿州赛、布研究人员座谈时所述，以及布克孙女艾丽莘．布克的宣读论文《中国书简·我的祖父约翰·洛森·布克与赛珍珠的早期生活》和英国作家希拉里·斯伯林的传记著作《赛珍珠在中国》所记，赛珍珠与布克1916年7月在庐山一见钟情之后不久，大约在8月底或9月初，就应邀随布克第一次来到宿州。此后在二人1917年1月订婚之前，又有四五次往来于宿州镇江之间，两人得以待在一起。如果据此把“赛珍珠在宿州”的开始期从1916年8月算起，到1919年底或1920年

初赛珍珠布克离开宿州移居南京,则按实际时段计算也有 3 年半。如果按照中国民间计算人物年龄虚岁的“两头挂”算法,则赛珍珠在宿州的时间,也可说成是 1916—1920 之间的五年。而后一种“年龄虚岁算法”,也曾得到赛珍珠本人说法的证实:在她的《我的中国世界》和《布克夫人自传》中,就反复出现“五年说”:

“我嫁给了一个美国青年,我去到中国北部一个城市里,他是在那儿工作的,我们住在那儿将近五年时日,这五年的日子是在富裕和最贫困的人群里过活的……”“母亲恢复健康之后,我嫁给了一个美国青年,随他到北方去(即安徽宿县),一起住了五年。这五年的生活可算是最丰富而同时最辛苦的。我有几位最亲密最要好的朋友都是这几年中结交的,她们现在仍是我的朋友。”

综上所述,赛珍珠在宿州的时间,按照人生虚龄的“满打满算”法是五年,按照人生实龄的“一丝不苟”法是三年半,按照婚后定居的算法则是两年半。其余三年、四年等说法,都应是中西历法年份交替的日期差异,或者年岁计数标准差异派生出来的。

② 据宿州父老相传,赛珍珠获诺贝尔文学奖的消息传到宿州后,本地遗老和好事者每每于茶余饭后推究赛珍珠获奖的原因,结论是:赛珍珠在宿州所居住的大河南街是条“富贵街”,沾上了“富贵气”;加上其住宅又和魁星阁近邻,有“文曲星”高照,她才得以获此大奖(见邵体忠先生《赛珍珠研究小札 · 漫话赛珍珠故居紧邻的魁星楼阁》)

(鄢化志　孟　方)

赛珍珠、布克宿州经历感言

在南宿州，居住的时间越长，我就越了解那些穷苦农民。他们活得最真实，最接近土地，最接近生和死，最接近欢笑和泪水。在农民当中，我找到了人类最纯真的感情。

当我生活在中国人当中时，是他们给了我最大的愉快和兴趣。

——赛珍珠《我的中国世界》

在中国 6 省 10 县 1987 家农户的统计比较中，宿州佃农仅用于维持生存的食物费用，比例就占全部收入的 67.2%，再加上衣服婚嫁丧葬及日常杂用，每年可以随意支配的费用只有 1% ~2%，而地主则有 24%。佃农、自耕农、地主的这种差别，在安徽省宿县较他处尤为显著。

农民收入渺小得可怜，虽将大部分用在生活必需品方面，但生活程度仍如此之低：食物缺乏营养，且又终年不变；衣服极粗，仅足蔽体；住室简陋，聊避风雨；生活负担太重，故而娱乐消遣甚感缺乏，精神生活极为枯燥单调。

农家父母之于子女，产男则相贺，产女则杀之。同出父母之怀衽，然男子受贺，女子杀之，虑后便，计之长利也！李绅诗曰："春种一粒粟，秋收万颗子。四海无闲田，农夫犹饿死！"

但他们的生活虽如此之苦，而仍能喜笑颜开，和平忠厚，这一点也颇值得吾人之钦佩！

——布克《中国农家经济》

目　　录

第一章　沉寂宿州　从此闻名世界

一、概述

1915 年年底，安徽东北角。尘土飞扬的宿州小城里，出现了一位身姿挺拔、沉稳帅气的洋小伙——来自美国纽约州快乐谷农家的康乃尔大学农学院毕业生约翰·洛森·布克。

一年之后，他从镇江带来一位高挑美貌、光彩炫目的洋新娘——来自美国弗吉尼亚州传教士家庭的伦道夫·梅肯女子学院毕业生玻尔·康复·塞登斯特里克，中文名为赛珍珠。

这对洋夫妇起初只是以异常的形象做派，使当地人好奇而竞相窥视；大概要到他们日后将科学之神与文学之神完美联姻，以丰硕成果使宿州联通美国、声闻世界的时候，人们才能理解到这对夫妇作为“中西文化交流人桥”的真正价值。

当时显得沉闷暗淡的宿州虽不是繁华都市，但文化历史并不单薄。这里发生过陈胜吴广大泽乡起义、刘邦项羽垓下决战、项王四面楚歌泣别虞姬、宋金鏖兵符离之战之类风起云涌、撼天动地的铁血往事，也曾回荡过“汴水流，泗水流，流到瓜洲古渡头”的运河小曲。只是元明清以来，黄水泛滥，淹没城乡，形成“四郊惊浩淼，百室尽流亡”的浩劫惨状。加以旱、涝、蝗、雹，兵匪横行，使得古来尚称繁庶的宿州，到了清末民初竟然沦为公认的破败贫穷、沉寂蔽塞、民生凋敝、灾祸频仍之地，甚至有“安徽的西伯利亚”之称。

种种灾难，直接承受的自然只能是普通百姓——城市平民和乡村农民，农民的苦难更甚于市民，而北方农民所经受之苦，更酷于鲁迅笔下的阿Q、闰土、七斤嫂的乡邻等南方农民，而宿州的农民，尤堪称旧中国最为惨痛的群体。郭沫若上世纪20年代的一首诗中说：

中国有四万万的人口，农民占百分之八十以上。
这三万二千万以上的农民，他们的生活如今怎样？

朋友，我们现在请先说北方；北方的农民实在是可怜万状！
他们饥不得食，寒不得衣，有时候整村整落的逃荒。

他们的住居是些败瓦颓墙，他们的儿女就和猪狗一样；
他们吃的呢是草根和树皮，他们穿的呢是褴褛的衣裳。

南方呢？南方虽然比北方稍强，但是农村的凋敝触目神伤。
长江以南的省区我几乎走遍，每个村落里，寻不出十年新造的民房！
…… ……

——郭沫若《我想起了陈涉吴广》

郭沫若以诗歌的语言韵律，概括了南北方农民大同小异的惨状。而准确把握农民苦难的具体状态，还有待进一步情景描述和量化评析。此前对中国农民的关注，管理体系限于收成丰歉、饥荒赈灾，文化领域限于悯叹其辛劳困顿，很少感同身受的描述和数据量化的研究。这项工作在布克、赛珍珠夫妇来到宿州后，才出现当时浑然不觉、十几年后声闻世界的转化契机——

布克以宿州为考察原本，通过严谨的实证研究和缜密的数据分析方法，历史上第一次为中国农民的生存资源与生存状态、发展资源理清了家底，使沉寂荒僻的小城宿州成为人类文明立身之本——农业经济理论研究的典型范例；

赛珍珠以宿州为素材背景，通过自觉的使命意识和文学的的现实手法，继马可·波罗之后又一次而且更完整地向世界介绍了中国，第一次向西方世界展示出中国农村、农民的真实面目；把西方世界心目中茫然深藏于神秘一隅的宿州，和举世瞩目的世界文学艺术最高殿堂——富丽堂皇的诺贝尔颁奖大厅直接关联起来。

二人分别从科学、艺术的不同角度，整体改变了西方世界对中国的荒谬误解和排斥心态，架起了沟通东西方文明的人桥。

二人分别从职业的自觉责任和表达的潜在冲动出发，以相辅相成的科研与创作成果，把鲜为人知的北方小城宿州，一举推向“中西方文化桥梁”上“东方桥头堡”的显赫声誉；使这方最典型体现中国农业本质特性的乡野大地，成为世界各国各方人士心目中魅力无穷的“Good Earth”——福地。

从20世纪末开始，改革开放走向伟大复兴的中国以更加宏阔开放的胸襟，更为高瞻远瞩的视野，对赛珍珠和布克逐步做出了历史的科学的公正评价和高度赞誉。2009年，赛珍珠和“飞虎队”（中国空军美国志愿援华航空队）创始人、美国飞行教官陈纳德，日本电影《追捕》中“真优美”的扮演者中野良子，“是外国人，不是外人”的加拿大籍学者、主持人大山等10人，共同荣获“中国缘·十大国际友人”提名奖。时任中共中央政治局常委、全国政协主席贾庆林出席颁奖仪式，对赛珍珠等国际友人为中外文化交流和各方面事业的发展所做的贡献，给予了充分肯定和高度评价，其中自然也蕴含着对赛珍珠文学成就中不可或缺的贡献者——布克的认定和表彰。

《国家人文杂志》每期必用的开篇语曾说：“能看到多远的过去，就能看见多远的未来。”从这个角度说，今天回顾赛珍珠、布克在宿州工作生活的经历，反思他们获得成功的原因，对当代人类文明的进程、对促进中美文化和东西方文化交流，乃至对当代中美建立新型大国关系的研究而言，或许都不失为一个独特视角的历史参照。

二、图片与说明

宿州，古称“蕲”，位于安徽省东北部的黄淮大平原南端，地处“襟连沿海、背倚中原”的南北要冲，隋唐大运河的通济渠（汴水）穿城而过，既是楚汉文化、淮河文化的重要发源地，也是集中体现中国北方农业文明的典型区域。

宿州古城由隋唐时的埇桥镇扩建而成，清王朝最后一年1911年津浦铁路宿州段正式通车。布克、赛珍珠先后到宿州，都是下火车后从城东门（望淮门）东北增开的小东门入城。东南城墙上有魁星阁，临近赛珍珠、布克住处。小东门以西有省立第四职业学校，布克曾在此授课，并首次使用宿州从未见过的幻灯片辅助讲课。

赛珍珠、布克婚后1917年（民国六年）定居宿州时，城区依然是清末布局。城内东西走向的大河南街东部路南，有美国开设的基督教会，布克初到宿州即住于此；城外南关有基督教长老会开办的民爱医院、启秀女校，赛珍珠在宿州期间，经常到民爱医院帮助医务工作，并在需要时为患者和医生当翻译，同时一直在启秀女校任教近四年，曾一度负责学校管理工作。民爱医院现为市立医院，院内有依照赛珍珠、布克故居原貌建造的二层小楼，已辟为赛珍珠故纪念馆。

赛珍珠、布克在宿州时，宿城人口约有三万，富户商家多住在大河南街（又名“富贵街”）和大隅口两侧的大街，号称周、黄、邵三大家。其中黄家大院被赛珍珠写入《大地》，成为小说素材的重要背景。赛珍珠、布克在宿州期间，与周、邵、黄三家均多有交往。与赛珍珠同住一条街的张太太，即出身于名门望族的周家，原名周淑贞。邵氏家族则与赛珍珠有着同事和师生关系的多重交往。而黄氏家族中的黄子厚是基督教长老。他在宿州开设的“黄兴元”中西食品店，赛珍珠、布克都是频繁光顾的常客。

图1-1为清光绪十五年（1899）官修《宿州志》中的木板城区图，赛珍珠布克于修志16年后到宿州，城区结构仍如图所示，故而《大地》所描

写的城门洞、佛塔、黄家大院等，在图中皆依稀可寻线索。图1－2为布克家族绘制的布克从美国到中国及世界各地的行迹略图。图中两个红色圆点分别标志南京（NANKING）、南宿州（NANSUZHOU），这是布克在中国工作获得辉煌业绩的两个关键地，也是他毕生难以释怀的中国情结之源。

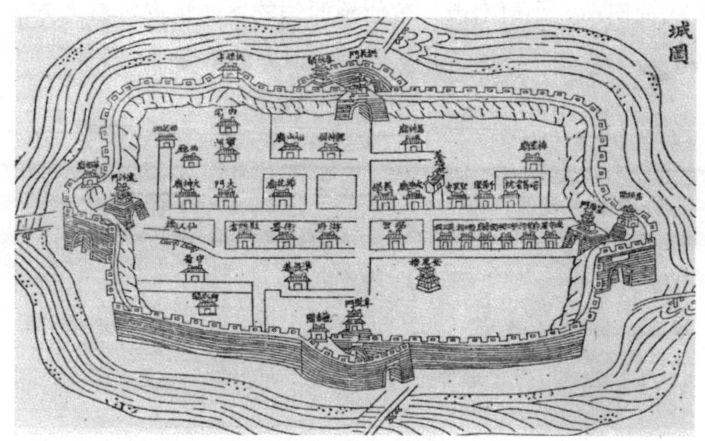

图1－1　布克、赛珍珠初到宿州时的宿州古城略图　（州志木刻）

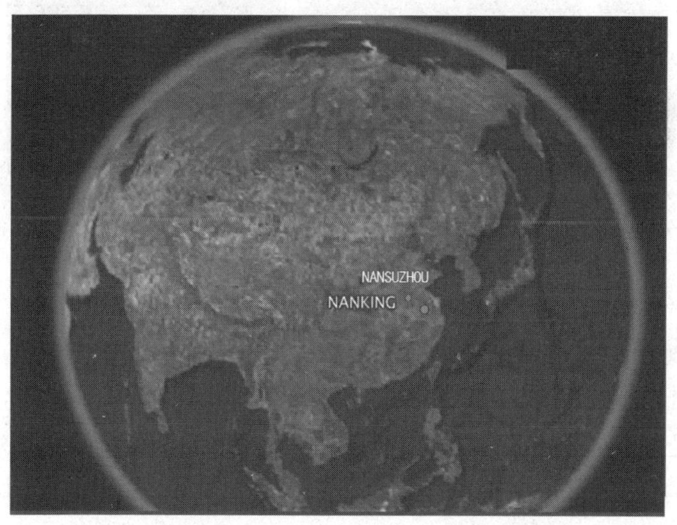

图1－2　布克家族绘制的布克从美国到中国及世界各地的行迹略图。红点标出的南京、宿州，为布克、赛珍珠中国心结的两个焦点

图1－3、图1－4：二图皆为赛珍珠、布克在宿州期间的居处和附近常到的熟悉地段。虽然系日本随军医生小野正男拍摄于20世纪30年，但宿

州城区结构在清末民初至抗战以前数十年基本未变，故而仍可从中考察赛珍珠布克当年的工作生活环境。图1－3为代宿州城大东门（望淮门）内外景观，全图由两张胶片精心拼合而成，中间最高处为瓮城防守要塞，较为完整地保存了晚清民国数十年间的宿州城区风貌；图1－4为东城门内宿州东南隅大河南街、小河南街、东仙桥西侧的民居情况。右上方的大型建筑为基督教会大教堂，土坡下树丛中是小户人家草屋。

图1－3　20世纪初期宿州城区俯瞰　（日本·小野正南摄）

图1－4　与布克同角度近方位拍摄宿州城区东南内景　（日本·小野正南摄）

以上二图，皆立足于赛珍珠、布克居住处附近的城墙上俯拍。图1－3中的瓮城，曾收入布克1916年摄照片中（见本书图1－9）。图1－4中大河南街附近的启秀女校、福音堂，是赛珍珠、布克工作生活处所，布克拍摄的立足方位是城外平地略为仰视拍照，所收景观为城墙及城外郊野，视野更为开阔，与此二图俯拍的角度有异，但都属于宿州城的同一区域。因此，图中的建筑及布局，在赛珍珠的回忆录《我的中国世界》及小说《大地》《儿子们》《亲眷》的环境描写中，都有明显痕迹。

图1－5为布克拍摄其故乡美国纽约州达齐斯郡拉格朗日镇（快乐谷）

的农家风光。布克父母老布克夫妇都是农民，经营有农场。布克从孩提时代就随父母劳动，并开始用多个作物品种做实验，少年、青年时期又在课余随父兄下田，亲自参加犁田、收割、装运谷物秸秆等农活，这对他大学选择农学专业及以后的农业研究事业无疑都具有“蒙养”的意义。图1－7为布克家庭农场中的牛群。

图1－5　布克的故乡——美国纽约州达齐斯郡快乐谷乡村

图1－6　在康奈尔大学农学院就读期间的布克

1910年，布克考入康奈尔大学农学院。同班同学有后来成为中国文化界、政治界名人的胡适，后来成为世界闻名的语言文字学者的赵元任。布克从小就听说过中国是农业大国，从而引发出茫远的想象。大学期间参加了旨在研究中国的俱乐部，并与中国留学生交往，使他对中国产生了更为强烈的兴趣。1914年布克大学毕业，获得农业经济学专业的理学学士学位。不久，美国基督教北长老会招收到中国工作的志愿者，布克与纽约麦迪逊长老会主持招募工作的牧师晤谈后，被任命为农业传教士而委派到中国北方的宿州。此后在中国生活了30余年，最终在农业经济学领域跻身于世界杰出学者之列。

据布克之子保罗2008年来中国时介绍：“布克自幼学农，当时就常和家人说要去中国。”1914年大学毕业后，布克在一所管教学校为少年犯讲授农业知识，这段工作很不愉快，于是主动向长老会海外传教协会申请，以农业传教士身份去中国。传教协会因为他的农业学士学位而很快批准申请，派他到中国宿州工作，图1－7、1－8为布克1915年11月乘“日本丸”号海轮赴中国途中的照片。

图1－7　布克从旧金山到上海乘坐的轮船“日本丸”号

图1－8　布克摄于赴中国途中的“日本丸”号轮船上

图1－9　布克1916年初拍摄的城墙及城边近郊景物与游人照片

图1-10 布克在宿州南郊芦家庄创办的农事部

远望何处？疑是学堂、农科所，而非寻常竹篱茅舍！

布克于1915年11月从旧金山乘“日本丸”号启程赴上海，当年12月抵达宿州。布克对宿州的情况十分满意，认为这里是“推广科学的农业”和“渴望了解中国农业的传统耕作方法”的好地方。他1915年12月14日给家人的信中说：“展望我在此地的工作，从各方面来看都非常好！这里完全是一个农业社会。”

图1-9由布克于1916年初拍摄的城墙及城边近郊景物与游人的照片，从某个角度说，也正是他对宿州的事业充满信心和期望之情的流露。经96岁的宿州耆旧、资深赛珍珠研究专家邵体忠、梅焕庭二位先生辨认，此照片是立足宿州旧城东南方位面朝西北所拍摄的宿州城东南隅的城墙、护城河，以及从东南方位向西拍照之郊区诸景。而且图中西南角林木掩映的郊区农舍，也正是布克初到宿州、尚未结识赛珍珠时的工作场所———宿州农事部。

我们可以结合照片中的景物推知拍摄的季节与时间、天气：从图中树木吐绽新芽、桥下流水涣然、游人着装较多等可推断出，本照片当拍于1916年的春天；从树影与人影的投向，以及人影长于身高等情况看，拍摄时间当是上午八九点的一个春光明媚的上午。就照片本身的布局结构看，镜头取景极具匠心：破旧砖桥及桥上两人为全图的主位景点。中国传统的物景构图中，本有“断岸颓堤，小桥可置”（宋·郭熙《林泉高致》中语）的原则，而此桥自然而然地吻合了这一情趣。同时，桥上二人的目光均集中于镜头方向，弧形的涵洞和静静的流水、方正的砖身和长方形的石栏与桥后的耕地和谐统一；由桥体、道路与人物分布所形成的近景横向结构，和城墙、楼阁、远树形成的远景纵向结构相辅相成，形成纵横交错的画面结构美。砖桥上二人站立，此二人相向对立，年纪一老一少，服装一中一西，站势一曲一直，身材一臃肿一削瘦，站姿一俯身一仰腹，并立桥上，正可谓相映成趣。从中可以发现旧宿州特定时代的社会人文内涵。

与布克出身不同，赛珍珠出生于美国弗吉尼亚州一个传教士家族。生下四个月就被美国基督教长老会派往中国的传教士父母带到中国镇江，从小接受家庭保姆王妈的民俗文化熏陶，以及私塾教师孔先生的儒家文化启蒙。后在镇江女子学堂和上海朱厄尔女校接受新式教育。这些文化成长经历和她家族基督教文化，共同奠定了赛珍珠“文化双视镜”的理念与事业的坚实基础。

图1－11 至1－15 分别为赛珍珠婴儿时期照，幼年与父母兄妹合影、童年与父母兄妹及家庭保姆王妈合影、姊妹合影、母亲携姐妹合影。

图1－11　赛珍珠婴儿时期照

图1－12　幼年与父母兄妹合影

图1－16 为赛珍珠就读镇江女子学堂时照片。1910 年9 月，18 岁的赛珍珠由中国赴美国弗吉尼亚州特林奇堡伦道夫·梅康女子学院攻读心理学，1914 年毕业。图1－17 为头戴学士帽的毕业照。

图 1－13　与父母、妹妹及保姆王妈合影

图 1－14　赛珍珠与妹妹合影

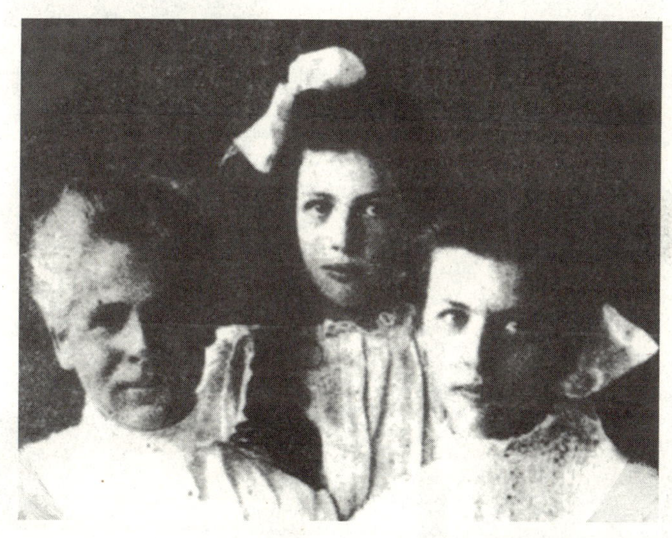

图 1－15　母亲携赛珍珠姐妹合影

1916 年 7 月，布克和赛珍珠在庐山的一个校友聚会上相遇，二人一见钟情，很快进入热恋，并于 1917 年 5 月底在镇江赛珍珠父母住所的花园中举行了婚礼，婚后二人定居宿州。在当时毫不起眼的宿州，二人继民国版“庐山恋”之后，又开启了生命的步伐：开始谱写科学之神与文艺之神的

和谐鸣奏——农业经济的科学研究和农民题材的文学创作，并进而获得两个领域世界意义的辉煌成果——中国农业经济奠基性研究和诺贝尔文学奖小说的创作。图 1 - 18 为二人新婚合影，图 1 - 19 为清末民初中国的结婚证书。布克与赛珍珠的这次结婚的证书不可得见，而布克后来与继任夫人张渌梅的结婚证书正是这种格式。

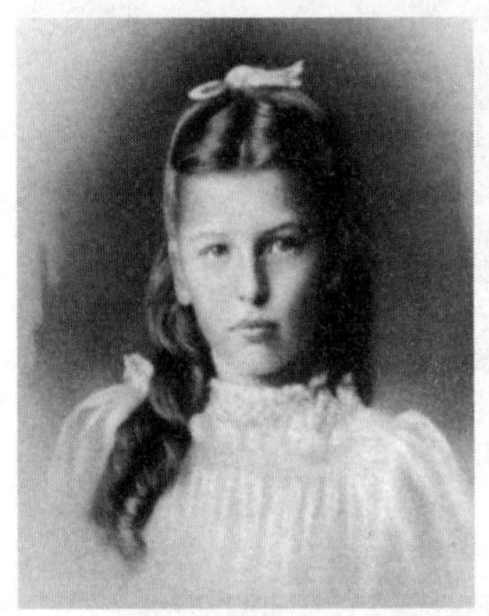

图 1 - 16　少女赛珍珠

图 1 - 17　青年赛珍珠大学毕业照

图 1 - 18　赛布新婚照片

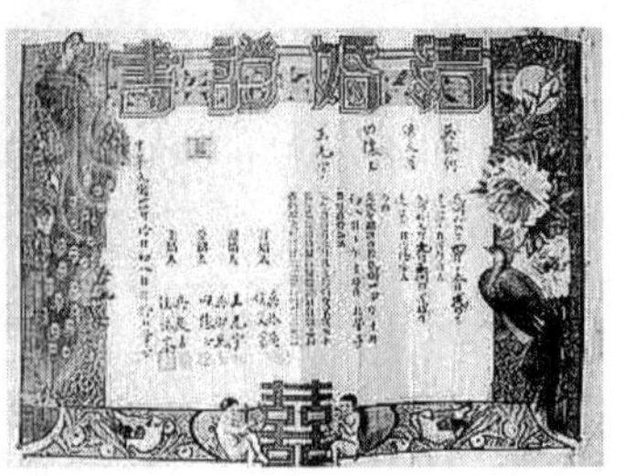

图 1 - 19　清末民初的结婚证书

据《赛珍珠传》作者彼德康介绍，布克在家人和大学同学心目中的印象是“诚实而缺乏幽默感”。也许正是这种性格，使他的农业科学研究呈现出踏实严谨、翔实缜密的学术特色。他的两部最重要著作——《中国农家经济》《中国土地利用》在中国农业研究领域具有开创性意义，至今仍是中国和世界的农业经济学者案头的必备用书。学术界普遍认为：布克的成果永久性地改变了中国农业提出问题和解决问题的方式，其中关于土地分类、肥料使用、种子改良等，与新中国推行的农业八字宪法异曲同工；而关于农业机械化、作物秸秆焚烧、人口与经济的关系等问题的论述，则在今天更凸现出布克当年研究的敏锐与前瞻性。

图1－20　布克《中国农家经济》书影

图1－21　布克《中国土地利用》书影

布克以中国调查数据为基础的农业经济研究毕生未曾间断。其农业经济、农业技术研究的丰硕成果，虽然未曾出现赛珍珠的文学创作那样舆论的轰动，但在国家与社会的统筹管理、行政运作领域、所受重视及所获荣誉也颇不少。1934—1939 年，布克被总统罗斯福任命为美国财政部顾问；1938 年，被中国国民政府授予“襟绥新采玉勋章”；1939—1940 年被中国财政部聘为顾问；1942 年他的《中国土地利用》获五年一度“最佳图书奖”；1943 年为中国农业工程公司起草《中国农业机械化方案》，并于次年回美国后连续任该公司首席经济学家；在美国任联合国总部的农业组织（FAO）任职，受委派赴意大利、罗马、日内瓦、越南、日本等地考察；并应洛克菲勒之邀，任美国务院远东问题专家；退休后仍被美国务院聘为韩国、日本及中国台湾、香港问题专家。布克在金陵大学农学院首创了全国第一个农业经济系的本科和研究生教育，他的农村调查成果成为费振清《剑桥中国史》等著作论述中国农业的主要资料。南京农业大学农经专业教授、博导钟甫宁先生 2010 年接受采访时说，他们一直敬佩布克的工作精神和研究方法，至今仍为他的工作业绩和丰硕成果而自豪！

图 1－22　布克参加联合国农业会议

图 1－23　布克晚年仍笔耕不辍

据赛珍珠自述，她创作《大地》完全是一种责任感、使命感的驱使。瑞典皇家学院常务秘书佩尔·哈尔斯特龙在为她致诺贝尔文学授奖词时说：赛珍珠发现，向西方介绍中国的本质存在，是自然而然地落到她身上的一种使命。所以她根本没把《大地》的写作当作一种文学事业，而是怀着难以抑制的激情和神圣的使命感，从宿州迁居南京后就开始酝酿，于 1931 年开始了践行“使命”的征程。仅用三个月，就把 400 多页英文、译为汉字近30万字的手稿在老式打字机上打了两遍。其中一份交出版社，另一份自己保存。《大地》出版后迅速畅销，获诺贝尔奖后更轰动世界，这部手稿自然也成为珍贵文物。

但1966年，赛珍珠在一本书中说，这部原稿不见了。直到1973年逝世，赛珍珠再也没见到这一当年心血与日后辉煌的结晶。直到2007年，在书稿遗失40年，赛珍珠逝世33年之后，此书稿才因赛珍珠的秘书（已去世）之女向世人展示而重见天日，并交费城的费里曼拍卖公司鉴别真伪。原稿装在一个中国风格的红箱子里，红箱子则装在一个小行李箱内。里面还有当代名人写给赛珍珠的书信，写信者包括罗斯福总统的妻子埃莉诺·罗斯福和杜鲁门总统。手稿经鉴定为原件。

图1-24　《大地》打印手稿

《大地》出版后，畅销并获布利策奖，文化艺术界也纷纷利用此题材的名牌效应大做文章。1933年，由台维斯父子将小说改编为舞台剧的《大地》，在美国戏剧艺术中心的纽约曼哈顿第十四大街百老汇剧场演出，并征求了赛珍珠对导演和布景设计的意见。有的华侨受此舞台演出的感动，专门回中国看望，以慰乡思之情。图1-25为演出剧照，以及时任良友图书公司编辑、青年作家、翻译家赵家璧的评论文章。

《大地》舞台剧的演出受到欢迎，电影界也眼红了，好莱坞的米高梅公司和派拉蒙公司都想拍此题材的影片，后被米高梅公司以5万美元购得拍摄权，并拟请中国演员担任角色。原计划由体育明星徐振东的妹妹出演女主角阿兰，男主角王龙拟聘华裔影帝查瑞龙担任，但均未谈妥。同时鉴于过去美国电影中辱华情节引起的风波，国民政府早于1928年就成立了戏曲电影审查委员会，美国电影也在审查之列，故而《大地》电影剧本被中国方面改动近20处，并要米高梅公司签约，保证不出现“辱华”镜头。最后决定由美国演员主演王龙、阿兰，并由导演乔治·希尔于1933年12月率摄制组在华中、华北及上海等地考察半年多，拍摄了长达15万英尺的胶卷，3000多张照片，并购买了重达20吨的导具，包括全套农具、3头水牛以及服装、儿童玩具，中国人日常生活各种用品等，经执行导演西尼德·费兰克林执导，历时三年多，完成摄制，并获得中方监制人黄朝琴的好评，认为“作为一部描写人类充满痛苦的奋斗史，它能引起每一个人的共鸣”。1937年1月在美国公映，大获成功，1937年4月在中国公映；后在世界180多个国家和地区上映，仅美国观众就达2300万。《大地》电影5次获奥斯卡奖提名，其中1937年获奥斯卡最佳女主角奖和摄影奖。

图1-25　百老汇编剧演出《大地》

图1-26　米高梅公司摄制《大地》外景图

《大地》改编电影的成功，表明好莱坞电影对中国观众的认识，也表明中国对国际舞台上自身形象的认识。图1-26为《大地》电影拍摄外景，图1-27为电影中农民劳作截图，图1-28为王龙、阿兰夫妻诀别画面截图。

图1－27　电影《大地》截图

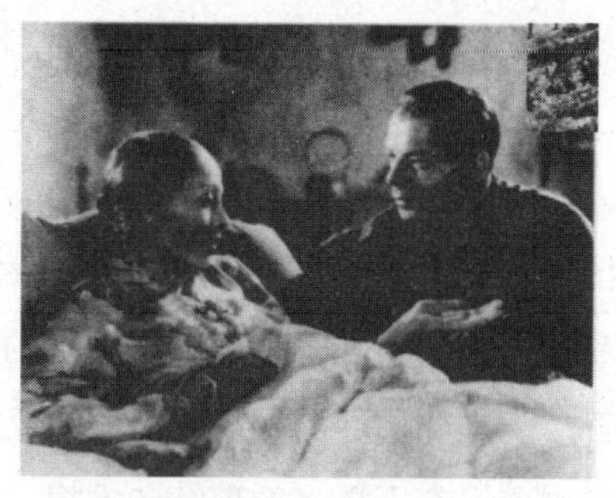

图1－28　《大地》获奥斯卡最佳女主角奖

图1－29为诺贝尔文学奖瑞典颁奖大厅：1938年，赛珍珠以《大地》三部曲（《大地》《儿子们》《分家》）和《流放》《战斗的天使》《母亲》《东风·西风》获得诺贝尔文学奖。因为当时美国有一批名声远高于她的作家如马克·吐温、德莱赛、詹姆士，以及享誉世界的畅销书《飘》的作者米契尔等，均无缘此奖，故而不少人包括赛珍珠本人，对于把这一顶级文学荣誉颁给一个通常以为不登大雅之堂的畅销书作者，都颇感意外。但评委给出的依据是："由于她对中国农民生活史诗般的描述，以及传记方面的杰作，使人类的同情心越过遥远的种族距离，并对人类理想典型做了伟大而高贵的艺术上的表现。"12月10日，在瑞典斯德哥尔摩颁奖大厅举行了庄严地颁奖仪式。

图1－29　1938年12月瑞典诺奖颁奖大厅

《大地》获诺贝尔文学奖之前，中国在美国人心目中，一直被视为“存在于地平线之外某个广袤、荒无人烟的地方，一个存在于可能性之外的地方，只有战争才能使之浮现出来。”正是由于赛珍珠的《大地》，一代代美国人才带着同情、热爱和尊敬的目光看待中国。美国政府、新闻界、商界和学界，不少受赛珍珠笔下刻画的中国人形象影响。对西方及整个世界而言，正是赛珍珠的《大地》使他们对人类一个伟大而重要的组成部分——中国人民有了更多的理解和重视，把大家作为同类在地球上连接在一起。因此可以说：世界因《大地》而认识赛珍珠，赛珍珠因宿州而被赋予“向西方介绍中国”的使命；中国最穷困的地方——宿州，因赛珍珠的《大地》，而被外国人从“地平线外某个荒无人烟的地方”发现出深蕴于其中的伟大。上述因果关联似乎是人类文明史的另类演进方式，但却是宿州与赛珍珠相辅相成、真实存在的文化传奇。

图 1－30 “中国缘 · 十大国际友人”奖颁奖大厅

2009 年 9 月，中国国际广播电台发起并联合中国人民对外友好协会、国家外国专家局，共同主办了以新中国成立前后百年来对中国贡献最大、最受中国人民爱戴或与中国缘分最深的国际友人为内容的“中国缘 · 十大国际友人”评选活动。入围条件包括：在 20 世纪上半叶，为中华民族的解放事业和民主进步事业作出过贡献乃至牺牲了生命的国际友人及新中国成立后在各方面为中国的发展进步贡献了力量的国际友人。

图1-31　贾庆林参加“中国缘·十大国际友人”颁奖仪式

历时40天的网络评选结果于2009年10月16日揭晓，以描写中国的作品而获得诺贝尔文学奖的赛珍珠女士以1354912票而获提名奖。入围理由是：

她以满腔的热忱和“纯净的客观”向西方人介绍中国善良的人民和迷人的文化。她的《大地》三部曲因“对中国农民生活进行了史诗般的描述”而获诺贝尔文学奖，“为中国题材小说作出了开拓性贡献”；为了支持中国人民的抗日战争，赛珍珠和以她为首的“东西方协会”不断地走上街头，通过多种形式和渠道呼吁美国人民慷慨解囊，捐钱捐物，援助中国人民。晚年面对冷战中的中美关系，她曾沉痛地慨叹：“中国那友好的国家已暂时成为禁地。我却拒绝称它为敌国。那里的人民太善良，那里的江山太美丽。”文学史家阎焕东评价她的作品是：“自诺贝尔文学奖设立并颁发以来，迄今为止，在获得这一奖项的作品中，赛珍珠的《大地》三部曲是唯一的一部怀着真诚和爱心描写中国和中国人的长篇小说，唯一的一个把中国人当作亲人、把中国人的生活当作自己的生活并把中国当作自己‘第二祖国’的外国人的创作。它所产生的世界性影响，它在世界范围内为中国和中国人所赢得的理解、同情和尊重，在同类作品中，迄今没有任何一部可以与之相比。”著名美学家、复旦大学教授蒋孔阳曾评价说：“赛珍珠一生最突出的一点，就是成功地担负了向西方介绍中国文化的任务。在中国久居的外国人多得很，但都没有做出像赛珍珠这样的成绩。”赛珍珠去世的时候，美国总统尼克松亲致悼词，称她是“一座沟通东西方文明的人桥”。

2009 年 12 月 8 日下午，北京人民大会堂举行了颁奖活动。时任中共中央政治局常委、全国政协主席贾庆林在会见来华参加颁奖活动的国际友人时说：

中国人民没有忘记在新中国的建立和建设的过程中，给予我们帮助的各国朋友。这次“中国缘·十大国际友人”评选，是中华民族重情感恩、不忘朋友传统美德的集中展现。我代表中国政府和中国人民，向帮助过我们的所有国际友人表示衷心的感谢！

自中华人民共和国成立，至改革开放之前，赛珍珠与布克均受到禁锢批判，赛珍珠从 1972 的热切申请访华而被斥为对中国“不友好”并遭冷酷拒绝；到 2009 年获“国际友人奖”并在人民大会堂受到中国提名表彰，而且由党和国家最高层面领导向包括赛珍珠在内的入选者表示感谢，这种巨大变化充分表明：改革开放、走向伟大复兴的中国，开始以空前的广阔胸怀，客观公正地正式肯定各种情况下的国际友人。这既是对赛珍珠所做贡献的认定与感谢，也蕴含着对赛珍珠成果所必不可缺的引导、促成者和支持、参与者——布克的肯定与感谢。

第二章 走进宿州 地缘、情缘、姻缘

一、概述

1915 年 11 月，青年农学家布克从美国搭乘“日本丸”海轮，漂洋过海来到中国上海，再换乘刚刚通行不久的火车，经沪杭铁路转津浦铁路，一路奔波来到位于黄淮平原中心地区安徽宿州。匆匆安顿后，随即被派往南京参加华语培训。1916 年 6 月，培训期间因赴江西庐山避暑而在一次康奈尔大学校友晚餐会上，结识了从镇江到庐山侍奉病母的赛珍珠，双方一见钟情，演绎出一部西方青年民国初年的真实版“庐山恋”，并于 1917 年在镇江举行婚礼后，共赴宿州生活了近五年时光。这对说洋话、穿洋装、骑洋驴（自行车）、吃洋饭，一个轩昂庄重、一个亭亭玉立的新郎新娘，初到时在“土得掉渣”的宿州百姓中引起鲜明的另类感和强烈的好奇心。他们像看西洋镜一样围观、追逐、猜测、议论，直到赛珍珠深度交往了近邻闺蜜，布克在乡村调查中贴近了村民，对他们施以真诚帮助，才淡化了宿州地方观念的排异心理，并逐渐转化为深度地敬畏和信赖。

地处安徽北部的宿州，素有“安徽西伯利亚”之称。这里旱涝灾害频繁、土地盐碱贫瘠、兵匪战乱不断、民生极为困苦。赛珍珠与布克在这里看到了在美国、甚至在中国镇江都不曾见到的一幕幕触目惊心的悲惨画面。赛珍珠亲身接触到宿州妇女的分娩之险，溺婴之惨，缠足之痛，因愁苦绝望乃至自缢身亡等种种；赛珍珠与布克在下乡调查时，每次总能看到宿州的孩子到处泥里滚，土里爬，满脸污垢，不停地吸吮着肮脏的手指；总能看到衣衫褴褛、瘦骨伶仃、混杂着老人、妇女、儿童的成群结队的乞丐，与衣不遮体凄凄惶惶的流浪儿，有人贫病交加，奄奄一息，最终倒毙于路旁沟壑，成为饿殍而无人过问……这一切深深触动了赛珍珠植根于基督教博爱的悲天悯人情怀，激发了“把见到的经历写出来”的心愿；同时也潜在强化了布克改善中国农业农民生存状况的信念。

宿州虽然贫苦凋敝，但又最能体现旧中国农民农业本质形态的典型农业经济、风俗民情。这一切为他们提供了丰富生动的研究资源和创作素材。因此二人在宿州虽然生活时间不算长，但是对布克观念与事业方向的深层制约，对赛珍珠性情与人生道路的毕生影响，却是巨大深刻而且终其一生的。

布克与赛珍珠在宿州的故居本为福音堂一座二层小楼，后迁居大河南街南小隅口东北角一所教会职工宿舍四间中式平房（七姊妹商场后边的仓库），再迁移至宿州南郊卢家庄附近的农事部的两层楼房（今市党校大院）。南去不远，就可到达与城里的黄家大院南北遥遥相对的贫富悬殊聚族而居的王姓村落——三里湾。这所小楼在赛珍珠离去后被教会因事拆除，另建起四座宿舍楼。现在四座楼仅余的小东楼，已辟为赛珍珠故居纪念馆。

有人说：“一个人的命运是自己所有选择的结果”。这话虽有理，却似乎只说对一半：因为人生还有许多无法选择的先天因素和偶然的机缘。赛珍珠与布克发轫于宿州的事业之所以成功，既取决于他们的主观选择，也有先天因素和当时社会机制不可控客观因素的交相作用。

先说布克。其乡村农民身份的父母，影响了布克的农业兴趣，使他选择了康奈尔大学农学专业；是大学时期的中国同学胡适、赵元任，引发了他对中国的想象，选择到中国践行志向；是客观社会因素的运作，使他有幸把当时最能典型体现中国农业核心要素的宿州，作为事业发展的起点；（这点至关重要：如果客观因素把他安排到山西、陕西一带乃至江浙一带的南方乡村，布克的研究成果不知会如何）；是庐山结识的赛珍珠，使他的乡村调查获得了赛珍珠纯熟汉语的沟通，他的中国农家经济研究获得了赛珍珠深厚中国文化修养的支撑；是他淡化了传教士传播福音教义的本职工作，转而把本属于传播教义辅助手段的农业研究，作为全部工作的目标，这一“舍本逐末”的选择，使他从成千上万的传教士中脱颖而出，跻身于世界范围内中国农业研究先行者、开创者的行列；是他选择赛珍珠作为“贤内助”，才形成二人相辅相成又各尽所长的事业格局。虽然这一选择未能贯穿始终，但仍然导致他们分别在各自领域实现了人生辉煌。若非这一选择，布克的人生固然会不同，赛珍珠的《大地》也确定不会出现。

至于赛珍珠，如果不随父母来到中国，她的“人桥事业”自然无从谈起，不是选择布克，她无缘来到宿州；不是布克的农业研究，她无缘走入皖北“大地”；不是随布克乡村调查，她无缘接触农村农民。如果对当年的上述假设都成为真实，即使赛珍珠有神奇的文笔、超凡的想象，也绝对写不出小说《大地》。她的人生轨迹自然会呈现另一种状态，她的作家身份、普利策奖、诺贝尔奖、慈善事业以及人权斗士、社会活动家之类，自然也无从谈起。当然，凭赛珍珠的才华，她很可以在别的领域获得成功。但至少和目前的文化身份、世界影响会有所不同。

在赛珍珠与布克的丰富跌宕的人生中，美国、中国、庐山、宿州是地缘，素陌平生而“一见倾心”是情缘，镇江婚礼、宿州爱巢是姻缘。地缘、情缘、姻缘，总体上都属于佛家所说的“尼陀那”，即汉语所说的“因缘”，《四十二章经》云：“为何因缘，得知宿命？会至其道。”鸠摩罗什曰：“力强为因，身弱为缘”；僧肇曰：“前缘相生，因也；现助相成，缘也。”据陈敬《赛珍珠与中国——中西文化冲突与共融》中的论述，赛珍珠很喜欢佛学。回顾她和布克的姻缘、各自成就和情感纠结中的一系列因缘连接，既令人感慨，也颇足以引发人们对社会人生种种问题的深入思索。

二、图片与说明

布克大学就读于康乃尔农学院，同学中有后来成为中国文化与政界名人的胡适，和后来成为“清华四教授”之一的赵元任（与梁启超、王国维、陈寅恪并列)。布克在此期间对中国产生了兴趣，参加了“中国俱乐部”，每周日上午聚会。布克与这个团体的发起人约翰·芮斯德后来都到了中国，并先后成为南京大学农学院主任，图2－1上方眯眼微笑者是布克。

图2－1　布克大学期间同学合影（曾与胡适、赵元任同班）

图2－2　庐山之恋——布克与赛珍珠庐山避暑期间
参加的外国青年聚会　（布克拍摄于1916年7—8月）

庐山，中华十大名山之一，又名匡山、匡庐。庐山绵延90余座山峰，群峰间散布冈岭、壑谷、岩洞、怪石，以雄、奇、险、秀闻名于世，素有“匡庐奇秀甲天下”之美誉。100多年前，两个风华正茂的美国青年赛珍珠和布克，在这里上演的一段深沉、甜美的民国初年版的“庐山恋”。1892年10月，尚在襁褓中的赛珍珠跟随传教的父母一起来中国，并在中国浓郁的东方文化氛围中慢慢长大。她的父亲塞登斯特里克，也有一个中文名字——赛兆祥。这位上帝虔诚的仆人长期在江苏镇江传教。长江中下游的夏季酷热难耐，当庐山这片清凉世界开辟为避暑胜地时，赛兆祥于1897年买下了一块地，盖了一幢小小的别墅，以供家人在暑季前来度假。于是，每到夏季，庐山的山岭峡谷、飞瀑流泉陪伴赛珍珠度过了童年和少女时代。1916年夏，在一次外国青年的派对活动中，赛珍珠与在庐山避暑休假的美国农业传教士约翰·洛辛·布克邂逅。布克见到“鹅蛋脸，身材苗条，眼睛漂亮，笑容可人的”赛珍珠，有非常惊艳的感觉，两人一见钟情，相识相爱，很快便坠入爱河。布克出生在美国纽约德彻斯县的一个农民家庭，父亲是当地长老教会的长老，母亲是一位虔诚的基督教徒。在这样的家庭里，布克深受农业和宗教方面的影响。中学毕业后，便进入以农科著称的康奈尔大学农学院学习，并在读书期间就加入了“中国研究俱乐部”。在俱乐部组织的活动中，他逐步认识到中国更需要了解科学的农业。1914年大学毕业后，他拒绝了印度和美国农业部的邀请，于1915年来到中国安徽宿州以基督教传教士的身份从事农业实验和推广工作。但是，赛珍珠的父母却反对这两个年轻人的恋情，对他们的交往一直保持异乎寻常的沉默。赛珍珠从这种沉默中感到了父母的不满。赛珍珠为此和母亲有过一次深入却针锋相对的对话：她的母亲告诉她说，她和父亲都认为那个年轻人无疑是个好人，但他却不大适合我们这个知识性家庭，他的兴趣显然不是文化。赛珍珠提醒母亲说，他至少是一所美国大学的毕业生呀！没想到母亲却回答说：那只是一所农业学院，我们不认为那是什么高等教育。赛珍珠疑惑地问：你们俩的所作所为就像中国的父母，认为我的婚姻必须要门当户对吗？母亲反驳说：不，我们是为你着想，如果你不是和一个能够理解你的人生活在一起，你怎么会幸福呢？这次母女谈话是不愉快的。赛珍珠

图2-3 赛珍珠和布克婚礼的照片

固执地坚持自己的想法，两人互相欣赏对方的真诚和理想，于是不顾赛珍珠家人的反对，于1917年5月在镇江举行了简单的婚礼。

1917年初，因为布克要来安徽宿县（即今宿州）继续从事农业推广工作，赛珍珠随丈夫来到宿州。后来，赛珍珠在《我的中国世界》里对这段婚姻写下了她的反思：严格地讲，他不是传教士，因为在我看来，他并不信教，他是作为农业专家受雇于长老会传教使团的。男大当婚，女大当嫁，结婚的时候到了，我们彼此选择了对方，当时并不知道我们的选择是很受局限的……我不知道那桩婚姻怎样维持了十七年，我现在对那桩婚姻生活毫无兴趣，但我却清楚地记得，那次婚姻将我带入的那个世界……那个世界与我一向生活其间的世界是截然不同的，那是一个中国农民的世界。

图2-4　布克初到宿州居住的农业科学实验部宿舍大院及周围环境　（布克拍摄于1916年）

布克虽然是在美国乡村文化中长大成人，但是笃实坦诚的个性，使他的伦理观念似乎很契合中华孝道——很懂得“儿行千里母担忧”的道理。因此他每到一地，总是及时向父母报告自己的行踪和生活工作的详细情况。图2-4是布克1916年初到宿州时，为了让父母了解儿子在国外的衣食住行情况，在给父母的信中特意附上的数张“图片报告”中的一张。布克还在信中向父母具体禀报说：

View I get from the front of my porch. Hood's house on left. Carter's house on right. City wall in distance. Farthest building by wall is the south gate building on wall.

（在我的走廊前取景。Hood 的房子在左边，Carter 的房子在右边。远处是城墙。最远处城墙旁边的建筑是南门楼。）

因为这里是农科部的集体宿舍，所以赛珍珠这对新婚夫妇到达宿州后，没有住在这所房子里，而是住进了城内的小隅口稍东、大河南街路北一座灰砖青瓦的四间中式平房里，这里就是他们最初的爱巢。赛珍珠后来在她的文章中高兴地说：从此，有了“自己的第一个家”。该处原为王氏公祠，也开过典当，有一较大的院落。西边几间房屋临靠南门大街，是宿州基督教的布道所。院内住的人家，大多是教会的工作人员。从赛珍珠住地东行不远，就是福音堂，教会办的启秀女校也在同一条街大河南街的西头，由他们的家去学校步行不用十分钟即可到达。

布克曾于 1916 年的春寒料峭期间将此魁星楼收入他拍摄的一张题为“Nansuzhou city walls with moat and guard tower”（“南宿州的城墙、护城河与守望塔楼”，见本书图 1－9）。由于文化背景的差异，布克把中国象征科举神圣的魁星楼，误以为是战略意义的瞭望防守建筑。

图 2－5　布克与赛珍珠婚后常去观赏的人文景点——大河南街附近的魁星楼

布克与赛珍珠 1917 年婚后定居宿州农事部宿舍之后，常常到中国文化中象征科举高中、文星照命的标志建筑——大河南街附近的魁星楼消闲散步。而宿州百姓则把魁星楼的中国文化蕴涵和赛珍珠、布克的创作与学术成就联系起来，留下一连串“歪打正着”的谈资、趣闻。

初到宿州的时候，在赛珍珠的印象里，这里的原始与宁静令赛珍珠颇为震惊，时光仿佛倒退了几百年。尤其是冬日的乡村，把苍凉挥洒到了极致，辽阔的大地上没有一丝绿意，而寒风似乎永不停息。赛珍珠到宿州时，正直隆冬季节，在她的眼里，宿州与江南全然不同，自然景色在她眼中分外陌生。这里不再有宽阔的长江流域的青山绿水，和童年时住惯了的镇江完全不同。这里经常是尘土飞扬，气候干燥，河流不多，树木稀少。这种自然景色，使她感到陌生和枯燥。从自家的窗户远望，高高的堤岸上屹立着威武的城墙，高高的城墙上，每个拐角都有一个砖塔，墙下是一条护城河。巨大的木头城门是用铁板加固的，昼开夜闭，以防土匪和散兵游勇。

赛珍珠是一个擅长寻找乐趣的人，没过多久，便很快发现了宿州人的可爱之处：第二年开春时节，赛珍珠感到所有景物一夜间变得美丽了。同时在宿州还有许多可做的事和可以自娱的事：她开始和邻居们交往，听女人们讲家长里短；她爱上了做家务和种花，把那几件简单的家具在几个房间里搬来移去，在家里挂上黄色的中国丝绸窗帘，画几幅画贴在墙上，还布置了两个书架。她还根据时令种些花草，这里虽然没有南方镇江的花木品种多，但菊花、玫瑰都被她照料的花繁叶茂。

图2－6也是布克拍摄于刚到宿州的1916年，并在给父母到的信中介绍说：View of Reverend Carter's house on right. Reverend Hood's house on left. My house in space at right of Reverend Hood's house. （右边是牧师Carter〈贾德〉的房子。牧师Hood〈胡德〉的房子在左边。我的房子在牧师Hood的右边。）

图2－6　布克透过自家的窗户拍摄到的宿州城里的部分房屋

过了不久，她们的住地因为需要扩建成为男生学校，教会便在城外东南角买了一块地，让他们自己设计并建造一座房子。赛珍珠本意想盖一座普通的中式平房，但教会却坚持要盖成西式洋楼。最后，赛珍珠自己设计了一座只有一层半结构的简易楼房。房子盖好后，朋友们纷纷前去参观。在这座小楼上透过窗户可以看到城内成片的瓦房。在宿州，赛珍珠就在启秀小学做过教师，并一度出任校长，她很快适应了这里的生活，并和学校里的许多老师职工成了很要好的朋友。大家都称呼她为“卜师母”。“师母”一词，是当时知识界、教会人士对已婚妇女的尊称。那时，她还是一位双十年华稍过的少妇，颀长、苗条的身材，一张椭圆形的脸上，鼻梁高高，两道弯弯的浓眉下，一双碧色的大眼睛，不时闪耀着智慧的光芒。在人们眼中，她同样具有东方的女性美。

图2-7　布克与纽约市麦迪森大道长老会牧师柯芬博士夫妇以及宿州传教站同事合影。1916年3—5月拍摄于南宿州

这是一幅承载着丰富文化元素的百年老照片，其中牵涉到赛珍珠、布克、贾德等世界名人对中外文化交流的重大贡献，蕴含着清末民初美国传教士群体在皖北各项活动的重要历史信息。照片中10人包括传教士中的4对夫妇和男女两个单身。根据洛辛·布克与张渌梅夫妇之子洛辛·保罗先生2017年2月13日邮件对照片中人物的说明（图中10人分别是）：Back row：Reverend C. Carter，Dr. Wiltsie，Dr. Coffin，J. L. Buck，Reverend

George Hood（后排左起：尊敬的卡特牧师；威尔齐博士；柯芬博士；约翰·洛辛·布克；尊敬的乔治·胡德牧师）Front row：Mrs. Coffin，Mrs. Carter，Mrs. Wiltsie，Mrs. Hood，Mrs. Gardner.（前排左起：柯芬夫人，卡特夫人，威尔齐夫人，胡德夫人，加德纳夫人）

图中的布克尚未结婚，拍摄时段应在布克与赛珍珠庐山相识之前的1916年初至7月之前。从布克、胡德、威尔齐三人西服领带、内衣齐整的穿着看，准确时间当是1916年3月至5月之间；拍摄地点应是布克与牧师贾德、胡德在宿州共住楼房的一处庭院或客厅。

拍摄此照之后一年的1917年，布克与赛珍珠结婚并定居宿州；到1918年夏，单身女子玛丽安·加德纳也与一位传教士成家。故而图中10人实际涉及美国北长老会在中国宿州传教站工作的6个传教士家庭，布克、赛珍珠夫妇与图中其余9人均有密切交集和深厚友谊。下面按家庭单元，分别说明赛珍珠、布克之外另5个家庭中的相关人物和故事。

一、贾德（后左一）、奥尔森（前左二）夫妇：贾德，1882—1925，普林斯顿大学毕业，哥伦比亚大学教授，美国北长老会中国宿州传教站创始人、站长，著名学者兼教育家、慈善事业家、实业家。他在宿州开始创作、历十余年成书的《中国印刷术的发明及其向西方的传播》（此书有商务印书馆1957年出版的中译本），以确凿的史料（即中华人民共和国成立后被选入中学课本的《梦溪笔谈·活版》记载的毕昇的事迹），有力改变了印刷术源于15世纪德国印刷工匠的旧说，奠定了中国“四大发明”的论据基础（过去只说火药、指南针、造纸“三大发明”），受到英国学者李约瑟，中国学者刘麟生、向达、胡道静等名家的高度赞誉。在宿州的大饥荒期间，他3个月内奔走了300英里路，又走了300英里河堤，募捐与申请款项整整两大箱，总额超过50万美元，从而让大约5万人得到了赈济和工作的机会。从这个角度说，即使把一向鲜为人知的贾德推举到世界重要文化人物的高度，也不为过。

贾德是美国基督教会中第一个到宿州传教的创业者，据清末安徽巡抚冯煦主编是《皖政辑要》统计，在光绪三十四年（1908）之前，宿州只有法国天主教堂，分散在临涣、双堆、蕲县、濉溪、灵璧等地城外各乡县。

贾德夫妇与稍后来宿州的胡德夫妇自1911年之后，先后在宿州城中建立了福音堂、民爱医院、启秀女校，为布克建设了农事部，并帮助他制订了雄心勃勃的农业发展计划。

贾德夫人奥尔森担任启秀女校校长，是赛珍珠的“顶头上司”。贾德夫妇休假期间，任命赛珍珠为教会宿州站的妇女、儿童工作负责人，并兼任启秀女秀女校的管理工作。

贾德1923年因病回国后，于1925年逝世。时在南京的布克、赛珍珠获悉后极为痛惜，由赛珍珠执笔写信给贾德母亲，表示痛切哀悼，并深情回忆在宿州共度的时光，对贾德的品德、才华、奉献精神和丰硕业绩，表示由衷的敬佩和深切的怀念。

贾德逝世后，夫人奥尔森一直致力于纪念贾德、整理其遗著及生平传记等工作。贾德逝世5年后，奥尔森于1930年嫁给了建筑师亨利·墨菲，但她仍未忘怀贾德。在贾德逝世30年后的1955年，奥尔森主持出版了贾德著作《中国印刷术的发明及其向西方的传播》的修订版，并在书中收录了卡特所有的传记资料。

二、胡德牧师（后左五）和夫人（前左四）一家：胡德夫妇是随贾德夫妇之后，照片其余人物中最早来到宿州的美国传教士夫妇。他们和贾德夫妇一起，于1912年在1908年的初建基地上拓建教堂，1913年创建宿州民爱医院，创办启秀女校，1916年创建农事部，任命布克主持农业研究。宿州传教站站长贾德因病和夫人1923年离宿返美后，胡德全面主持教会工作，并开始建造教会站的大礼堂（福音堂），次年落成。

布克初到宿州时，与胡德夫妇比邻而居。赛珍珠到宿州后，在工作、生活上都得胡德与贾德的共同关心支持，

和胡德夫妇在宿州工作近20年。此期间先后来到宿州的贾德夫妇、威尔齐夫妇、加德纳夫妇、布克赛珍珠夫妇英国医生史密斯与新婚夫人、霍顿·丹尼尔医生以及赛珍珠从镇江请来的负责启秀女校管理同窗好友玛南·甘黛等近20人，都因宿州酷暑严冬、洪涝雹蝗、风沙弥漫、瘟疫频生的自然环境和兵迹盗贼横行社会秩序，加上工作受挫，落下了脾胃失调等疾病，遭遇到自身患病或生育畸形等等厄运，以致纷纷逃离：或心有余悸地

调往他处，或带着挫败感返回美国。其中玛丽安·加德纳夫人在回国20多年后，仍伤心地回忆起许多人在宿州生病后纷纷离开的情景。连赛珍珠胞妹柯兰只是来宿州探亲小住，也对短期所见的兵匪灾害感到惊心动魄，以致离开宿州后仍是“谈虎色变”。但胡德夫妇带着他们先天脑残的儿子却坚持留在宿州，直到1928年确定了新的主持人之后才离开。他们一家把一生的关键时期都奉献给了宿州传教站。在布克赛珍珠夫妇去南京后，他和贾德都多次劝说布克再回宿州，并协助支持布克在宿州继续开展了授课、办学、符离集农村调查等大量工作。

胡德牧师坚忍不拔，任劳任怨，待人友善，与在教堂、医院、启秀女校工作的邵蔚华、生熙安和冯秀媛、李晨钟夫妇等人均有深厚交谊。胡德夫妇于1918年第一次生育的男婴先天头部畸形，长期卧病在床，十多岁仍然不能说话。但胡德夫妇仍然充满爱心全力调护，从未放弃养育。1928年，胡德夫妇为解除其病儿长期卧床的孤独寂寞，专门在家举行了教会同工的小朋友聚会。启秀女校教师邵蔚华之子邵体忠、邵体煦在80年后，仍能清晰回忆起应邀参加聚会的经过：众多小朋友一起唱歌跳舞，围绕胡德之子的病榻做各种游戏，分享美食佳饮。胡德之子虽不能下床同乐，但能注目观察小伙伴围绕病床玩耍，或与小朋友眼目传情，无言交流，故而也使他当天的精神为之一振。聚会结束后，胡德夫妇又安排卡车把家住教区外的中国小朋友送回各家。

胡德夫妇回国后，一直未能忘怀宿州。1983年、1987年，其两个女儿和第二个女婿医学博士肯尼迪教授秉承胡德夫妇遗愿，两次来到由胡德和贾德共当年同创建的民爱医院（今宿州市立医院宿州）回访，肯尼迪教授并被聘请为市立医院医学顾问。

三、威尔齐（后左二）和夫人（前左三）一家：威尔齐夫妇是应贾德牧师招募，继胡德夫妇之后的1913年前后从美国来到宿州的医学专业大学生，也是民爱医院最早的美国医生。这对年轻夫妇和贾德、胡德以及稍后来宿州的布克、赛珍珠等年轻人一样，充满进取的理想和激情。教会站也寄予厚望，专为拨款建造了由他们自行设计的住房。

威尔齐医生业务精湛，极为敬业，他和夫人不仅白天在民爱医院值班行医，而且不分昼夜地接受附近宿州居民外出治疗的请求。赛珍珠与布克新婚的住房与他们紧邻，在生活、工作上都有密切交往合作。赛珍珠更是经常被威尔齐医生请求帮助做翻译沟通以及医务助手方面的工作。在他们分别近40年后的20世纪50年代，赛珍珠仍在自传《我的几个世界》中，清晰地回忆起她应威尔齐要求，深夜外出协助一个中国产妇的经历，并由此对宿州贫苦人家荒唐的接生方法和愚昧的医学理念而感到震惊、痛心与无奈。这个产妇腹中的孩子已被中国收生婆拉断了胳膊，死于腹中，产妇也濒临死亡，但婆婆大放悲声的原因却是因为死胎是男孩。赛珍珠及时用汉语向产妇的丈夫、婆婆说明严峻形势，并在婆婆、丈夫承诺不追究任何治疗后果后，全力投入抢救。最后在赛珍珠配合下，威尔齐医生以其良好的医术使死胎生了下来，并救活了产妇，而且这个产妇第二年又奇迹般地生下一个男孩。

威尔齐医生工作勤奋，但汉语水平有限，因此常常毫不客气地要求赛珍珠帮忙，以至赛珍珠在回忆中幽默地说：“他仿佛把我当成了专业护士。”而他的妻子似乎被宿州的恶劣环境和异样人群吓坏了，出于对当地人的恐惧和厌忌，工作之余几乎从不出门。即使是隔壁的赛珍珠布克家，也从不主动串门。偶尔相见，也总是一副可怜兮兮的病态。尤其是他们第一个孩子患脑炎于1918年夭折之后，她原本显得神经质的心理进而患上了忧郁症，使威尔齐也难以全身心投入工作。拖延到1918年底，这对曾经激情洋溢的夫妇终于带着挫败感返回了美国。据相关资料，威尔齐回国后，继续深造并获得了医学博士学位。威尔齐走后，他的职务由一位英国医生史密斯取代。

威尔齐一家的离开使赛珍珠非常沮丧，但不久赛珍珠和布克继在威尔齐夫妇之后，也获得了一所自行设计的传教士住所，而且于1919年上半年怀上了孩子，心情才逐渐好转。但继威尔齐、史密斯医生之后，接替宿州医务工作的是霍顿·丹尼尔斯医生。丹尼尔斯的医术似乎不像威尔齐那样缜密，他在赛珍珠预产期推算上出现了很大误差：他预计赛珍珠的产期为1919年底或1920年初，但赛珍珠的女儿却直到1920年3月20才出生，丹尼尔斯的估计比实际日期提前了近三个月。不过他对赛珍珠的其他诊断却很准确：在赛珍珠怀孕之初就怀疑她子宫内有肿瘤，并建议立即切除。赛珍珠在丈夫布克和胞兄埃德加的陪同下，到纽约市的长老会医院切除了良性肿瘤。手术很成功，但被医院告知她以后不能再怀孕了。由此使她对女儿卡洛尔更加百般珍爱。

四、柯芬博士（后左三）与夫人（前左一）家庭：柯芬博士是纽约市麦迪森大道长老会的牧师，负责长老会传教协会向海外派遣传教士工作。布克 1914 年康奈尔大学毕业，并在纽约州米德尔城新汉普顿教养农场做了一年并不愉快的少年犯农业知识教师之后，更加强了要到中国工作的愿望。于是到传教协会找柯芬晤谈，并提出去中国做一名农业传教士的申请。布克此前并没受到过神职委任，但鉴于他的农业学士学位，柯芬博士很快以教会名义批准了申请，把他派往宿州，由此确立他的终生事业和他第一次婚姻的机缘。从这个解度说，柯芬博士是布克日后成就与婚姻家庭的恩师和第一个关键的支持者。

照片中的柯芬夫妇之所以出现在宿州背景的照片中，当是因为他在美国收到了布克发自宿州的工作报告，代表长老会传教协会，携夫人来巡视教会宿州站以及布克等人的工作情况，故而与基督教北长老会中国宿州站全体人员拍摄了合影。虽然目前尚无确凿资料说明柯芬牧师这次巡查的感受，但布克在 1920 年离开宿州去南京时，柯芬所在纽约长老会和宿州传教站一样，都对布克的离开表示了遗憾和挽留态度。这可侧面印证出：柯芬对此行考察的宿州传教站概况与布克的工作情况，都是非常满意的，

五、玛丽安加德纳（前左五）和丈夫（不在图中）一家：赛珍珠初随布克来到宿州时，传教站里的外国人除了贾德、胡德、威尔齐三对夫妇，还有一位精力充沛、热情洋溢的年轻女子玛丽安·加德纳，她是赛珍珠在宿州期间唯一可以朝夕相伴、无话不谈的“闺蜜”。

玛丽安毕业于美国最大的女子文科私立院校——史密斯学院，应贾德招募来到宿州，担任启秀女校教学工作，与后来共同任教于该校的赛珍珠，都是贾师母奥尔森西校长的部属。玛丽安出生于 1888 年，长布克两岁，长赛珍珠 4 岁。但当赛珍珠 25 岁婚后来宿州时，年近而立的玛丽安尚未成家，故而以大姐身份，对赛珍珠的生活工作给予许多关切。玛丽安对

布克印象良好，尤其称道他的敬业精神，曾说“农业研究就是洛辛的生命”。但布克对历史、文学或艺术不感兴趣的古板性格，又使她深感遗憾，而她对赛珍珠则几乎是毫无保留地欢喜乃至欣赏，使性情相近的赛珍珠也感到：玛丽安正是自己所需求的闺蜜伴侣。

赛珍珠与玛丽安首次见面时，正值贾德夫妇请病假；胡德一家也因休假而离开，回来后又专注于自己严重残疾的新生婴儿；威尔齐夫妇则因第一个孩子夭折而陷于丧子之痛和对恶劣生存环境的愤怒之中，而布克又完全忙于创建自己的农业项目，以致传教站一时无人管理。赛珍珠和玛丽安就被安排到一起，共同负责妇女儿童事务，致力于启秀女校和民爱医院的管理工作。

在赛珍珠心目中，玛丽安禀赋聪慧而学识渊博，注重实践而又性情随和，易于相处。她们同样善于和中国的妇女打交道，曾共同为一位邻家的中国老太太举办了一场极为成功的茶话会。这位张太太比赛珍珠年长二十多岁，出身名门望族，本名周淑贞，成年后嫁给了宿州历史上有名财主“张半城”的后代。她身材高大，体格丰满，头发从慈祥的圆脸往后紧束在一起，颇有雍容富贵的大户主母风范。而在实际能力上，张太太也算是一位旧制度下的不凡女性，她精力充沛，交游广泛，慷慨大方，心胸开阔。前半生就不顾“女子无才便是德”的封建习俗，多次在荒僻闭塞的宿州创办女子学校。民国以后，她的名声更随新文化运动的兴起而与日俱增。其丈夫逝世后，她取代丈夫成为张氏宗族的大家长。

赛珍珠、玛丽安和张太太很快成为忘年交，二人为茶话会布置了精致的美式餐桌，上摆着银器，下铺着浆洗得发硬的白色亚麻桌布。客人享用了像盐罐一样的古怪小玩意儿以及像面包黄油一样的奇特美味，使得在宿城也算见多识广的张太太惊喜不已，和儿女孙子辈一起兴奋得高声喊叫。这次茶话会使玛丽安进一步感受到赛珍珠性格与才华的魅力，二人进一步成为生活工作都离不开的伴侣。每当赛珍珠心情郁结，玛丽安就成为她的第一个听众，赛珍珠则以其中国经历向玛丽安打开了被西方人所不屑的中国世界。两个智商超群、精力充沛的年青女性互相激励，常常把她们遭遇的种种困难、挫折乃至恐怖，通过合作努力而变成了一部尖锐生动的系列喜剧。许多年后，玛丽安还动情地回忆起她和赛珍珠在南宿州度过的充满兴奋、探索乃至猎奇、冒险感觉的一年时光，并用大段文字称赞赛珍珠幽默、开朗、乐于助人、善于逗趣与倾听等种种特长。说她能够坐下来和宿州大妈一谈就是几个小时，称赞她感情丰富、爱憎分明，善于和各种年龄、身份、性格的人打交道，对妇女孩子尤其能展现亲和力。并总结说："赛珍珠具备异乎寻常的能力，给我们解释中国的一切。这些在她的小说《大地》中深有体现。"

玛丽安敏锐地觉察出赛、布二人婚姻中潜在的性情冲突。尽管她也很喜欢布克的诚恳，敬业、意志坚定等美德，并且看到"在结婚后的前些日子他俩很是幸福"，但是也感到：布克不喜欢文学艺术，性情过于严肃而缺少幽默感，而赛珍珠的习性则是热情洋溢、充满浪漫想象和机智谐趣。二人在日后的婚姻生活中是否能够和谐相处，玛丽安一开始就持怀疑态度。而赛珍珠也亲口向她吐露：婚后不久，二人就出现了一些矛盾。虽然布克当时还处于对赛珍珠极为满意的状态，乃至在致其订婚弟弟的信中自豪地宣称："我们……都拥有世界最好、最完美的女子……美好的日子就在前方!"但玛丽安的疑虑终于被布、赛最终离异的结果所证实。

在与赛珍珠亲密相处的第二年，玛丽安和同道的一位传教订了婚，并于1918年夏天结婚后返回美国，使赛珍珠成为宿州教会中妇女、儿童、教育工作的唯一管理者。

玛丽安·加德纳的离去，使失去闺中密友兼事业伙伴的赛珍珠分外沮丧，但她不像玛丽安那样对宿州的污秽环境、多灾境遇感到痛疾绝望，而是选择了坦然接受，并在接受过程中逐渐融入了自己经过观察、思索的理解、包容，乃至发出人性本质层面的礼赞。这也许是尽管赛珍珠和玛丽安的性情趋同，知识才华都出类拔萃，而且都到过《大地》素材的背景所在地宿州，结果却是一个因《大地》的成就而光耀辉煌，举世瞩目；一个则因消极逃避而终归平淡、泯然众人。二人在面对生活处境的这种心态差异，也许就是她们事业成就悬殊巨大的一个重要原因吧。

在启秀女校，赛珍珠把主要精力放在所负责的女子学校上，为了更好地充实学校的教师，她还从镇江邀请了她做姑娘时的闺蜜来学校做老师。

这位朋友喜欢自己的工作，非常认真地做自己的教学工作，也喜欢这里人们的友好，特别是热爱那些渴求知识的小学生，却吃不惯北方的饭菜，最终选择了离开，赛珍珠不得不放这位朋友回去了。

在这座学校里，赛珍珠还教授了一批文盲妇女学习文化知识。不久，赛珍珠还向教会建议，不仅建立招收未婚少女的中小学生，还应为已婚妇女创办可供读书的进修之所。教会接受她的建议，在教堂东北角的女客厅内创立启德女校。赛珍珠是一位既富有责任心，又充满爱心的教师，对学生们的学习和生活都很关心。她课余之闲常和学生一起做跳绳、踢毽子等游戏，或教学生用毛线织帽子、手套等。每年圣诞节，她还邀请部分教师和学生一起到外籍牧师家庆祝节日。有的教师扮成“圣诞老人”，分给每人一件礼物。学生们都觉得过圣诞节既新奇又有趣。

图2－8　赛珍珠的宿州同事

左起：1. 生熙安牧师（继胡德之后主持福音堂、民爱医院工作）；2. 美国传教士，姓名不详；3. 黄子厚长老，与赛珍珠、布克交往颇多；4. 教会中国人员，姓名不详；5. 惠克德，美国医生，民爱医院院长；6. 教会中国人员，姓名不详；7. 张乡绅，教会重要成员；8. 邵蔚华，前清秀才，赛珍珠启秀女校同事

住了稍长一段时间以后，赛珍珠对当地的人民有了比较深层的了解，加深了对社会的认识和感情，便慢慢地爱上了这座北方小城。其间，她结识了各阶层的人士，有达官贵人，有平民百姓，和他们成了朋友。她在邻居家出出进进，邻居们也一样，开始享受这深厚纯真的友情了。

图2－8中前排右一为赛珍珠在启秀女校的教学同事邵蔚华先生（1881—1962），时任该校国文教习，并襄助教务。常与赛珍珠切磋中英文教学业务问题。其子邵体忠先生为宿州学院赛珍珠-布克研究所首席顾问。现已年近百岁，仍笔耕不辍，今年已接待两次采访，解答赛珍珠布克与宿州的相关问题，并由电视台录像。左一为宿州福音堂牧师生熙安先生（1887—1943），曾任宿州民爱医院院长（赛珍珠曾在该院帮助工作），抗战期间被日本人杀害。前排左三双手持帽者为黄子厚先生，其兄黄子权为日本早稻田大学法律系毕业生，其家位于宿州市大河南街黄家大院，即赛珍珠《大地》中王龙娶阿兰于黄家大院的情节背景。黄家是清末民初宿州城内与周、邵并称的三大户之一，广厦连街衢，良田数千亩。至黄子厚成年的民国时期，家道逐渐衰落。黄子厚笃信基督教，曾把分家所得房屋院落长期租给教会办学。也许是受其兄黄子权的影响，他颇有新潮观念，与布克、赛珍珠甚为稔熟。他在宿州西门大街开办“黄兴元”中西食品店，经营物品中有西方人爱吃的面包、巧克力、白脱奶油、蛋糕、冰淇淋、沙丁鱼罐头等。赛珍珠、布克是这家食品店常客。

赛珍珠的另一近邻是吴太太。这位吴太太裹着三寸金莲，人过中年而风韵不减。吴太太对赛珍珠这位洋朋友很友好，由初识到无话不谈。这位吴太太不识字，但却早慧，她教会了赛珍珠不少中国诗词。赛珍珠从她那里认知了封建伦常和千百年来广为流传且为人们遵循的治家之道。当赛珍珠去她家串门时，她也曾向这位异国友人炫耀和展示她丈夫当年搜集到的奇货珍品。赛珍珠在宿州时，和张、吴二位邻友接触频繁，交往非一般。

据当时赛珍珠同事的后人回忆，除了张、吴二邻友外，她还有一位密友，是住在她隔壁的一位少妇，年纪和她几乎同岁，姓名已佚，无文字资料可查。这位少妇婚后生活并不美满，但人极聪慧，多愁善感，上进心强。赛珍珠和她一见倾心，彼此无话不谈。赛珍珠的生活很快融入当地社会，会和当地百姓一样，吃着馒头、青菜、薄薄的卷油饼和油茶，有时也就着蒜泥吃纸一样薄的煎饼。还有面条和撒有芝麻的烙饼，隔三岔五还吃顿饺子。在春夏季节，她会穿着皖北农家主妇常穿的蓝底白花的斜襟布褂，臂挽一只荆条编就的菜篮，和仨俩农妇到田地里去挖野菜；还会经常骑着自行车出没在城里的大街小巷，与百姓交谈。每到春节，赛珍珠也和中国人一样，和中国的朋友走访亲友，拜年问安，鞠躬行礼，恭喜发财。冬日里天地寥廓，朔风呼号，赛珍珠会跟当地的妇女一样，穿着一种叫“毛窝子”的笨重的鞋子，到学生的家中串门聊天。赛珍珠喜欢吃农妇烤的甘薯，那种在地灶的余灰里自然烤熟的红色的甘薯，又甜又香。她说：“当我生活在中国人当中时，是他们给了我最大的愉快和兴趣，这巨大的欢乐只属于我的中国世界。”在和中国大众的接触中，赛珍珠了解并熟悉了他们的生活，她“又一次感到了人类生活的脉搏”。

赛珍珠不仅善于处里邻里关系，也能在关键时刻救人危难。一个深冬的寒夜，一位美国医生，人们称为德大夫，敲她的门，约她一同去抢救一位生命垂危的难产妇女。赛珍珠的中国话讲得流利，随时可以向产妇的家人解释情况，因此她也就兼任了护士和翻译两个角色。产房内连普通的消毒酒精都没有，只有烧沸水代替。经历了一番奋战，终于奇迹般地从死神手中夺回产妇的性命，对此一家人感激不尽。赛珍珠对贫苦的民众充满同情和爱心。

布克 1917 年就和赛珍珠一道开始在宿县北部符离集调查农家情况。1923 年 9 月—1924 年 8 月布克在南京金陵大学期间，又委派他的金陵大学农学院的学生高雁丞，第二次到符离调查采集的数据。南京农大保存的布克师生的农村调查统计表有两万多张。从图 2－9 的表格可以看到：第二次在符离调查的农户达 49 个村庄中的 286 家。《中国农家经济》中涉及符离集农村经济情况的统计表有 100 多份。

第　一　表

調查時期，田場數目，及調查者之姓名

調查之省縣	調查之時期	田場數目	調查者姓名
中國北部			
安徽省			
懷遠	1924年10月—1925年9月	124	耿玉桂
宿縣	1923年9月—1924年8月	286	高雁丞
河北省			

第　二　表

被調查村莊之名稱

調查之省縣	村莊名稱	該村共有家數	曾經調查之家數
中國北部			
安徽			
懷遠	耿家村	150	124
宿縣	符離集	1980（四十九個調查村莊）	286
河北			

图 2－9　布克《中国农家经济》中对宿州符离集调查情况的列表说明

布克在农业技术推广的基础上，还撰写了《中国土地利用》《中国农家经济》等著作，并在《中国土地利用》中绘制了比较详尽的中国农业区域分布图。他的这些关于农业的著作，都是在宿县的实地调查后写成的，被誉为中国农业经济学的奠基人。

图 2－10　布克绘制的中国土地粮食种植分区图

赛珍珠经常利用假期和休息日，随布克下乡作农村调查，并充当翻译，有时还帮助布克打印调查材料。刚开始，赛珍珠对丈夫所从事的事业也心存疑虑，常常暗自发问：一个年轻的美国人，究竟能教给中国农民些什么呢？她认为这些农民世代耕耘于同一块土地，有一套数千年形成的卓有成效的耕作方法，颇谙熟耕作浇水施肥之术，虽无现代机械设备，却也有可观的收成。一家人种几亩地，生活简朴舒适，西方农业是绝对无法与之相匹敌的。赛珍珠虽然心存疑虑，却尽量不表现出来，仍旧装出很高兴的样子，跟着丈夫从一个村庄走到另一个村庄。

下乡期间，赛珍珠到过许多偏远的城镇和乡村。在丈夫工作时，她则和一旁的妇女和孩子们说笑，只有在丈夫与农民交谈出现障碍时才去充当一下翻译。在乡村，赛珍珠经常在农民的打谷场上听乡村艺人说书，在庙前搭起的戏台下听江湖戏班唱戏。由此，她结识了大量祖祖辈辈劳作在大地上的底层农民，也访问过千百年来一直住在偏远城镇的名门望族，走访农家成了她寻找生活真实的途径。她和当地民众广泛交游，贫富阶层不同的妇女、儿童都有接触，和许多社会贤达和底层百姓都有过交往。

有时，布克骑着自行车行走，赛珍珠就坐在简易的轿子里，二人相伴下乡，引得很多农人围观，更有一些可爱的顽童一路打闹着追跑着。赛珍珠每到一处，看到的都是贫穷和饥饿。即便如此，她仍会和衣衫褴褛的儿童玩耍，和大妈姑娘聊天。赛珍珠很喜欢和农民的妻子们交流，家长里短，庄稼收成，父子分家，娶亲嫁女，婆媳不和等都是话题……刚下乡接触到农民时，让赛珍珠十分震惊，她感到这些底层的中国北方农民如此愚昧麻木，大有灰心沮丧之感，时常会坠入一种莫名的失望之中。随着交往日增，了解日深，她渐渐感到这些农民的善良勤劳，朴实纯真。赛珍珠对中国及中国的传统文化有了越来越深的了解，尤其是中国农民对土地的情感和执着有了深度的思考。

宿州人的淳朴，和当时他们生活及医疗卫生条件的简陋，尤其是流浪儿童、乞讨老弱的凄惨情状，都深深刺痛着赛珍珠以博爱为心灵归依的仁恻情怀。她在回忆录中悲悯而无奈地写道：一个圣诞节的晚上，她在访友途中的一个胡同口遇到一个十五六岁的乞丐，得知这孩子的爹娘在南下逃荒的路上病死了。她把这孩子领进家中，给他洗了澡，换上棉衣，还为他做了饭，并在小书房里腾出一角铺上床，让孩子睡在那里。她本打算收留这孩子，送去上学或做点别的什么事。后来听了那位姓张的太太的建议，把他送到丈夫在城外搞选种实验的小农场，并告诉雇工好好照顾他，每天送他去读书，也让他学着帮助农场干活，但那孩子很快就不知逃到哪里去了。而更多的弃婴、乞儿、流浪儿，则使赛珍珠只能徒然悲叹却无能为力。

图 2－11 至 2－17 布克摄于 1916—1919 年的这些流浪乞讨儿童的资料照片，和《三毛流浪记》作者张乐平先生当年在上海弄堂角落看到的流浪儿一样。今天的读者看来不免触目惊心，但是这在一百年前的宿州，却是布克、赛珍珠经常看到的景象。布克在《中国农家经济》中略有涉及，而赛珍珠处于母爱天性和由于基督教博爱情怀熏陶和儒家仁爱理念的启蒙，对这种人间惨象的悲悯情怀尤为强烈而深切。她对穷苦人家子女、对乞儿、对无家可归的流浪儿充满悲悯与无奈，可谓铭心刻骨，使得她离开宿州 40 多年之后在美国所写的回忆录中，仍然难抑对当年对宿州所见儿童惨痛状况的忧伤凄切之情。她回忆宿州的这些儿童是："在土里爬，满脸污垢，偏僻角落里经常看到鹑衣百结的乞儿和流浪儿。他们不停地吸吮着肮脏的手指，整个吞着粘着泥水的萝卜……"赛珍珠曾花费很大精力教年轻妇女给接生的剪刀、布块、棉花消毒，但宿州及整个北方仍坚持用剥去外皮的苇篾或芦叶来切断脐带，以致经常造成"十日风"，使许多婴儿在出生两周即夭折。孩子们衣不

遮体，甚至身上穿的根本就不能叫衣服，只是几片破布而已。他们无不是体型瘦弱，肋骨突出，典型的营养不良。有的儿童已经无力去沿街乞讨，躺在了街边，很可能他们就再也不能起来了。虽然赛珍珠从小就在中国长大，但是来宿州之前的日子，她一直生活在富庶的江南城市——镇江，而且生活的圈子基本是社会上层。唯有在宿州，她才真正看到北方农民的真实生活。

在这些照片中有白发苍苍的老人，有孩子，全家人出来乞讨乃至卖儿卖女的资料图片中，所有的行李不过是一个篮子，一个背在背上的破布袋子。不知道他们遇上了什么灾荒，无法生活，只好背井离乡讨条活路。《大地》中的王龙就像照片中人一样，因旱灾颗粒无收而带着父亲、妻子、孩子，逃离了宿州，走的时候，“他们所有的衣服都穿到了身上。阿兰在每个孩子手里放了一个饭碗和一双筷子，两个小男孩急切地拿过来紧紧握住，好像这是有饭吃的一种保证。他们就这样出发了，穿过原野，排成一个凄凉的小队慢慢地移动，他们走得慢极了。”图2－20是一对走投无路夫妇在街头标价卖孩子。这和《大地》描写的王龙在逃难中要卖掉儿子的情节一样，这情节不仅是赛珍珠的宿州经历和心中的隐痛在小说中的流露，也应是她后半生倾其所有以投入慈善事业的心结渊源。

图2－11　宿州乡村农民的贫困生活

图2－12

图2－13

图2－14

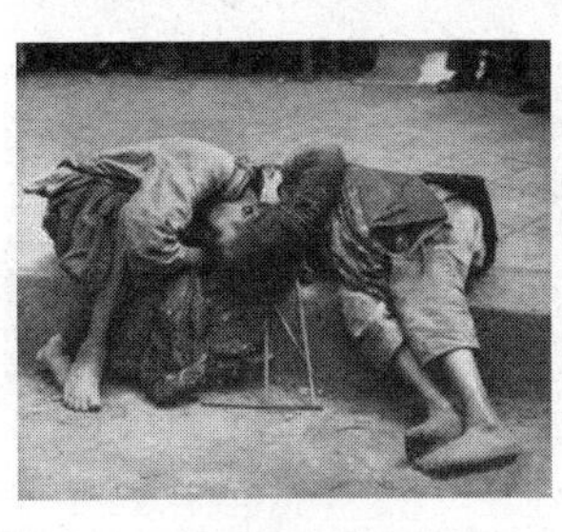

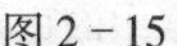

图 2－15

图 2－16

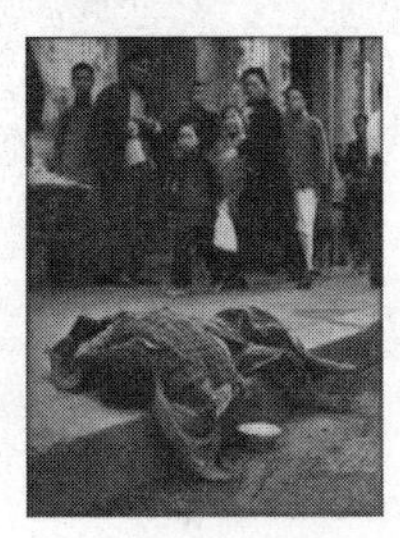

图 2－17

图 2－18　乞丐之家

图 2－19　逃荒老人

图 2－20　卖儿卖女

图 2－21　华北洪水，城乡一片汪洋
（布克摄）

图 2－22　城镇洪水灾害
（资料图片）

图 2－23　洪水中的宿州农民
（布克摄）

旧时的宿州因地理、气象等不利条件的影响，自古以来，就多水、旱、蝗、雹等灾害，尤以水灾为甚。清代乾隆年间一诗人作诗描写宿州说："蕞尔符离郡，频年困水乡。四邻惊浩淼，十室九流亡。"在赛珍珠居留宿州期间，就遇上一次洪灾，那是初夏季节，一连几十天的阴雨，大面积农田被淹。宿州四郊，正如诗中所描述，老百姓的生命财产损失，不计其数。赛珍珠亲眼看见了农民受灾的惨状，内心充满了深深的同情。这些积累慢慢发酵，终有一日，变成文字，从她的笔尖汩汩流出，在《大地》第十八章，她写道："整个春末夏初，水不断高涨，终于泛滥成一片汪洋，水面潋滟荡漾，倒映着云层山月以及树干淹没在水中的柳树和竹子。这里和那里，到处有些主人已经离去的土坯房子，慢慢地坍塌，陷进了水里和泥里。同样，所有不像王龙那样建在小山上的房子，也都坍塌陷落了。小山像突出的岛屿。人们靠船和城里往来，而且有些人已经像以前那样饿死。"这种惨状在解放前不断出现，直到新中国成立，人民政府重视兴修水利，开挖沟渠，疏浚河道，才基本消除宿州的水患。

图 2－24　赤地千里旱灾

图 2－25　北方干旱

除了水灾频发，旱灾也时时威胁着老百姓的生存。在春季时，宿州普遍降雨量稀少，是干旱易发期，那时又处于青黄不接的时候，很容易发生大面积的饥荒。在《大地》里我们就看到了这一场面。“好像神一旦和一个人作对，就再也不会顾惜他了。初夏时节本应下雨了，可一直不下，烈日整天整天地无情地曝晒。焦渴的土地对它们根本算不了什么。从早到晚，天空没有一丝云彩，夜晚挂在空中的星星，金光闪耀，美丽中透着残酷。尽管王龙拼命地耕作，田地还是干得裂了缝。随着春天的到来，麦苗曾茁壮地成长，只等下了雨吐穗灌浆，但现在天上无雨地上干，它们停止了生长，起初在太阳下一动不动，最后终于枯黄而死，颗粒无收。”本已过上小康日子的王龙，因为这场旱灾，又陷入饥饿之中。妻子阿兰亲手扼死了刚出生的女婴，因为不这样做，她也活不下来。为了保命，最后王龙和千千万万的灾民一样，带着全家，手拿破碗，踏上了乞讨之路。

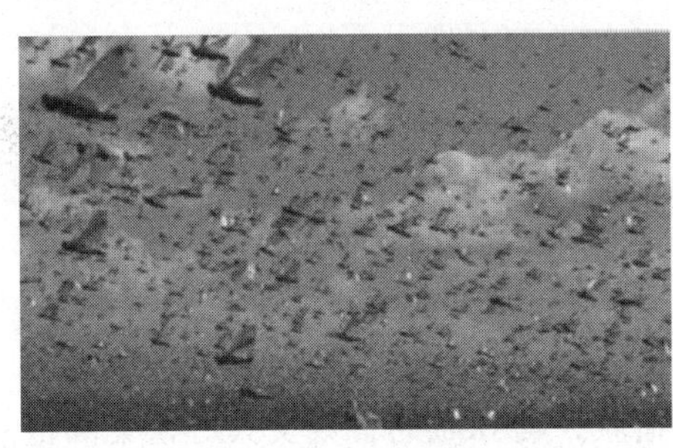

图 2－26　铺天盖地的蝗灾

宿州农村的老人们往往谈“蝗”色变，他们会向你描述蝗虫的可怕，当天边飞来一片乌云的时候，人们内心充满绝望，因为接下来发生的事情他们没有任何力量阻止，蝗虫所到之处，所有的植物，从树木到庄稼，都只剩下茎秆，一年辛苦的耕耘都付之东流，人们欲哭无泪。无助的人们在残酷的现实面前，只好求助神灵。在老宿州的东关有个蚂蚱庙（蝗虫在宿州方言里叫蚂蚱），人们每年到那里进香，把蚂蚱当神灵供奉，希望它不要来祸害庄稼。赛珍珠同情农民不幸，在《大地》中描述了农民王龙带着阿兰到庙神祈祷的情节，但也为他们这种迷信愚昧的行为感到可悯可悲。

图 2-27　匪患兵灾——匪来如梳，兵来如篦！（赛珍珠小说插图）

除了水、旱、蝗、雹这样的天灾的威胁，老百姓还得面对人祸的威胁。20 世纪初，中国正是军阀混战的混乱时期，老百姓天天提心吊胆，担心匪患兵灾的降临。在赛珍珠旅宿之时，正是袁世凯皇帝梦破灭不久，军阀混战，民不聊生，士兵到处抢粮抓夫，十室九空的农民不得不外出逃生。或者有些人铤而走险、逼上梁山，当上了土匪。在 1918 年，即赛珍珠来宿的第二年，一股几百名土匪，在匪首张庆、绰号“老洋人”的率领下，从豫东流窜到宿州城近郊，进攻宿城，与守城的官兵交火。密集的枪弹不断地从屋顶掠过。家家户户门窗紧闭，全城充满恐怖气氛。赛珍珠这时就和布克一起，跑进里屋，躺在墙角下躲避。所幸时间不长，大批官兵从外地赶到，驱走了土匪。不久，驻扎在宿州的一支新兵哗变，这里又成

了战场，好几天才平定下来。（参见邵体忠《赛珍珠研究小札》）

身为女作家，赛珍珠对宿州的妇女寄予了特别多的关注。她在《我的中国世界》中多处讲到：她每随丈夫下濉溪、符离等地乡村，都用自小学习的汉语和妇女们说笑，了解她们的快乐与烦恼。赛珍珠真实记录了宿州妇女的分娩之险，溺婴之惨，缠足之痛，因愁苦绝望乃至自缢身亡等等，关注宿州妇女生活状态。赛珍珠亲自救助过难产妇女，目睹了婴儿死胎。有次和十多个宿州女友说起溺婴，泣不成声。赛珍珠聪慧敏感的年青女邻居在三从四德的束缚下自缢而死，赛珍珠要为她做人工呼吸也遭拒绝。

在旧中国，女人背负着更重的苦难。她们在家庭里地位低下，对经济没有支配权，吃穿都要先仅着"当家的"，甚至没有上桌吃饭的权利。尤其残忍的是他们还需要满足中国男人变态的审美观——对小脚的癖好。阿兰没有裹脚，因为她是粗使丫头，所以当王龙看到她的脚没有缠过的那一刻是失望的。大脚的女人是嫁不到好人家的，为了裹出漂亮的小脚，妈妈会在女儿七八岁的时候开始给女儿裹脚，硬生生地用长长的裹脚布把骨头勒成畸形。迈着这样的小脚，长大后她们还要像男人一样下田劳作。对于这种变态的审美，来自西方的白人充满了好奇，在上海，甚至有妇人以此生财，收费让外国人拍摄自己的小脚。图 2－28 即是美国摄影家詹姆斯·利卡尔顿 1900 年花 4 块银圆拍摄的。

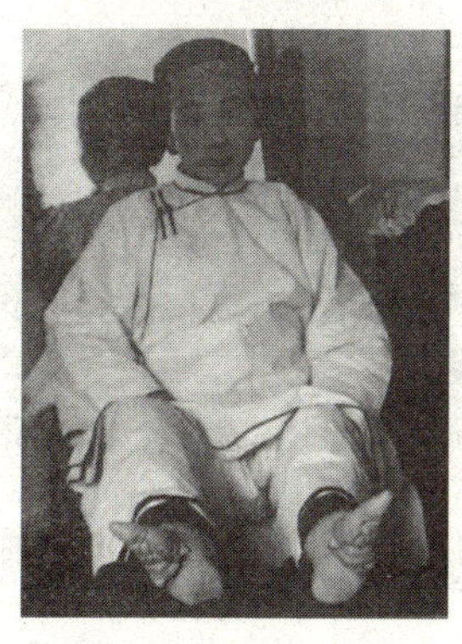

图 2－28　外国人花 4 个银圆拍摄的中国缠足照

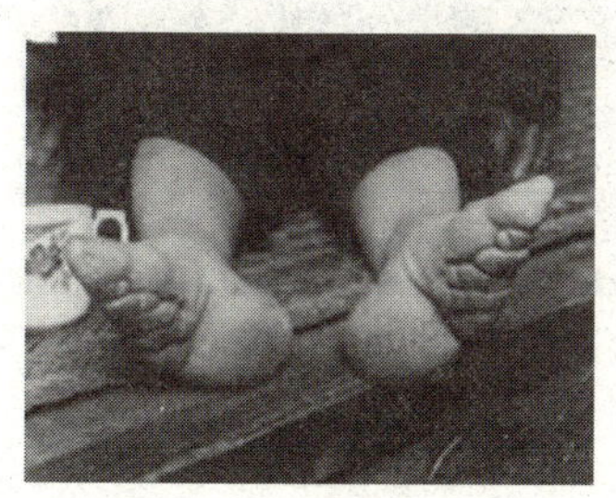

图 2－29　图触目惊心的缠足陋习

赛珍珠和布克在农村调查中发现：导致宿州贫困的除了技术落后、自然灾害、时局混乱这些外因之外，也有农民固有的一些陋习，如抽鸦片、赌博等不良习俗导致的体质伤害和金钱流失。布克的《中国农家经济》用数据告诉我们：有抽烟开支的家庭，占到五分之四；有抽鸦片烟开支的占到百分之一；差不多有三分之一的家庭有赌债的报告。如果这些费用能用于子女的教育和生产再投资，他们也许会早日摆脱贫困。王龙则没有这些坏习惯，他勤劳肯干，不吃酒不要钱，不会浪费一分钱在无用的事情上，再加上他的头脑，把攒下的钱全用来置田产，积少成多。如果没有自然灾害的打断，即使没有阿兰得到的那一笔意外之财，他早晚也会让家人过上富足的日子。

抽鸦片是旧中国吸毒劣习的主要形式。清末的鸦片战争之后，这种劣习更为泛滥，民国期间不少军阀甚至把烟土当作激励军人士气的奖品。历史上的宿州是一个多灾多难的地区，水、旱、蝗、雹等自然灾害频繁，百姓生活本来就极度经贫困艰难。一旦染上抽鸦片劣习，则倾家破产直至家破人亡，几乎是必然结局。赛珍珠和布克目睹了抽鸦片者的惨痛下场，对此充满悲悯忧伤。这在赛珍珠的《大地》和布克的《中国农家经济》中都有体现。在水、旱、蝗、匪、毒等灾害下，大批农民只得南下逃荒。当地流传着这样的谚语：“宁愿南逃三千，不往北移一砖”。《大地》中的女主角阿兰就是从山东南下逃荒，路经宿州时被卖到黄家大院做丫鬟的。

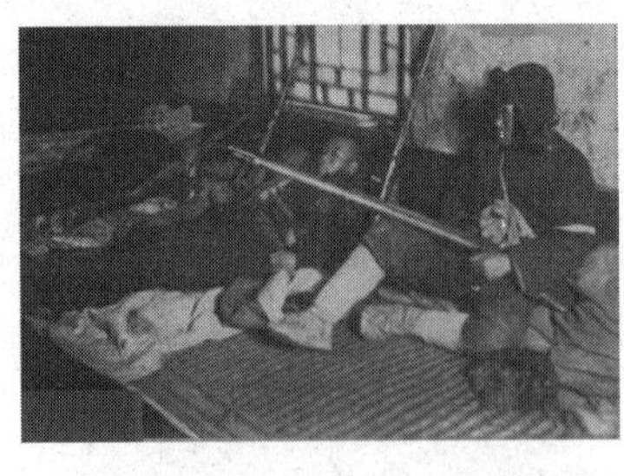

图 2－30　抽鸦片劣习
（资料图片）

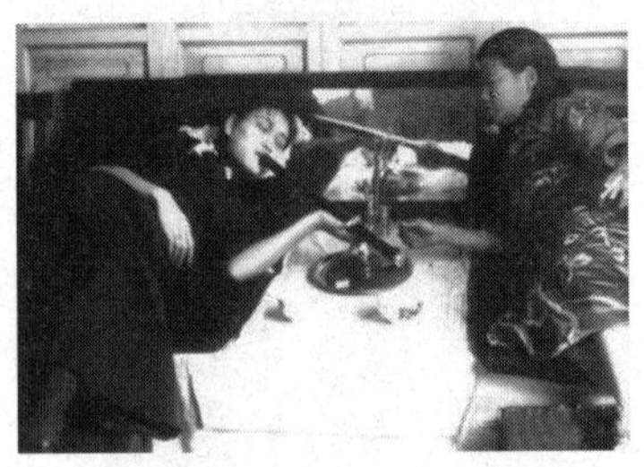

图 2－31　男人抽，女人也抽
（资料图片）

赛珍珠跟随丈夫到过宿州许多边远城镇和乡村，逛过许多的乡村集市，体验了农村古朴的迎亲活动，并且经历了兵匪为患的危险境遇。她看到到处都是破旧低矮的茅草房和草棚，见过衣衫褴褛、走村串户、沿街乞讨的穷苦乡民。赛珍珠有机会接触了大量的底层民众，了解并熟悉了他们的生活，了解了当地的民俗民风和风土人情。她了解了宿州农村妇女所遵循的妇道，经历了宿州普通老百姓的日常生活，熟悉了农民的生产活动。她目睹了严重的自然灾害——蝗灾和水灾的情景。随着与当地居民熟悉甚至成为朋友后，她便深深爱上了这个地方。赛珍珠感受了农民丰收的喜悦，经历了自然灾害的苦痛；享受了百姓平静祥和的岁月，目睹了军阀战乱的疮痍；了解了经年延续的风俗习惯，熟悉了累年不息的男耕女织……

赛珍珠旅宿几年，亲眼看到乡村的农民如何在艰难困苦、天灾人祸中挣扎拼搏。她和不同阶层的妇女有了接触。这对她的思想产生了深远的影响。使她很快便喜欢上了这些善良勤劳、朴实纯真的农民，熟悉了他们的生活，而且对中国儿中国传统文化有了越来越深的了解。她称中国农民——

“机智勇敢，善于随机应变”，“是人类中最讲实际、最少幻想的人”。“即使跟一个目不识丁的农民谈话，你也会听到精辟而又幽默的哲理”。

她被这些负重前行、不屈不挠的普通农民纯朴善良、顽强不屈的精神所感动，认为他们才是中华民族的代表，他们应该生活的更有尊严。她认为，这些底层的中国人“承担着生活的重负，做得最多，挣得最少。他们与大地最亲近，无论是生是死，是哭是笑，都是最真实的”。她还说：那里“成了我真实的世界……那儿住着一个极其善良的民族，的确是一个播撒天惠的源地。”

第三章　悲悯慨叹　倾力救助启蒙

一、概述

婚后定居宿州的布克、赛珍珠夫妇，虽然分别来自美国本土和中国镇江，但对宿州百姓极度贫穷的惨状，却共同感到震惊。赛珍珠目睹了妇女产后风、自缢误救至死、裹足、封闭禁锢、卖身为妾等种种悲剧，和迷信鬼神、求签拜佛、狭隘嫉妒、畸形炫耀等一系列荒唐剧；赛珍珠、布克共同目睹了儿童群体中的弃婴、童养媳、被溺女婴、流浪儿、女孩买卖、路边倒毙骨骸、讨饭人群等惨状，共同经历兵、匪、旱、涝、蝗等天灾人祸。面对受尽欺凌艰辛而依然顽强生存的乡村妇女，面对终年劳累依然食不果腹、衣不蔽体，却依然默默承受，无怨无怒的宿州农民群体，赛珍珠难抑悲天悯人的叹息，布克也对中国农民坚韧宽厚的性情由衷地发出赞叹，并借唐人诗句“四海无闲田，农夫犹饿死”，表达出深切的同情与感慨。

悲悯慨叹的同时，他们或分别或共同采取了多种方式，予以力所能及的救助。布克牵头组建了农业科学实验部（简称“农事部”），指导农民改良作物品种，使用农业机械，并组织培训一批青年农业技术骨干，工作之余到宿州含美小学兼任教师，讲授农业知识课程，继而自己创办了宿州林墅农业职业学校，后又曾应邀在宿州的省立第四职业学校做过农业知识的专题报告（相当于今天的学术讲座），并在宿州首次使用幻灯演示图片以辅助内容的传授。省立第四职业学校的宿州学生丁振亚后来考取了金陵农业大学，成为布克的入室弟子，并在 1924 年金陵农大毕业后，回到布克在宿州创立的农事部工作，成为布克宿州农事事业的继承人和著名的大豆专家。丁的夫人杨女士在宿州启秀女校教书，曾是胡耀邦夫人李昭的老师，丁、杨夫妇共同继承了布克、赛珍珠夫妇在宿州的事业。

赛珍珠和布克共同收养了一个又一个性情顽劣的流浪儿，一个也没能留住；赛珍珠亲手为产妇消毒接生，为病妇诊治，后来又到宿州民爱医院任职并下乡出诊。针对中国传统观念中“女子无才便是德”的人格戒律对女性智慧的禁锢扼杀，赛珍珠主动执教启秀女校，并培养出冯秀媛、汪培珍、岳继先、王立凤等一批优秀女性人才：

冯玉淑（1902—1976），后改名秀媛，宿州人。系抗法名将冯子材后人。幼聪慧，性豪爽，在启秀女中读书期间，学业成绩优秀，在赛氏的青睐、鼓励下，毕业后先后考入南京汇文女中、金陵神学院深造。大革命时期返回宿州，任启秀女中教员，不久升任校长，成为赛珍珠在宿州教育事业的接班人。后又任民爱医院副院长，屡次周济宿州南关郊区的贫苦女孩入学，并出资帮助有志深造的学生赴南京学习医护专业，一时有“淮北吴贻芳”之称。

岳继先（1897—1988），赛珍珠女士认为她有培养前途，经常接济。启秀毕业后，赛氏鼓励她继续深造，并介绍她考入南京明德女中。后又凭借自身的努力和亲友的资助，考入北平女子文理学院（北师大前身）攻读数学，成绩一直名列前茅。她幼时体质较弱，赛珍珠曾劝她应锻炼身体。她接受建议，多年如一日地坚持锻炼，身体转弱为强。大学阶段她成为田径健将，曾被选入国家大学生田径队员，远征东南亚，在菲律宾夺得一枚银牌，一洗“东亚病夫”之辱。

汪培珍（1895—1987），宿州人，家贫苦。入启秀女中后勤奋苦学，成绩突出，深得赛氏的关爱。启秀女中毕业后，赛女士支持她报考南京中华妇产科专业学校。入学后她起早带晚，参加勤工俭学，学习成绩优良。毕业后夫妇二人来宿州行医，开设“福民医院”造福地方，深得远近群众的信赖与好评。

还有一位王立凤，天生丽质，卓尔不群。启秀女校毕业后一度参加地下共产党，夫妇同赴莫斯科东方大学深造，后又被选为国民党“国大代表”，解放前夕去了台湾。其二子均留学美国，次子刘林生曾在改革开放后接待过访美的宿州市领导，并热情推介赛珍珠在宿州的事迹。后来又专程回宿州访旧，受到热情接待。

赛珍珠与布克在宿州的救助启蒙，赢得了宿州各界的高度认同。当他们离别宿州共赴南京时，众人纷纷珍重道别。女友更是对赛珍珠恋恋不舍，不少人流下眼泪。大家再三相约重逢，县长也安排马车载他们去火车站，并专门派卫队护送。布克到南京后多次重返宿州，宿州人也屡次赴南京探望。一个姓芦的家庭女工硬是追到南京，在赛、布家中住了下来，北伐战争期间更成为赛珍珠、布克一家的“铁杆护卫”，两家结成了“通家世交”。

赛珍珠、布克的宿州经历，不仅谱写了20世纪之初中美民间交往的一段佳话，而且对他们之后的教育生涯、社会活动和人生事业走向，都产生了关键性的深远影响。

二、图片与说明

布克拍摄时，镜头主要对准的是最贫困、最乡土的人或物。图3－1系乡民牧猪情景。背景的房屋与几年前张伯林在华北夏季所摄的略同，但布克所摄的季节似为初春，农民、儿童随猪群之后，或驱赶，或挎着北方农民常用的粪箕（书面语作“箕畚”）准备拣猪粪，右侧一人应为同道行路者。布克在宿州拍摄这幅阴沉天空下混合着泥土、粪便气味的乡村猪群时，不知是否曾联想起他在美国的家乡——明净开阔的快乐谷中驱赶的“牛群”？

清末民初，有不少美国学者与布克同期先后来中国农村考察，图3－2为美国地质学家，威斯康星大学校长张伯林教授1909年拍摄华北乡村的情景。图中景物与布克所摄的内容相近，但似有摆拍痕迹，不如6年多之后布克所拍宿州乡村景物（见上图1－9）更富于泥土气息和北方农民的质感。

图 3-1　布克在宿州乡村考察时拍摄的照片（1916—1918 年摄）

图 3-2　美国地质学家、威斯康星大学校长张伯林教授 1909 拍摄的华北乡村

图 3-3　布克与同事进行机械耕地试验，手扶拖拉机的驾驶者为布克

图 3 - 4　布克指导同事尝试机耕操作（图中手指拖拉机者为布克）

1920 年，布克离开宿州到南京金陵大学农经系任教，开设了农业经济学、农村社会学、农场管理学与农村工程学等四门课，同时负责进行有关农业的调查与农业新品种的育种工作。但布克仍与宿州保持密切联系。不仅定期回宿州讲学，而且继续创办了宿州林墅职业中学，把宿州的丁震亚培养成南京金陵大学农经系的嫡系高足，毕业后又回到布克创办的宿州农事部，继承了布克在宿州的未竟事业。

布克在金陵大学起初只有助教华伯雄一个兵。1922 年，崔毓俊以农经系学生的身份参加系里的工作，边读书边帮助布克计算和校对农业调查表。1923 年以后，布克从康奈尔大学聘来华伦、路易斯、雷伯恩等六七位教授，还从美、英、德、澳等国聘请了气象、土壤、农村合作、农村金融、土地利用、农业史等方面的专家，宿州又成了布克教学科研的实训基地，派遣调查团队对宿州的符离集的近 300 个农民家庭进行了经济、文化、家族伦理、食品结构、医疗、教育、嗜好、娱乐等情况进行了详尽的调查统计与科学分析，并提出改进方案，体现出对宿州农民特有的执着关爱之情。

通过调查，布克认为，中国农业的问题，主要在于农业技术落后而且管理落后，通过农场管理的优化和农业技术的提高来解决问题。所以他最先引进了当时先进的拖拉机，并指导青年农民运用到实际耕作中去。布克先生并不是拘守书本的学究，图 3 - 4 中布克指导同事们试用农业机械的画面，就展示出他很强的动手能力。

图 3－5　穷人健康的寄托——草药摊　（布克拍摄）

布克、赛珍珠对中国农村的调查中，事关一个国家和民族人身健康和繁衍生息的医药状况，就是一个观察重心。在赛珍珠的协助下，布克以现代科学统计和画面实证的方式，从经济状况和人文风俗的双重角度，调查了农民家庭健康条件和医药费支出，从而发现有这项支出的家庭比例不到二分之一，而且数量少得出奇，——不到美国农民的十五分之一！而北方的数字又低于南方，因为北方比南方更贫穷。大部分农民往往有病无钱抓药，只能忍受病痛的折磨，或者是到庙里烧香许愿、求神问卦。实在扛不住病痛时，低廉的草药摊点、草头偏方也就成了救命良方，民间江湖医生也就成了他们心目中妙手回春的再世华佗。在宿州，布克目睹当地医疗条件的落后，西式医疗设施的稀少，有感于饱受病痛的穷困者不得不依赖乡土郎中，故而在“钱少命贱”的穷乡僻壤，用照片记录下游医和他们的草药摊子成为穷人的救命之所的真实一幕。

布克的《中国农家经济》第十一章《生活程度》中这幅照片中的杨玉山先生，挂着的“专治内外科”长条招牌竟有 4 幅之多，看其“中西合璧”的衣着、发型，摊位上杂乱无章的摆设，活脱一个走村串户的江湖游医。布克认为这类中医草药的做法“有生效者，也有毫无用处者”，大体上说则是“不合乎科学原理”，因而对中国农民的健康医药状况，表达出深切的慨叹和担忧。

布克的关切与忧虑展示出其人文关怀的爱心，但他对中医、中药的认识，却存在着可以理解的局限：中国是医药文化发祥最早的国家之一，它以阴阳、五行、寒热、虚实、经络、气血等自成体系的理论，以黄帝、岐伯、华佗、张仲景、孙思邈、李时珍为代表人物，以《黄帝内经》《神农本草经》《本草纲目》等为经典文献，以“未病先防，既病防变”为主旨的医药实践，构成了浩博精深、功效神奇的中医中药事业，保障了中华民族的生生不息和繁荣昌盛。屠呦呦以建立在中医学理论基础上的科研成果荣获诺贝尔科学奖，后又获得国家科技最高奖，正是中华医学博大精深和无限潜力的方兴未艾的展示。

图 3－6　旧中国农民的精神依托——乡村摆摊算卦者（资料图片）

布克、赛珍珠在宿州生活期间，对乡民的麻木无知和贫乏的精神世界深有感触，小说《大地》中屡次描写农民求神拜算命卜卦的情节。常常遇到街边小巷摆摊算卦、指点迷津的“神仙”。由于生计艰难，教育落后，所谓“开化民智”的科学普及在五四运动之前的乡村更如天方夜谭，故而测算命运就成为一般民众的精神寄托。在旧中国，除佛、道这两大中国传统的宗教外，很多民间信仰中的神灵进入乡土中国的信仰世界。在乡村产生了一些特殊的群体——被称为神汉和巫婆的民间宗教职业者，他们就承担了人们消灾祛病、祈福禳解的信仰需求。以致布克在《中国农家经济》第十一章《医药费》中语重心长地说：“农人在穷极的时候，也愿意多方罗掘，以求医治。用于烧香许愿、求神问卦方面的钱也不少。”“对农人不但要灌输实用的知识，对于品性、习惯，也须同样加以指导，才能使他们享受真正的愉快，与丰满的人类生活。”

图3-7　美国教会1913年在宿州创办的民爱医院主楼

图3-8　建院之初的病房之一

图3-9　早期病房之二

民爱医院（今宿州市立医院）为美国基督教会于 1913 年创办，位于宿城南关，是当时宿城首家西式医院。1916 年正式定名。基督教会一边传教一边行医，与民爱医院不可分割。教会对医院进行规划建设并提供人员开展医疗服务，医院筹集的各类捐赠多数用于改善设施。抗战前夕，民爱医院已拥有 33 张病床。

布克和赛珍珠的传奇生涯中有四年和民爱医院联系密切。赛珍珠虽然不相信基督教可以帮助中国，但赛珍珠夫妇通过交谈看到了宿州落后的卫生状况后，觉得西方的医疗、教育能够派上用场，故而布克积极投身于农业技术、种子改良的培训，赛珍珠则致力于贫苦农民的心智启蒙和卫生医疗工作。在执教的同时，经常到民爱医院帮助工作，为外国医生和患者担任翻译。此期间她曾和民爱医院的医生威尔齐大夫于深夜抢救一位难产妇女，一度传为佳话。

传教会在进行基督传教，救治人们的精神的同时，也兴办医院、学校等。因工作需要，布克经常下乡调查农业、农村、农民的情况，而布克的中文没有赛珍珠好，在交谈中赛珍珠帮丈夫翻译，他们夫妇逐渐就成了农夫农妇们的无话不谈的朋友。赛珍珠在其自传性散文集《我的几个中国世界》中多处讲到：当她随丈夫下濉溪、符离等乡村时，布克与农民交谈，她就用自小学习的汉语和妇女们说笑，了解她们生活中的快乐与烦恼。赛珍珠在宿州结识了自己的闺蜜和众多的教会女友，通过交谈了解了到以宿州为典型代表的旧中国妇女的悲惨处境：分娩之险，溺婴之残忍，缠足之痛惨等等。图 3－11 是赛珍珠、布克的同事生熙安牧师、惠克德大夫在为一名女性治疗牙病。

图 3－10　民爱医院工作人员，前排右二为赛珍珠学生冯秀媛的丈夫李晨钟

图 3－11　赛珍珠布克的同事为宿州妇女治病

由于赛珍珠懂汉语、热情、随和，在宿州被称为“布师母”，很快地与周围百姓打成一片。她在《我的中国世界》中写道：“要我参加生日和婚礼等家宴的请帖纷至沓来，使我整日忙得不亦乐乎。我愉快地做着这一切，我们彼此之间的交往也就很快加深了。我逗他们的孩子玩乐，与我同龄的妇女谈心。她们把与婆婆和妯娌之间的不快讲给我听，我又一次感受到了人类生活的脉搏。”在她的朋友当中，社会层次各不相同，有遍身罗绮的城市妇女，也有蓬门荜户的乡下农妇。

赛珍珠在《我的中国世界》中写道：在宿州时“我把主要精力放在我所负责的女子学校上。我从镇江请来了一位我做姑娘时的朋友做校长。她年轻，热情，能干，我对她抱很大的希望，可惜，她虽然喜欢自己的工作，特别是热爱那些渴求知识的小学生，却吃不惯北方饭菜。中国人常有不服水土的情况，无法以北方的馒头和小米代替华中的大米。她体重减轻，活力日少，不是因为她对吃的东西消化不了，而是因为她感到以面代米太不习惯。最终我不得不放她回去。”

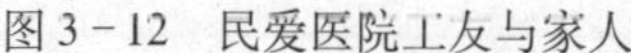

图 3－12 民爱医院工友与家人

图 3－13 民爱医院附近小朋友

图 3－14 农科所与民爱医院人员合影

图 3－15 赛珍珠、布克的民爱医院同事研究出诊线路

图 3－15 中为生熙安牧师医务同事。图 3－10 至 3－15 图片均为赛珍珠布克同事的后裔生景新女士提供.

图 3－16 宿州的安徽省立第四甲种农业学校

图 3－17 第四农校蚕桑系实验基地

据宿州教育史资料记载：1919 年布克来宿州两年之后，安徽省立第四甲种农业学校（简称“四农”）适值建校之初，曾聘请布克讲过课。讲课形式为专题报告式。布克到南京金陵大学农学院任教期间，仍然和教会农事部保持联系。后来“四农”曾特请美国植棉专家、金大教授郭仁风先生来校讲授种植棉花的科学方法，布克也陪同前来，并为该校学生用幻灯放映图片以辅助授课，这是宿州学生首次见到幻灯片演示。

农校创始人王雪渔先生出身于宿县符离的书香世家，在日本留学期间，受孙中山先生旧民主主义思想的影响，加入同盟会，立志“教育救国”。回国后创办中、小学校多所。1906 年，王雪渔先生在原正谊小学堂的基础上创建了正谊中学堂（即宿城一中前身）。王先生目睹中国实业落后，于 1918 年在正谊中学堂的基础上创办“宿县蚕桑学校”，后又改为“安徽省立第四甲种农业学校”“安徽省立第四中等职业学校”“皖北宿县联合中学”等。

布克是以传教士身份来到安徽宿州的，但中国农村的现实几乎使布克夫妇二人忘掉传教的“本职”，而把所有时间与精力用于农学研究和实践。布克的农学涵盖非常宽泛：不仅包含农业技术、农业经济的研究，而且包括农艺养殖等方面的调查、实验和研究。其中仅农艺一项，就可细分为动植物的饲养、繁殖、引进等不同方面。

1924 年，布克从南京再次来到宿州，创办农校，名为“宿州林墅职业学校”，兼任校长，聘请马立炎负责处理日常教学和实验工作，校址设在农事部院内的农业实验部，地点在今华夏商场东侧葛家园。1925 年开始招生。

布克在宿州进行农业改良和推广的同时，也和赛珍珠一样致力于文化科学的启蒙教育，在宿州和南京都培养了一批继承了他的农业研究事业和科学求真精神的得意弟子。如协助布克到各地调查农业的河北盐山的崔毓俊（见图 3－18），安徽怀远的耿玉柱和安徽宿州的高雁丞、丁震亚等。

1917 年即布克到宿州的第二年，他为宿州的 12 名农家户举办了个农业培训班，后来又创办了林墅职业学校，并在宿州的第四农业学校和当地中学的高中班兼课，讲授农业技术知识。布克在宿州的学生中，有不少成为新中国的农业专家。如布克在1962年70岁时，还对康奈尔大学的科尔曼教授谈到其宿州弟子中有个邮递员的儿子，后来到南京农学院继续跟布克学习。另有一个来自宿州市西北乡古饶集（宿民俗称“火集子”）的丁震亚，在宿州的安徽省立第四农业学校（亦称“四职”）学习时听过布克的农业知识讲座，后又考进南京金陵大学农学院深造。并在布克执教的系科听他授课，因而也就成了与卜凯缘分颇深的学生。

图3－18 布克在中国的得意弟子之一崔毓俊

1924年（民国十三年）丁震亚毕业，经人介绍（其间很可能就有卜凯的介绍），回到宿州布克创立的“宿州农业科学试验部”（简称“农事部）里工作，职务是技术员。此时布克虽已离宿好几年，但他作为卜凯的学生，受到老师的潜移默化，一直秉持着布克专心致志、以科学改良农业生产的精神，和宿州“农事部”的李其田、马立炎，山东人王伯荣、赵升祥等卓有成效地开展各项工作。

卢沟桥事变后，日本侵华战火逐渐南移，宿州沦陷之前，该部主持人马立炎、李其田一同去了西安。教会遂委任丁震亚主持工作。

建国初期，他受聘于安徽省农业厅，他到豆类种植较多的皖北农村推广改良大豆种植技术，省有关部门给他一处西式楼房，为了他奔走考察指导方便，还给他配备了一辆小汽车，他为农民选用优良大豆品种和改进种植方法，殚精竭虑，一直忘我地工作，颇有其师布克的工作精神。他生活一贯简朴，喜食面条蔬菜。每次下乡，他既不肯入豪华餐厅，也不肯麻烦农民，一日三餐，都自行料理。他下乡所携带之物，除了换洗衣裳之外，只带挂面、木盆（供洗衣洗澡之用）暖水瓶而已。解放初期，他因为技术指导成效卓著，多次得到省人民政府的表扬和奖励。后来耄龄离职，休养于南京佛心桥富贵山。年逾九旬，步履犹如六七十岁之人。其子丁文祥，毕业于上海震旦医学院，任职于沪上新华医院（前身为广慈医院），为国际闻名的儿胸外科全国四大名医之一。布克留居大陆的学生如崔毓俊等在解放后多遭打击，丁震亚行事低调，工作勤奋，是少有的结局殊荣者。

图 3－19　先做老师、后做学生的赛珍珠——赛珍珠为女校学生授课

在世人心目中，赛珍珠首先是一个作家，同时也是个慈善事业家和社会活动家。但是若从规范的职业身份说，她首先是个教师，她的教师生涯甚至可以追溯到她的童年时期。

赛珍珠在镇江到了入学的 12 岁年龄时，因镇江教会学校“崇实女中”只收中国女生而入不了学。她母亲找崇实女中的首任校长诺冰心想了个变通的办法：“让赛珍珠在我这里当义工，做英文小老师，同时在这里学习。”因此赛珍珠在做学生之前，就先做了老师。照片为赛珍珠为 8 个女孩上英文对话课的情景。这 8 个女孩有的比赛珍珠年龄还大，但都一致夸赞赛珍珠讲得好，“不错！不错!”的声音此起彼伏，使赛珍珠开心极了，从此奠定了她做教师的兴趣和信心。

此后，赛珍珠从镇江的崇实女中教到宿州的启秀女校，从宿州的启秀女校教到南京的金陵大学、中央大学，和布克从宿州第四农业中学、林墅职业中学一直教到南京金陵大学一样，一直没有脱离“得天下英才而教育之”的教育事业。

赛珍珠在宿州的教书匠经历，不仅培育出冯秀媛、岳继先、汪培珍、王立凤等旧中国的各界精英人才，而且丰富了她对中国女性的深入了解。这在她日后的文学创作如《大地》《母亲》《庭院里的女人》《帝王女人》等作品中都可看出明显影响。

赛珍珠与布克婚后来到宿州，第一个工作就是延续在镇江从事过的职业——女校教师。

清末民初，美国基督教北长老会即派人来宿州，在城内购地建立福音堂。1906 年，教会在东门大街关帝庙内建立含美小学，只收男性；1914 年，美国传教士贾德牧师夫妇（1911 年来宿）在宿州市大河南街建立启秀女子小学，第一任校长是贾德牧师的夫人。启秀女校开始只有小学部，后来增加了初中部（启秀兼收个别男生）。学校初创时只有三个班，1920 年始增初中班。赛珍珠在启秀女校教授英文，并一度任校长。赛珍珠任教虽然仅有数载，但启秀女校却英才辈出。如胡耀邦的夫人李昭（原名李淑秀）；从北京辅仁大学毕业后，任徐州培真中学及杭州中国神学院等校英文教师的生培新；从江苏医学院毕业，就职于南京鼓楼医院的眼科医师黄锡婉；从上海震旦大学医学院毕业，先后任职上海新华医院、仁慈医院院长的全国知名儿科专家丁文祥；以及江苏省肿瘤医院任内科主任医师靳顺珍；从宿州走向世界的科学家胡秀英等都出自启秀女校。

图 3－20　赛珍珠任教的
启秀女校旧址——宿州九小

图 3－21　教会女校课堂

赛珍珠在启秀女校任教期间，对教学认真负责，对学生呵护备至，课余时间和学生一起游戏、做手工，圣诞节会和学生一起去福音堂，领大家唱圣诞歌，给大家讲圣诞故事，给宿州的学生家长留下良好印象。1920年后贾德夫妇因病返美，在赛珍珠的协助下，启秀女校邀请赛珍珠好友甘女士担任校长。一段时间后甘女士离宿回镇江，赛珍珠便负责该校的领导工作。1926年起，冯秀媛担任校长，她是受赛珍珠关爱较多的得意门生之一。

图3－22 赛珍珠的教学工作同事邵蔚华先生

邵蔚华（1881—1962），爱国诗人，名锷元，字蔚华，别号安乐室主。宿州名士邵景舜之孙，晚清举人邵心艮之子。未成年时即斐然成章。14岁应县、州、府试，三榜皆得案首，遂入泮。民国初年任教于“宿州幼幼两等学校”（即县立一高前身）。1914年，基督教会创办启秀女学，邵蔚华即转入该校任国文教习，与赛珍珠在该校共事数载。他对赛珍珠在汉语及中国古典小说、诗歌、戏曲知识方面指导较多，而赛珍珠则对他英语水平的提高给予不少帮助。邵蔚华之女邵体康、外甥女冯秀媛，均为赛珍珠之亲授女弟子。冯秀媛在赛珍珠离开宿州启秀女校之后的5年，即自1926年起，还担任了启秀女校校长，从某种角度上，可说是间接地成了赛珍珠的接班人。

邵蔚华先生的哲嗣邵体忠先生，原为宿州学院文学院副教授，20世纪90年代以来，他的赛珍珠、布克研究逐渐受到国内外广泛关注，曾接待过来自英、美、日、加拿大、荷兰、澳大利亚等国专家学者十余次访问咨询，参加过从央视到多家省市电视报刊媒体关于赛珍珠、布克题材的专访和专题制作。现年98岁高龄的邵体忠先生仍精神矍铄，思维语言清晰敏捷。2016、2017年10月年曾分别接受了镇江电视台、江苏大学和宿州电视台的多次电视采访。

图 3－23　与布克任课所在宿州含美小学联办的怀远县含美中学的女生

最早来到宿州的传教士，是以乡村为据点开办学校，以学校作为传播福音的基地。而在城市里，除了学校之外，还开办医院、慈济院等公益事业和慈善机构，想从肉体和精神上救苦度厄。

1894 年，美国基督教北长老会驻南京的传教士经实地考察，决定将怀远作为皖北地区教会中心点，向四周扩张。怀远，古涂山国，历史悠久，气候适宜，物产丰富，交通方便。宿州启秀女校创办者贾德的姑表兄弟柯德仁、柯德义于 1902 年初，相继来到怀远，先后开办了含美学堂及民望、民康和望康三所医院等，使宿州和怀远初步形成了一个以学校、医院为阵地的皖北基督教活动中心。

万国同，又名万子清，怀远名宿，清末秀才。怀远福音堂长老，曾在南京金陵大学神学院学习，后在怀远县含美学堂（教会学校）任教，并任淮西中学校长。其女万绮年为赛珍珠的入室弟子、赛珍珠小说《母亲》中文版首位翻译者。万绮年 1936 年翻译的中文原版《母亲》，经其子夏尚澄重新编译后，于 2010 年由东方出版中心再版。现居台北的夏尚澄先生亲自向宿州学院赛珍珠研究所赠书，并题写赠言。

赛珍珠的学生有不少成为杰出人才。如冯玉淑（1902—1976），名毓淑，字秀媛，后改名冯秀媛，基督徒教育家。其先祖为清末镇南关大捷指挥者、抗法爱国名将冯子材。冯秀媛父辈随先人迁居安徽宿州。

图 3－24　怀远县含美中学名师万国同先生（左一）

冯秀媛自幼聪慧，9 岁入女学读书，后转入教会所办的启秀女校，因才思敏捷，成绩优异，被誉为启秀女校的“三杰”之一。1921 年，冯秀媛从启秀女中毕业，先后考入南京汇文女中、金陵神学院。后又返宿州母校启秀女校任教，不久升任校长、民爱医院（今市立医院前身）副院长。冯秀媛处事果断，为人真诚，睿智勤勉，勤俭朴素，屡次周济贫困女孩入学，并出资帮助学生赴南京学习深造，一时有“淮北吴贻芳”之称。

冯秀媛自 1926 年后任启秀女校校长近二十载，并兼民爱医院（今市立医院前身）副院长，在宿州有很好的口碑，有“宿城女杰”的美誉。新中国成立初期，冯秀媛积极推行新民主主义教育，对宿州教育发展作出了不可磨灭的贡献。

图 3－25　冯秀媛

赛珍珠女弟子岳继先（1897—1988）、汪培珍也都成为宿州女界翘楚。其中岳继先在赛珍珠的鼓励下，考入南京明德女中，后又考入北平女子文理学院（北京师大前身）攻读数学。她原本羸弱，在赛珍珠规劝下加强锻炼，不仅增强了体质，而且在大学期间被选入国家田径队远征东南亚，在菲律宾赛场上夺得一枚银牌，代表宿州一洗中国“东亚病夫”之辱。

赛珍珠的另一女弟子汪培珍（1895—1987）在启秀女中读书时，勤奋刻苦，成绩突出，深得赛珍珠的关爱。汪培珍女中毕业时，赛珍珠鉴于宿州妇女多难产死亡，就引导并多方支持她考取了南京“中华妇产专业学校”。汪于1930年偕同丈夫来宿州开设“福民医院”，造福桑梓的妇女儿童，深得信赖和好评。汪培珍的丈夫耿玉明（字琅如），和汪培珍同样学医。先为怀远县民望医院（与宿州民爱医院同为美国教会创办）医生，后随汪培珍到宿州行医。耿玉明原籍怀远县耿家村，和布克在金陵大学农学院的嫡传弟子耿玉柱，是同族党兄弟。耿玉柱受布克委派，到家乡怀远县耿家村做农村调查，所搜集、统计的大量数据，在布克的重要著作《中国农家经济》中有详尽的记载。

图3－26　汪培珍（前左）

赛珍珠在宿州执教女弟子中，尚有一位更为佼佼不群者王立文（原名王立风）。王家出身城市贫民，父业泥水建筑工。但此女从小志高，天生丽质，渴望入学读书。父求帮告助，好不容易让她进入启秀女学。赛珍珠启秀女校的同事邵蔚华先生极称赞之，屡次说她在同学中俨如鹤立鸡群。

邵蔚华先生为奖掖后进，曾资助王膏火书费。王酷爱文学，尤喜古典诗词。启秀女校毕业后参加中共地下党组织，后与其未婚夫双双去了莫斯科，入东方大学深造。返国后在金陵工作。抗战军兴，她去了西南大后方，曾与邵蔚华先生有书信往返，信函中曾以少陵名句“烽火连三月，家书抵万金”诗句抒发思念家乡之情。后来她又被选为“国大代表”。

大陆解放前，王立文去了台湾。回忆当日寇投降，她也曾高吟着“白日放歌须纵酒，青春作伴好返乡”回到南京。她生有二子，均赴美留学。其中一子为医学专家。20 世纪 80 年代宿县地委书记孟亦奇赴美国考察马里兰州时，曾受到王立文的一位哲嗣刘道生的专访，并在热情款待时提议宿州加强对赛珍珠和布克研究的重视。而当时其母王立文与夫君，已于几年前均享高龄，无疾而终了。

在文化教育事业不断向全球一体化发展的新时期，赛珍珠对宿州教育、卫生事业所做的贡献，很值得现代人思考研究，认真总结。

第四章　深入宿州　发现厚土福地

一、概述

赛珍珠随布克初到宿州，触目所见是污秽灰暗的环境和贫病脏乱的人群。从而怀着惊痛悲悯，实施了力所能及的救助。然而随着时光季节的推移，随着下乡调查时与农民交往的深入，他们逐渐发现：地僻民贫的宿州在脏乱贫病的表象之下，其实深蕴着奇异的美景和崇高的美德。这种发现，似乎经历了中国宋代青源法师从“见山是山”“见水是水”，到“见山不是山”“见水不是水”，再到“见山是山”“见水是水”，体悟过程的禅意。

布克对发现的表达相对含蓄，赛珍珠则以西方思维的直觉认知，做了坦言不讳的描述。初次下乡，他们眼中的村景村民是：

农舍是用当地的浅沙泥土垒起来的。在冬天，你看不到一丝绿色，所有土地和房屋都是一种颜色——阴郁的暗褐色，那里似乎永不停息的风，把微尘刮进人们的头发和皮肤之中。妇女们好像永不洗脸，永不洗衣服，却以不加修饰而自豪。为适应它，我颇费了一些时间。当我看到千人一面时，总觉得懊丧。（见赛珍珠《我的中国世界》，下同）

乡村如此，城里的感觉也好不了多少，甚至更糟：

逛一下这里的城市，其间的丑陋会使你大吃一惊——到处拥挤不堪，又脏又乱，街道上臭气熏天，令人作呕。病病歪歪的乞丐蓬头垢面，使出他们卑鄙的生财手段，可怜巴巴地求着，过着寄生虫的生活。几只癞皮狗在胆怯地溜来溜去。倘若你朝居民家里扫一眼，你会发现一切都是以实用为准则：桌子没有上油漆，凳子在打造时显然是没有考虑到要让人们坐上去感到舒服，箱子、床、乱七八糟的破旧玩意儿，还有原始的炊具——所有这些都挤在那一点点小得令人难以置信的空间里，让人心烦意乱，丝毫没有对美中所能体现出的精神财富的追求。

然而，随着冬去春来，丑陋的宿州似乎突然绽开了明艳的笑容，阴郁的乡村在一夜之间呈现出梦幻一般的“妩媚”。白天，他们在乡下看到：

春天到来时，所有景物忽然在一夜间变得美丽了。村外，杨柳吐绿，小麦返青；果树上，花儿红白相间，煞是好看。最美的要数那海市蜃楼般的景象了。我以前从未置身于蜃景之乡。当大地仍寒而天气温暖，空气干燥又明亮时，目光所及，——从身边到天边，湖光潋滟，山丘起伏，绿树掩映，我感到如临仙境，如在梦中。

夜晚回到城中，又感受到华北小城宿州的别一种宁静平和之美：

迷人的月光泄在城墙上，也泄进墙外的河水里。这一切现在又都浮现在我脑海里，半虚半实。也正是在这个华北小城，我有生以来第一次领略了中国街道半夜时分的奇美。一般华北城镇的街道都是很宽的土路，街道两旁排列着低矮的平房，有砖墙，也有土墙，商店作坊，铁匠铺和白铁铺，糕点店和茶水店，干货店和糖果店……，凡生活所需，应有尽有，尽管本地人的活动区域和思想精神都被局限在这古老而遥远的地方。

不仅周围环境变美了，这里原本看来灰头土脸的人，现在也都变得可爱起来：

这一段的中国生活，使我强烈感受到，中国农民具有强大的力量。他们的心地善良，其精明智慧，令人吃惊，又令人愉快，他们说话超然俏皮，简明扼要。他们出于一种深沉和天生的世故，对生活采取一种直截了当的态度。我觉得，占中国人口百分之八十五的农民是人类的优秀分子，然而，他们由于目不识丁而不被人注意，这简直是人类的一大损失。他们充满了魅力，宽宏大量。虽然目不识丁，卑陋的生活环境又把他们同现代思想科学发现隔离开来，他们仍那么有教养。

这里的人不仅内在品德修养好，原本看来是冷漠简陋粗俗野蛮的人际关系，其实也深蕴着中国家族伦理的醇厚温情之美，宿州的闵贤村是孔子的得意弟子、传统文化中贤孝之首闵子骞的故乡，以此为典型的家庭伦理规范，恰好对照出西方家庭，尤其是美国侧重强调独立意识的家庭所存在的伦理弊端：

中国人向来自治有方。在传统的家庭体系中，每个男人、妇女、小孩都属于一个家族。每个家族负责管理其家族成员。家族是现代民主的坚实基础，美国人很难意识到家族作为民主政府基本单位的合理性。中国的这种家族体系使家族中每个人都有安全感，他们不会蒙受耻辱，这就消除了现代精神抑郁症的主要起因。那儿也不需要救济款，没工作的成员自有家族养活，人们只是在大面积闹饥荒和自然灾害时，才寻求外界的帮助。即使那时，全家人也患难与共。

尽管本地人在地理上，并由此导致他们在思想和精神上都被局限在这古老的遥远的地方，但当走在这昏暗的街上，透过两家敞开的院门，我所看到一家家处在桌旁吃晚饭，用蜡烛或豆油灯照明。我感到，这是我童年之后最深入百姓的时刻。

宿州的食品，也让习惯于美国饮食的布克和吃遍中国南方美食的赛珍珠称羡不已。赛珍珠把宿州的“砀山梨”和荔浦芋头、山东红枣、烟台苹果、新疆哈密瓜相提并论，甚至用广告推销式语调，称赞在宿州吃到的北方水果：

让我们不要忘记那晚秋季令人垂涎的柿子。最好的柿子产自北方，金灿灿的，大而无籽。北方人把它们埋在炭灰中烘熟。我也很喜欢本地那种红色小柿子，忘不了那满口的甜汁。人们还从北京运来柿饼，上面布满了糖粉，又大又薄又圆，很是好吃。

风味鲜明差异于镇江南方食物的宿州农家饭菜，赛珍珠、布克布夫妇同样吃得、说得津津有味：

到华北居住，我不再吃米了，而是吃白面馒头配青菜，间或也吃一点肉。早饭吃薄薄的卷油饼和茶；水果是大枣和柿子；早餐也有吃煎饼的，纸一样薄，直径约一英尺，就着蒜泥吃。北方人每天只有两顿饭，收割季节除外。第二顿饭我们常吃面条，或者是撒有芝麻的烙饼，卷着蒜和肉的蒸卷儿。我们也吃饺子，小巧可口，里面包上肉和鲜姜、菠菜和粉丝。

对宿州粗犷质朴、不乏原始艺术风貌的节令风俗，赛珍珠和布克也不约而同地发生了盎然兴趣。布克初到宿州，就在给父母寄出的照片中，收入了宿州说书的场面远景，并作了文字说明。在《中国农家经济》一书中又收入一幅说书艺人和周围听众的正面照。而赛珍珠更是在获诺贝尔奖演讲中，提到中国说书艺人口中的《三国演义》《水浒传》《西厢记》《聊斋志异》等书对她的影响。在回到美国三十多年后，仍记忆清晰地描述中国春节拜年、除夕爆竹、元宵花灯、清明风筝，以及端午、七夕、中秋等节日的时新食品与淳朴风情，1971 年她还发表了《中国说书人》。

赛珍珠随布克调研考察而走遍宿州城乡，不仅亲身感到中国北方率直质朴的民风，而且感知到这里和江南的灵秀美迥然不同的历史文化。以生命成就英雄事业的虞姬、揭竿而起的陈胜吴广、力拔山河气盖世的项羽，以及宿州充满泥土气息的泗州戏（拉魂腔）、淮北梆子戏，乃至佘赛花、马皇后的传说，洋溢着江湖义气水浒风范的宿州“女英雄”卢妈，散发着胡膻味、蛤蜊味的烙饼、蒜泥……无不使赛珍珠倾心沉迷，折服于北方大地人文风情的神奇魅力。

赛珍珠和布克在宿州的感知，后来延伸为他们对中国之美的完整意识，并集中体现在赛珍珠的一篇题为《中国之美》的文章中。她以中国为“我的祖国”，并说：“这个古老的国家几个世纪以来，一直缄默不言，无精打采，从不在乎其他国家对他的看法。但正是在这儿，我发现了世界罕见的美。”

赛珍珠回到美国后，仍然对中国的历史文化、人物山川之美，反复在各类文章中予以颂扬，说世界上最漂亮的人是中国人，最美丽的地方是中国农村，并一再强调："中国最美的风景不是历代文人墨客吹捧起来的名山大川，而是普普通通的田野和村庄。"

从贫瘠荒僻、朴鄙粗野中发现丰厚的美好和巨大的魅力，既折射出以宿州为代表的北方大地的丰厚蕴涵，也是赛珍珠与布克之所以获得超常成就的深宏智慧所在。智慧发现使当时贫穷荒僻于一隅的宿州向世界展示出"福地"的"庐山真面"，蕴涵丰厚则作为必不可缺的因素，成就了布克、赛珍珠的人生辉煌。

二、图片与说明

布克、赛珍珠 1917 年在镇江婚礼后来到宿州的当年，赛珍珠的母亲凯丽带着小女儿格蕾丝来宿州和他们共度圣诞节，很快就被宿州的干旱气候和飞扬的尘土所吓倒，节后就回镇江了，并对居住宿州的赛珍珠充满担忧。赛珍珠开始与母亲有同感，但随着与布克下乡调查的深入，到第二年春天她就改变了印象，逐渐喜欢上了宿州。

图 4－1　赛珍珠母亲凯丽在宿州的照片，疑似拍摄于民爱医院后院
（宿州福音堂·生景新女士提供）

图4-2 农村调查 （国画 赵文坦作）

当布克需要去宿县的乡下考察农业状况时，赛珍珠经常陪在他身边，和他一起走进乡村，因为布克的中文一直不太好，要想和农民进行沟通少不了赛珍珠的翻译。两个人的足迹遍布了附近乡村的每一个角落，他们从这个村庄走到那个村庄。每次出门，布克骑着自行车，赛珍珠则坐着两人抬的轿子。在当时的宿州，很多农民都没见过金发碧眼高鼻梁的外国人，他们把赛珍珠当作怪物一样围观。开始的时候她很不适应，总想尽量避免引起这样的轰动，但是半路上总是会遇到好事的人，他们会将这一消息一路传播过去，很多人甚至等在她将要到达的村庄或市镇，等着瞧热闹了，甚至有人会忍不住掀开轿帘往里看。赛珍珠知道他们没有恶意，因此也不生气，反倒是大大方方让他们看个够。渐渐地，赛珍珠就和他们熟悉了。当布克和农民交谈时，赛珍珠就会去和妇女孩子聊天儿，只有当丈夫和农民的谈话进行不下去的时候，她才会去充当翻译。正是在这样的亲密接触中，赛珍珠了解了这些中国农民的生活，甚至和他们的妻子、女儿交上了朋友。她看到了穷人们承受的生活的重压，看到了土地对他们的重要意义，也看到了他们身上的勤劳善良。所有这些经历都成为《大地》的创作源泉。

图4－3　乡村女友情　（国画　赵文坦作）

赛珍珠在镇江生活期间，就从保姆王妈那里了解到中国农村妇女物质贫穷、精神压抑的处境。和布克结婚来到宿州后，更惊异于这里的下层妇女的艰辛与苦难，远远超过南方女性，同时也更深刻地感受到中国下层妇女的友善、坚韧、柔情等种种美德。在宿州的近四年中，她和做乡村调查的丈夫布克走访了宿州郊区和符离集、濉溪口子镇、怀远耿家集各地的许多穷乡僻壤。尽管在开始曾遭到村镇人们的好奇追逐、围观，甚至一度受到惊吓，但随着所到地方的增多和交往的深入，赛珍珠结识了越来越多的妇女儿童，和她们结成了无话不谈的亲密朋友。夏天的茅屋绿树院中、豆棚瓜架之下；隆冬农闲的取暖柴火堆旁，都是她和农妇、儿童亲密聊天的场所。庄稼收成、父子分家、娶亲嫁女、婆媳纠纷，都是她们聊天的经常话题。在这样的交谈中，赛珍珠了解到受苦最深的乡村妇女的内心世界，相关内容成为她的成名作《大地》及其他中国题材作品的重要素材，并形成她萦怀一生的中国心结，以致她在不得不离开中国时，从心底涌出巨大的怅惘失落。她感到："我突然失去了赖以生存的大地，被连根拔起，而且再也不会这么深地扎下自己的根了！"她在离开宿州三十多年后，仍对宿州的乡村情感经历保存着刻骨铭心的回忆："在南宿州居住的时间越长，我就越了解那些住在城外村庄里的穷苦农民，而不是那些富人。穷人们承受着生活的重压，钱挣得最少，活干得最多。他们活得最真实，最接近土地，最接近生和死，最接近欢笑和泪水。走访农家成了我自己寻找生活真实的途径。在农民当中，我找到了人类最纯真的感情。”

图4－2、4－3，都是安徽师范大学擅长花鸟画作的赵文坦教授，应邀专为创作的人物题材画作。作品通过赛珍珠在随布克乡村调查中与宿州农村妇女儿童亲密交往的情形，展示出宿州大地的淳朴风情，从一个侧面揭示出赛珍珠和布克之所以实现“文化人桥”事业和人生高度价值的深刻人文内涵。

图4－4　布克赛珍珠常去符离古镇调查路过的乡村渡口（木刻　《符离晓渡图》）

符离集是一个地处华东平原安徽的特色小镇，今天隶属宿州市埇桥区管辖。它位于市区北13公里处，是驰名中外的烧鸡之乡、皖北重镇，又是全国小城镇建设试点镇、全国重点镇、省级示范镇和省重点中心镇。现辖39个行政村和6个居委会，人口11万人，城镇人口达5万人。镇区面积达6平方公里，耕地7.6万亩，是一个以烧鸡食品加工业、建筑材材生产销售业为主要特征，交通运输、商业贸易相对发达的综合型工贸重镇。

符离始建于周，距今已有两千多年历史，曾为州、郡、县三级政府所在地，有过辉煌灿烂的历史，现为副县级建制镇。唐代大诗人白居易在符离寓居了22个春秋，16岁那年曾留下了“离离原上草”的千古绝句。唐代文学家韩愈、清朝乾隆皇帝等也曾在这流连忘返，留下许多精彩的诗文。符离境内山清水秀，有黄花洞、白居易东林草堂、皮日休之墓、大芳寺、上龙寺等十多处古迹名胜、人文景观。布克的《中国农家经济》中，记录了他和赛珍珠在1916—1919年期间，和金陵大学农学院的学生高雁丞1923年前后两次到符离集，考查了286个家庭的详尽统计资料，并引用了白居易在符离写的“野火烧不尽，春风吹又生”的诗句；赛珍珠则在诺贝尔奖的演讲和晚年的回忆录《我的中国世界》中多次提及白居易的长恨歌等作品和符离的调查经历与美味食品。

图4－5　布克在洪水泛滥期间下乡调查时渡河的照片

清末民初，美国基督教北长老会在宿州设立了福音堂。先后在东门大街关帝庙内，建立含美小学，只收男性，在大河南街建立启秀女子小学，1916年又在南关开办“民爱医院”，另在城外东南郊建立“农业科学试验部”，简称“农事部”。作为农事部最早的一位负责人，布克在宿州期间，一方面传授宗教教义，一方面进行农业技术推广，教授当地农民一些新的农业种植技术。他常常穿梭于农民的田地里，研究土壤的成分，研究当地的气候，研究作物的品种，并详细记录各类考察数据和资料。他的大部分时间都行走在宿州、符离、濉溪口以及宿县远近的乡村。有时遇到发大水，他会乘着租来的木船进行实地考察。他下到田间地头进行农业生产的调查工作，推广农业技术，有时还会接受这些衣衫褴褛的农民的邀请，娴熟地装上一锅碎烟叶，划着火镰，和庄稼老农一起喷云吐雾，拉着家常。从布克的统计资料上可以看出当时农村人员成分之一斑：有农民、雇工、砖瓦匠、屠宰户、教师、推车工、算命的、商人、传教的、裁缝、卖字画的、厨子等。他们有多少土地，种什么农作物，收成如何等都比较详尽。

图4－6是布克所著《中国农家经济》中的图表：第七章　表一　家庭成员、雇佣劳动力，男人、女人和儿童所承担的农业生产劳动和副业生产劳动比例图。从图中我们可以看出这是安徽的一个村庄Tung Chen，表中采集了36个农家样本，表格设计是英文格式，所填内容却是中英文并用，当时的副业有经商，教书、算命、推车、砖瓦匠、卖字画，甚至还包括传教。可见对布克而言，传教已经不仅是他作为洋人的主要工作了。

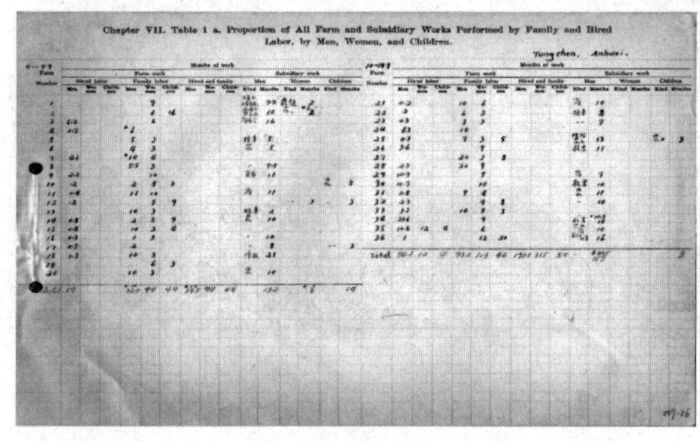
Chapter VII. Table 1 a. Proportion of All Farm and Subsidiary Works Performed by Family and Hired Labor, by Men, Women, and Children.

Tung chen, Anhwei.

图4－6　布克、赛珍珠的农村调查表原件

赛珍珠回到美国后还回忆起他和布克常去濉溪县口子镇乡村调查的情景。现在属于淮北市的濉溪县口子镇，在上世纪70年代以前属于宿县辖区，为皖北知名的商业区。民国初期之后尤为兴盛：南北货齐全，商贾云集，方圆几十公里的百姓都到此赶集购物。那时的石板街，从早到晚车水马龙，人头攒动。客商们忙完生意下饭馆吃大桌，喝口子美酒，听唱大鼓书、丝弦（干这一行的盲人居多，所以又称瞎腔）、拉魂腔（泗洲戏），不亦乐乎。赛珍珠跟随夫君布克考察时，曾经在古镇的街上被没见过外国人的乡民拥挤围观，几乎把门都冲破了。当时不知所措，虽有布克奋力护卫，但赛珍珠仍然惊吓得花容失色。后来经旅店老板出面，才得解围。

图4-7　口子古镇的石板老街，赛珍珠随布克考察时，曾在此遭围观而惊魂

黄河作为中华民族的母亲河，孕育了勤劳勇敢的华夏民族。黄河是一条多变的河流，历史上数百次泛滥与改道，也给两岸人民带来了无尽的灾难。黄河流经砀山期间，有记载的决口和泛滥多达50余次。公元1128年至1855年黄河流经砀山700余年，最后一次改道北徙后，在砀山县境内中北部留下一条东西长46.6公里的废河道，即黄河故道。砀山黄河故道景区景色宜人，风景秀丽，春秋之际这里都是一派优美的田园风光。黄河故道被当地智慧的人民开辟成了梨园，盛产砀山酥梨，酥梨个大皮薄汁多，肉质细腻，在宿州生活期间，布克夫妇都非常喜欢这一当地特产。

图4-8　黄河故道。位于宿州砀山县，
这里春天的梨花香雪海和秋天的酥梨曾给赛珍珠布克留下美好的印象

布克的照相机摄下很多当时华北乡村的照片，有一部分被作为其著作《中国农家经济》的图片说明。这些图片为我们了解那时的中国，那时的宿州，留下了宝贵的资料。

图4－9和图4－10是布克《中国农家经济》的第二章——田场布置与土地利之插图，用于说明中国东部平原地带典型农场之布置。图片拍摄地虽为南京某地，但从图中情景看来，此地农场布置和皖北的宿州差别不大。田场包围在人居住的房屋周围，田场面积不大，由田间小路分割成块。布克用西方人的眼光看到中国人几千年来习惯的田场布置的不足之处：田块过小，不利于机器的大面积作业，田场间没有通衢大道，不利于农业机械通行。

图4－9　农田分块耕作，难以机械化　（布克摄）

图4－10　农田与村落交错，难以形成大田耕作　（布克摄）

图4－11是一户典型的华北农家民居，而且应该是较为贫苦的一户人家，没有高墙大院，只有草房三间，屋脊上的草屋顶已经有些凹陷，若再不及时修缮，难保不漏雨了。草房唯一的亮点是木格窗户，因为还有比这更简陋的窗户，仅仅是在土墙上留一个窗户洞透光。门前的院子里散乱地堆放着农具，墙上挂着收获的玉米，猪圈就在窗下。图中四位农民衣衫还算整齐，不知是否是为了配合布克的照相，穿上了自己最好的衣服。布克在《中国农家经济》的第十一章《生活程度》中调查了中国农民的居住情况，南方农村房屋较好，基本是砖瓦结构，如图4－13，村中除民居还有供精神生活需求的庙宇和戏台。而北方农民住宅则多是土木结构，文中尤其提到安徽宿县，原文如下：

安徽宿县农人，所住者尽为土墙草顶之茅舍……普通中国农人之住宅，仅蔽风雨而已，住宅与厩房，常不分开。住室同时亦系仓廪，家中数月之粮，以及待售之谷，亦藉此堆集。……在夏日暴风雨的时候，北部平原中的房屋，常有为风雨所冲倒的危险；而在发生水患时，土墙一遇水来，极易被浸软而倾圮。如遇暴风雨的时间较长，则存量种子，每因倒屋而全行漂失，结果每能使灾患的程度，因此而更形严重。

图4－11 皖北乡村房舍 （资料图片）

和赛珍珠一样，布克观察的目光不是豪门大户，更不是达官贵人，瞩目的对象主要集中在最贫困最底层的乡村群体。图4－12是当年布克拍摄的宿州地区的一户穷困老农夫妇的聊避风雨的住房，它是中国华北乡村最简陋的窝棚。贫苦农民把这种半截在地下，地上只有两边顶棚搭凑而成的潮湿阴暗、门窗皆无的住所，形象地自嘲以“驴夹板庵子”的俗名。

图4－12 宿州农村最为简陋的窝棚——驴夹板庵子 （布克摄）

所谓驴夹板，它是驴或马、骡等牲口拉车或拉犁时夹在脖颈上的工具。这种夹板子，是用长短一致、粗细均匀的两根圆木（板），两头打眼穿上绳套，套在牲口的肩上，使牲口在拉车或拉犁时能方便用力的一种工具。所谓庵，这里是指草屋。驴夹板庵子，则是指用木棍和高粱秸秆、麦秸、泥巴等搭建的类似驴夹板状的扁形庵棚。

这种庵棚，就地取材，搭建方便，最简易者，甚至连木棍也不要，只要有高粱秸秆，或者其他有点高度的秸秆（如芦苇）等，顶部一搭，两脚分开，庵棚即成。这种“驴夹板庵子”遮挡风雨的功能当然必定很差，可以想见，遇到大雪封门、寒风呼啸的凛冽数九寒冬，这对老夫妇的处境恐怕离冻死不会太远！

布克镜头下留下的这幅极为珍贵的照片，有对中华大地贫穷农民不公平处境的悲天悯人的呐喊，也有对中华儿女平静祥和的坚韧顽强的生命力的由衷钦敬与赞誉。

图4－13　乡村庙宇　（布克摄）

乡村庙宇是农民心灵寄托所在。庙宇不仅在建筑是坚固的砖砌瓦房，粉墙大院，同时还占有数量可观的田产。

与寺庙相比，以下各种农民的住房，就基本是低廉简陋得多的用土坯堆砌的草屋土墙，甚至是图4－12中的连墙都没有的茅草窝棚、驴夹板庵子。图4－15、4－16中的草房，就是用这种土坯垒起来的草屋。有钱人家用砖石垒墙，穷苦人家就用这种土坯垒墙，因为它无须烧制，成本低廉，而且可以自己动手制作。它是用村庄附近的黏土掺水，加上麻刀（把破烂不能使用的麻袋、麻绳剁碎，即快刀斩乱麻，或者是麦子的谷壳，甚至人

图4-14　农民建房用的土坯　H. 金摄

的头发。乡下女人每天清晨梳头掉下的长发，都被她们细心收集起来，在此处派上了用场。麻刀的作用是增强土坯的坚固性），和成泥后，把这种混合了杂物的黏土泥放进长方形模具里，压紧压实后，从模具中脱出，这一过程叫脱坯。每脱一次，模具都需要蘸水，以保证土坯外观的平滑。这种湿土坯在阳光下晒干就可以用来垒墙了。这种土坯房的保温效果较好，也称得上冬暖夏凉，只是遇上洪灾，它就没有任何抵抗力了，很容易就墙倒屋塌。

图4-15　中国农民用人和牛马猪羊等牲畜的粪便作为主要肥料　（H. 金摄）

《中国农业百科全书》指出：中国是世上最早把野猪驯化为家畜的国家。考古学家则发现：在新石器时期，猪为六畜之首，到商周时期才转变成“马为六畜之首”。汉字中的“家”字，据清代朴学家段玉裁的考证，本义就是屋顶下养猪，取猪生育繁多之义，借以祈求人丁兴旺。养猪可谓中华民族农民阶层历史悠久、分布地区广泛的传统副业。布克观察到：在中东部的农村，三分之二农家养猪，一为增加副业收入，二为改善生活，三是增加土地肥力。在《中国农家经济》的第七章《家畜和保存地力》文中，布克指出：“田场上的肥料来源有二，一为厩肥，一为人粪。依通常估计，每一家畜单位年产厩肥八吨，而每一成年男子单位年产人粪一千磅。”

图4-16　农家猪圈　（H. 金摄）

粪便、肥料、牲畜和人居住的地方距离如此之近，这在化肥普及、居住环境高度文明的西方人眼里，可能是不可思议的事情，但在当时的中国农村却是司空见惯、自然而然的事情。而且直到今天，这种情况在一些还不发达的农村依然继续延伸着。当然，随着新世纪的乡村改造、城乡一体化进程的加速，这种情况将越来越少，最终成为乡愁的一部分而保留在历史的记忆中。

中国农民的生产方式和布克赛珍珠美国故乡的农场的生产方式有很多不一样的地方，例如为农作物施肥，布克和与他同期间来中国考察农业状况的H. 金教授的镜头下，就不约而同地展示出与西方迥异的中国特色。一般中国农家门前都会一个粪池，收集人畜的粪便，生活的垃圾（如烂菜

图4－17 用淤泥、植物茎叶和生活垃圾堆积发酵也是积肥的重要方法 （H. 金摄）

叶，厨房的草木灰等），集满之后就会挖出来，堆在坑边任其腐烂发酵，发酵完成后，就可以作为农家肥施到田地里了。

图4－18 华北乡村的坟墓，占用大量荒地与农田 （布克摄）

在布克的农田使用调查中，他发现中国的农场中遍布坟茔。他用准确的数字告诉人们，大量的坟茔占据了可耕种的土地。在皖北和江苏的五个村庄，数据显示坟墓平均约占田场总面积的百分之二点六，最高者为江苏武进一村庄，“将膏腴之地，辟作坟墓，其面积竟占田场总面积的百分之九点一，一试一观郊外之触目垒垒，足以资为明证”。布克不无沉痛地惋惜这些优质土地的用途。由于文化的差异，他无法理解中国的这一丧葬习俗。假如布克能在今天重回中国，他或许会感到欣慰，新中国破旧立新，用几十年的时间改变了几千年的丧葬习俗，以火葬取代土葬，节约了大量的耕地。

图4-19　乡村的坟墓，占用的往往是大量肥沃的农田　（H. 金摄）

图4-20是《中国农家经济》第七章的插图。这一章的题目是《家畜和保存地力》，布克将鸡鸭鹅和牛马一样归入家畜的类别，这一观念显然和中国人的传统观念有别。他将家畜以饲育目的分为肉用或卵用，以及役用，前者为产畜单位，后者为役畜单位。因此，鸡鸭鹅是生产畜。秋收之后将鸡鸭鹅赶入已经刈割过的农田，家禽可以啄食余粒，又可以其粪便增强地力，可谓一举两得。

图4-20　田间鹅鸭啄食遗落稻穗　（布克摄）

布克《中国农家经济》第七章插图《肩挑刚孵出雏鸡鸭鹅的乡村售卖者》，和乡村中挑担零卖油盐酱醋的、修补盘子以及锅碗盆具的、锯大缸的、卖油条烧饼麻花的等等，是商品经济在当时中国广大城乡的一个比较常见的现象。这类走乡串户的叫卖者，和中国古诗所描述的“鸡飞过墙犬吠窦，知有行商来买茶”一样，曾经不时打破中国农村中的平静而近于沉闷的气氛、引起一阵村民心情的涟漪乃至喧闹气氛，形成一道道现存特有的景观。如图中的“售卖者”，正肩挑鸡（鸭、鹅）雏，健步行走在乡间土路上，他口里肯定还会有节奏地并伴着长长的拖音不停地吆喝着：“炕鸡啦——买小鸡”……一旦进村，必然随即引起儿童追逐，老少围观，然后是熙熙攘攘地挑选、购买，评头论足，讨价还价……2015年，中国的城市化率已经达到56.1%，也就是说，全中国大多数人已经常年居住在高楼林立的城市。在这充满鳞次栉比建筑物的城市的狭窄空间，在人们快节奏的竞争生涯中，或许偶尔还会传来一声嘶哑苍凉的“磨剪子来戗菜刀”的吆喝声。而许多这类景观随着经济转型，都将无可避免地成为值得保留和记忆的“乡愁”。听到这熟悉而又陌生的吆喝，定会带来很多人对当年乡间记忆的遐想，甚至会生发出一种中国商品经济“活化石”的感慨。今天目睹布克《中国农家经济》和赛珍珠《大地》中保留的中国近百年来的乡村田园风物的记忆，不由得触发人们不胜今夕的乡愁思绪。

图4-21　肩挑刚孵出雏鸡鸭鹅的乡村售卖者　（布克摄）

作物套种是布克在中国的新发现，这是和他所熟悉的欧美农业种植完全不同的方式。在《中国农家经济》的第七章《作物》篇，他比较了欧美与中国在这方面的不同，首先是作物种类，中国农民只种植可供人类直接食用或利用的作物，而西方除此之外还有饲草，用于饲育牲畜，转化为可供人类食用的肉、蛋、奶，而饲草的种植在中国几近于无；其次是种植方式，中国有复种与套种，西方通常是单一种植。复种即一块土地一年中根据季节种植不同作物，如宿县通常是冬播小麦，收获后夏种豆子、红薯、高粱、玉米等秋季作物。套种则是一块地同时种植两种作物，在皖北常见的套种模式有小麦或大麦和豌豆套种，棉花和小麦，棉花和玉米，棉花和高粱，玉米和红薯等，这种套种通过植株的高矮搭配，合理利用阳光、肥力，是中国农民智慧的体现。

图4－22　麦棉套种　（H. 金摄）

冬季时，田地里的越冬作物常为霜寒所害，农民便用稻草、小麦秸秆，也有用草木灰覆盖作物，起到保暖防寒作用，亦有在严寒到来的前夜，于田间地头堆集草末，使其不充分燃烧，产生大量烟雾，保护庄稼不受严寒所害。

图4－23　麦草护田垄　（H. 金摄）

图4－24 稻草护田垄，与麦草护田垄均为现代塑料大棚之先声 （H. 金摄）

图4－25 庄家种到墙角边 （H. 金摄）

布克看到中国农民将庄稼种到居住的房屋周边，不禁引唐诗慨叹“四海无闲田，农夫犹饿死！”

图4－26和本书一系列布克青少年时期的田间劳动照片，均是布克后人提供给宿州学院赛珍珠研究所的珍贵资料，这是布克在美国故乡的自家农场用马车装运干草的图片。图4－27为美国威斯康星大学教授H. 金拍摄的中国农民用马、牛或驴子拉车装运庄稼的照片。

通过这些图片，我们看到同时期中国乡村和美国乡村的巨大差异。也得以明白布克及同时期来中国考察农业的外国学者在深入中国农村调查时最初的震惊从何而来。同样是从农田搬运稻草、晾晒粮食等农活，中国的农民则多靠肩挑手提。布克这幅往马车上堆装干草的劳动场面，颇使人想到中国陕西户县农民画中的麦收装车题材，乃至俄国托尔斯泰小说中描写的在田间收割秸秆作物边装车边引吭高歌的抒情画面，而中国农民的同类画面，尤其是赤膊孩童赤足参与田间农活的细节，则充满劳作的艰难与生存的辛酸。这幅图和布克在自己家乡田间的往车上堆放干草的画面颇为相似。或许布克在看到其同胞威斯康星大学 H. 金教授拍摄的此图景的时候，也曾回忆起他在美国参加类似劳动的情景，从而滋生出对中国农民处境感慨之余的乡思之情？

图 4-26　布克和家人在美国家乡用马车拉干草　（布克家人提供图片）

图 4-27　中国农民用马、牛或驴子拉车运庄稼　（H. 金摄）

布克镜头中的中国农村妇女，其劳动能力和强度比男子还有过之而无不及。他对中国农民勤劳坚韧美德的由衷赞叹，在这张健步如飞、满脸自信的挑担妇女图片中，也有着含蓄的体现。

图4－28　肩挑农作物去晒场的农妇　（布克摄）

图4－29为《中国农家经济》第六章之插图。竹耙是农家常用工具之一。在庄稼收割完毕之后，北方农民会用竹耙将地里散落的麦秸、豆叶搂回家，既可以做牲畜的饲料，又可以做烧锅做饭的燃料，可谓物尽其用。而今天的农民已经使用了各种新能源，秸秆便成为无用之物，他们使用燃烧的方法来解决这一问题，结果每年麦收季节，都造成严重的大气污染问题。在秸秆的处理问题上，显然今天的农民不如一百年前的农民更环保。

图4－29　布克视阈、赛珍珠笔下的
乡村田间劳动者与农具——竹耙搂柴　（布克摄）

图4－30为《中国农家经济》第六章之插图。布克所摄的这张照片真实记录了农民采收花生的过程。收花生时，先是将花生秧连根拔起，根须上的花生还会留下一部分在泥土里。为了做到颗粒归仓，下一步是用犁将花生地翻一遍，使土地变松软，然后用筛子将土筛过一遍，才能将遗漏在泥土里的花生捡出。周围的农民则在用各种农具刨收花生。

图4－30　筛土收花生　（布克摄）

图4－31是《中国农家经济》第六章之插图。在播种高粱之后，为使干松的土壤变紧实，利于保持水分，利于种子发芽，农人用牲口拉着石磙镇压土地。

图4－31　石磙压平松土　（布克摄）

图4－32、4－33、4－34的农妇肩挑粪桶施肥、老少男女拾粪三幅图是《中国农家经济》第七章《家畜和保存地力》的插图，如这章题目所示，布克深入农村调查后发现：农家肥的构成，主要是厩肥和人的粪便。

这两种肥料对于农民来说是宝贵的生产资料，因此绝不容许浪费，中国有句俗语说“肥水不流外人田”，可资明证。农人会趁农闲的时候，背着腊条筐去捡拾遗失在田间地头的人、畜粪便，甚至有农人为多多捡拾粪便，而早起背筐下田拾粪，成为每天的晨课，犹如今人的晨练。妇女、甚至青年女子竟然也参加肩挑粪桶施肥、挎着粪箕到处拾粪的工作，这在布克的美国故乡，简直是做梦也想不到的荒唐现象。他应当是带着惊讶和感叹的复杂心情，拍下了中国农民这组充满中国特色的照片的吧！

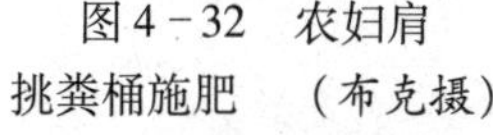

图4－32　农妇肩挑粪桶施肥　（布克摄）

图4－33　老少男女拾粪　（布克摄）

图4－34　老少男女拾粪　（布克摄）

图4－35、4－36、4－37三幅割麦与磨镰刀的照片，见于《中国农家经济》之第八章《田场的劳力》。镰刀是中国主要的庄稼收割工具，可以割麦子、豆子、水稻等。在中东部农民使用的镰刀正如图中所示，是一种短把镰刀，使用时需要弯腰低头，长时间劳作，会让人累得腰酸背疼。其时，在中国西北的农民已经在使用一种长把大镰刀，无须弯腰，而且收割效率远高于这种短把镰刀，此长把镰刀又名钐刀或大镰，或简称为“钐”。布克在另一部著作《中国农场管理学》中提到这种在大田中割麦的农具，但也指出：长把镰刀又名钐刀，一是小块麦田无法使用，也无须使用；二是用这种刀割麦必须是强劳力才能胜任，妇女或体弱男子难以持续运作；三是不如短把镰刀收得干净，而且在割倒麦禾后还需用叉子或者筢子收拢起来，形成颗粒损失，所以农民更习惯用的还是这种短镰刀。总之，20世

纪90年代宿州的农民还在使用这种短把镰刀，进入21世纪，小麦、豆子的收割已基本实现机械化。

图4-35　镰刀割麦（布克摄）

图4-36　割下待运和尚未割完的小麦　（资料图片）

图4-37　磨镰刀（布克摄）

图4-38是布克镜头下农民犁地的场景，依靠牛的力量拉动铧犁，人在后面扶着犁把，掌握方向，这是技术性很强的工作，犁地的深浅全靠老农的经验。

图4-38　农民犁地农耕经济的典型画面　（H. 金摄）

图4-39、4-40、4-41是和布克同期来华考察农业的H. 金摄镜头中农民锄地的场景。本意是介绍中国农具，但画面的选择却明显寄寓着情感。锄头是农家常用工具之一，可以用来给植株周围松土，可以锄草，还可以用来刨坑播种。唐人李绅诗云“锄禾日当午，汗滴禾下土”。可见这种农具已使用了上千年。为何锄禾要日当午呢？这是为了斩草除根，让已

铲除的杂草在烈日曝晒之下再无返生的机会，为此，农民不辞劳苦，所以诗人谆谆告诫世人要爱惜粮食，“谁知盘中餐，粒粒皆辛苦”，布克曾反复引用唐代诗人李绅《悯农》二首中的诗句，以表达其深沉感叹。布克的这种感叹，正可视为H. 金所摄画面的“画外音”。

图4-39 “锄禾日当午，汗滴禾下土”之一（H.金摄）

图4-40 “锄禾日当午，汗滴禾下土”之二（H.金摄）

图4-41 “锄禾日当午，汗滴禾下土”之三（H.金摄）

图4－42、4－43、4－44反映了农民车水灌溉农田的场景。脚踏水车浇田是南方青壮年农民的体力活，但老人和儿童也常常参与其中。有时候，年轻妇女也成为车水主力，这在封建社会习俗中，每每成为引起轻浮男子瞩目与调笑的话题。鲁迅搜集的一首民歌，就反映了这种现象：“车水，车水，车到杨家嘴。杨家奶奶好白腿。你走你的路，我车我的水，你管我白腿不白腿!”赛珍珠的《大地》等小说中，曾对农民这类虽然低俗却也无伤大雅的玩笑有过描述。在根据《大地》改编的同名电影中，也以新婚闹房、集体模仿公鸡打鸣等闹剧情节，对农民这种粗俗的乐观性情作了生动演绎。

图4－45、4－46是中国的华中、华北地区农民灌溉农田的场面。江淮及以南的农民通过木制水车，运用人力踩踏，将河渠中的水引到农田，灌溉庄稼。而在淮北尤其是水系较少的宿县，农民灌溉的方式要比这种水车灌溉还要落后，完全靠人力，用木桶将水从沟渠里挑到田里，再用水瓢泼洒的方式灌溉，可谓“水贵如油”，宿州农民的劳苦艰辛，引起布克赛珍珠的强烈感慨。

图4－42　车水灌溉之一·父子上阵（布克摄）

图4－43　车水灌溉之二·全家合力（布克摄）

图4－44　车水灌溉之三·妇女主力，儿童参与　（H. 金摄）

图4－46是二人用绳子拉戽水浇灌，这种灌溉方式在少用水车的宿县及华北的山东、河南、苏北地区是常见的灌溉方式。在菜园边人工挖一池塘，以蓄雨水，或是靠近河边，直接从河中取水，用一个双耳木桶（即戽斗），两边拴上绳子，两人分立两边，双人四臂协同用力，保持相

同节奏，一松一驰之间，就将水从低处戽到岸上的水渠里，再沿着水渠留到田里。

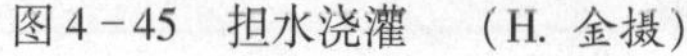
图4－45　担水浇灌　（H. 金摄）

图4－46　二人用绳子拉戽水浇灌　（H. 金摄）

在布克镜头和中赛珍珠笔下，北方农民的多种劳动工具均得到较为广泛的直观展示。在农闲季节，有手艺的农民可以通过副业生产增加收入，其中木匠是常见的职业，而大型木材凭一个人所持的小型、中型锯子很难锯成木板材料，需要二人合作用大锯互相拉扯才行，上面两图是木匠拉大锯的场面。有一首童谣在宿州及华北地区极为流行：“扯大锯，拉大锯，姥姥门口唱大戏……”由此可见这种劳作方式的普遍性。

图4－47　拉大锯图　（资料图片）

图4－48　拉大锯图　（资料图片）

图4－49中的独轮推车是皖北农村常见的运输工具，因为是独轮，所以很难掌握平衡，因此往车上堆放货物和推车都需要丰富的经验。图4－

50中的石磨是农民将谷物加工成面粉去除麸皮时使用的工具，它对于农家来说，已属于家庭的贵重财产，所以并不是每户农家都能拥有一盘磨。推磨的动力通常用毛驴，当毛驴推磨的时候，人们会用一块布蒙上它的眼睛，一是让它以为是在走路，不会转晕，二是怕它偷吃面粉。没有毛驴的家庭则靠家里的女人推磨，曾有怀孕的大肚子妇女推磨不方便，就用后背倒退着推磨，这样勤苦耐劳的女性很容易让人想起《大地》中的阿兰，她生孩子之前的最后一刻还在田地里劳作，在刚生完孩子后，又忙着给丈夫和公公准备好了晚饭。

图4－49　独轮推车　（布克摄）

图4－50　石磨　（H. 金摄）

铡刀和犁子都是耕田常备的农具，铡刀的用途是切草。一般农家都要饲育牲口，牲口的青饲料（指从田地里割回来的青草，通常由家里的十来岁至十五六岁的孩子承担割草的任务）要铡碎，再拌上精饲料（麸皮），才可拿来喂牲口。犁子是中国农业最早使用的农具之一。从孔子的学生司马牛字伯耕的名字可知，犁子耕地在春秋时期已是普遍现象。布克发现：中国的犁子轻便灵活，最适合小户农家零星小块田地的耕作。西洋的农业机械虽然效率高，但比较笨重，搬运不便，不像图4－52中的中国犁子，可以扛起来就走，所以旧中国的农民对于农业机械，一是小块土地不需要使用，二是机械笨重不方便使用，所以布克苦心孤诣地推广的耕地机械，在宿州及华北地区都未能推行。直到布克离开宿州近半个世纪的20世纪六七十年代，才逐渐实现拖拉机耕地。而新中国最早的女拖拉机手梁军，竟然被当作时代典型而成为人民币上偶像式的人物，由此可知，布克在20世纪20年代从宿州开始的农业机械推广的努力虽然受挫，其实却是极有远见的超前思维的尝试，至今仍使人感到由衷钦佩。

图4－51　铡刀　（布克摄）

图4－52　比西洋犁轻便的中国犁　（布克摄）

图4－53中的"耩子"，是北方农耕器具中较为精致而且操作技术难度较大的播种用具。江淮平原常种的庄稼有小麦、黄豆、玉米、高粱等。播种玉米和高粱，要整齐地起垄，打墒。然而，小麦、黄豆等大面积种植的农作物，整墒是不必的了，这时耩子就派上了用场。耩子，长了三条木"腿"，"腿"的底部套上尖利的铁足，"腿"的中间是空的，像武侠小说中的"空心腿"，"腿"的根部扣着一个放种子的方形木斗。播种在乡下叫耩地，均匀摇晃，种子便顺着"空心腿"，缓然而下，矜持而稳重地进入了丰沃的大地。晃耩子的技术含量很高，非一般农民可为。擅长晃耩子的，颇似专业技术人员，在乡村备受"恩宠"。这些人被称为"把式"。他们干的农活重要，且不耗体力，实惠多。

图4－54中的连枷由一个长柄和一组平排的竹条或木条构成，用来拍打谷物、小麦、豆子、芝麻等，使籽粒掉下来，也作梿枷。这种农具在南方常见。皖北给作物脱粒常使用牲口拉着石磙碾压的方式。

图4－55中的抓钩是皖北常用农具之一，是有三个齿的铁耙和一根木

图4-53　耩子（布克称之为“双行或三行条播器”）　（布克摄）

棒制作而成。也有两个齿的，一般用于土地松动和成熟果实的挖掘，如收获红薯土豆，抓钩是必备工具，出粪池时必须先用抓钩将池中积蓄物刨松，才能用铁锨甩出池外。

图4-54　连枷　（布克摄）

图4-55　抓钩　（H. 金摄）

图4-56是布克拍下的“农具总动员”。图片中的场景应该是收获季节的场院，从收割到脱粒到晾晒，这一过程需要十八般“兵器”轮番上场。

图4-56　九种农具：扫帚、铁耙、拉掀、木叉、扬掀、竹耙、翻板、连枷、石磙　（布克摄）

布克在观察思维方面的深邃洞见性和视野与镜头穿越现状的前瞻性，不仅表现在农业工具的机械化、土质和粮食品种的优化等方面，而且体现在事关绿色环保的秸秆焚烧问题上。下面布克所摄的一系列照片和当今秸秆焚烧照片的对照，就更可看出布克这方面的远见卓识。

布克和与他同期间来华考察中国农业的 H. 金教授都注意到；中国南方由于气候湿热，水稻通常一年三熟，因此对与农民来说作物秸秆不是稀罕物，对多余的秸秆处置方式就是付之一炬。故而布克布克与美国学者（H. 金）都对此对问题表现出共同的关注。图 4－52 反映了稻草燃烧后产生的腾腾烟雾。而物资贫乏，气候严寒的北方，农民则将植物秸秆利用得更为充分。

麦秸除了作燃料外还可以做饲料，豆秸、玉米秆、高粱秆、棉柴、花生秧都是很好的燃料，所以北方农民不需额外支出燃料费，甚至还可以将多余的秸秆运进城里卖作柴火，还可以换来一些收入。除了上述作燃料、饲料外，植物秸秆还是很好的肥料。秸秆变为肥料的途径有两种，一种是用铡刀切碎后和泥土，人畜粪便混合后，堆成方底锥形土堆，外面用湿泥封住，高温发酵，来年播种前作为底肥施进地里。第二种途径是作为燃料燃烧后的草木灰，还保留了磷、钾等元素，依然可以增强地力。

图 4－57 农民焚烧秸秆的烈焰浓烟 （布克摄）

图 4－58 21 世纪宿州的田间秸秆焚烧 （付金冰提供）

图4-59 农民用牛驴运秸秆回村 （H. 金摄）

图4-60 农民将玉米秸秆连根运进城卖作燃料 （布克摄）

图4-61 农民铡碎麦秆沤肥 （H. 金摄）

图4-62 宿州农民2011年焚烧麦秆 （付金沐提供）

图4-63 说书艺人和听众 （布克摄）

相比于今天的普遍焚烧，传统的秸秆利用方式不仅经济，而且更为环保。

《中国农家经济》第十一章《生活程度》，布克考察了农民的娱乐费支出，很多家庭没有这项支出，不过布克也说道，他们不可能一年辛苦到头而没有娱乐，只是这笔费用和宗教支出不好严格区分。农民赶庙会去进香，在庙会上会去听说书，这种娱乐活动就和宗教活动交缠在一起。布克比较了同时期的美国家庭一年娱乐费的平均支出是二十二点五〇美元，和这一数字比较，中国农民的娱乐费用支出少的可以忽略不计。除了庙会上的说书，农民们还有一种不为布克所知的听说书的途径。每到农闲季节，说书人会主动下乡，住在农家，晚上在祠堂或是村庙说书，村民围坐在一起，挑灯听书。当一部书说完，说书人离开村庄之前，会手提一个布口袋，挨家挨户去集粮，每户人家会给他一瓢或两瓢粮食，这就是说书人收到的酬劳。布克刚到中国的1916年，就拍摄了他在宿州住处附近的说书场上人群猬集的远景画面（图4-65），并写信向父母汇报云："Reverend Carter's house from wall. The people in circle outside are looking at some man doing stunts or listening to a story teller. A common sight at this place as this spot is the place selected for such things. Beyond them is the outdoor fuel market and the large building beyond is the Confucian Temple."（从城墙看牧师Carter的房子。人们围成圈儿在看杂耍或者是在听说书。这一片经常有这样的景象。在这后面是室外燃油市场，那个大点的建筑是孔子庙。）而赛珍珠则专门写了一部《中国说书人》的作品，而她的以《大地》为代表的小说创作，受到由说书话本发展形成中国名著《三国》《水浒》《西游记》的影响，非常明显。赛珍珠不仅不回避自己这种文笔风格的由来，而且在会将演说词中做了详尽的颇为自得的阐释。

图4-64 宿州现代的茶馆说书 （资料图片）

图4-65 布克1916年拍摄的宿州福音堂墙外的说书场面

一般在城市和镇子上才会有杂食铺，皖北的村庄里很少有固定的杂食铺，但是会有卖货郎挑着担子下乡叫卖一些有地方特色的美食，这样的货郎俗称“换荒的”，因为一般农家很少有人舍得拿钱给孩子买零食，都是用家里一些不能再使用的破铜烂铁给孩子换一点零食。图4－66中妇人担子中挑的极可能是孩子最爱吃的红芋糖，又叫糖瓜。赛珍珠在镇江和宿州都非常喜欢这类食品的售卖方式和别样风味。回到美国后的花甲之年，还在回忆录中对此津津乐道。

图4－66　杂食铺　（H·金摄）

图4－67　宿州小吃摊点　（资料图片）

图4－68所展示宿州大地的无边无际，使从小生活在江南的镇江看惯了小桥流水的赛珍珠受到强烈震撼；宿州春天到来的景观风物之美，则使赛珍珠惊异地发现：初到宿州目光所及之处都是暗褐色的、看不到一点绿色的苍莽大地，到了春天，无边的满眼深绿突然之间涌出博大的无限生机。

图4－68 宽广深厚的北方大地——宿州田野 （资料图片）

宿州北部地区的砀山、萧县，坐落于黄河故道，它们的过去就像当地的一首民谣所描述的那样：“黄河故道一片沙，一年四季乱搬家，路上行人难睁眼，张嘴还遭沙打牙。在那往昔荒漠的黄河故道，黄土高坡、黄泛河口仍然依稀可见，但其上已盛开着粉面桃花；举目远眺，千顷河滩、万亩沙地之上，则呈现着一片梨花的海洋。盛开的梨花铺地接天，如同纷纷扬扬的大雪，蜂蝶萦绕，清风吹拂，一片片洁白之光，开得大气而又充满圣洁，淡淡的清香和着泥土的气息扑鼻而来，似乎整个世界、整个身心都浸透了温婉恬静的芬芳。”

砀山梨个大（至今保持2.4公斤/个的世界“梨王”纪录）、皮薄、肉白、水多，含糖适中；且树龄长，百年、两百年的老树比比皆是，挂果量又毫无衰减，个个老当益壮。当年砀山春天的梨花香雪海和秋天的酥梨，曾给赛珍珠、布克留下十分美好的印象，离开中国30多年，赛珍珠还在回忆录《我的中国世界》中津津乐道砀山梨的美味。

然而，当春天一来，一切都不一样了，焕然一新的景象让赛珍珠眼前一亮，漫步在粉红桃蕊、雪白梨花、金黄油菜花交汇的春日和风里，如临仙境，如在梦中。赛珍珠很快就适应了并深深爱上了这里的环境，她是一个很会从生活中寻找乐趣的人。

图4-69　宿州砀山县，黄河故道春天，梨花香雪之海　（资料图片）

图4-70　宿州砀山的峡谷河口——梨花深处的桃花源　（资料图片）

图4-71　春天的宿州田野　（资料图片）

图4－72　宿州村野的春天　（资料图片）

赛珍珠在《大地》中多次描写到这一古城墙，王龙就从这古城内接走了在大户人家做丫头的阿兰。1954年为扩建宿州城，将古城墙拆除，城墙原址辟为环城路，仅保留北城墙一段，残存的这段已被列为市级重点文物保护单位。宿州在唐代是古运河中通济渠经过的重镇。这里有枯河头、隋炀帝稷米行龙舟、古漕运渡口等遗迹。现在宿州境内遗存有通济渠故道，已经被审批为世界非物质文化遗产项目。唐代大诗人白居易在宿州生活十余年，留下30多首关于宿州与古汴河的诗词如“汴水流，泗水流，流到瓜洲古渡头”“离离原上草，一岁一枯荣。野火烧不尽，春风吹又生”等名篇。赛珍珠布克在生活期间，对这些风景和文化传闻都颇为熟悉，布克

图4－73　宿州古城墙遗址　（资料图片）

在《中国农家经济》中，曾直接引用白居易的诗句“野火烧不尽，春风吹又生”，虽然他在书中说这二句诗是“作者不详”，但作为外国农学家，他能知道诗句，就足以体现出他对宿州人文的关注与喜爱。赛珍珠的小说《大地》、回忆录《我的中国世界》中，对此则有更多的或直接或间接的描述与赞叹。

图4－74　宿州古汴河遗址　（资料图片）

宿州大五柳风景名胜区地处宿州夹沟镇境内，传说是隋末唐初诗人王绩隐居的地方，因主景区龙泉湖坐落在五柳村而得名。位于宿州市市区北约30公里的夹沟镇，处于徐州、淮北、宿州三市的中心，和布克、赛珍珠农村调查常去的符离、濉溪，都位于宿州的西北方。风景区总面积35平方公里，这里以“山青、水秀、洞奇、泉灵、稻香”而闻名，景区南、西、北三面环山，植物种类繁多，气候宜人。主景区内龙泉湖碧波荡漾、水质甘甜，岸边垂柳、龙柏、雪松相托，景色非常秀丽。五柳矿泉丰富，著名的有呵泉、龙泉、珍珠泉等，属优质矿泉水；优质的矿泉水润育了著名的夹沟香稻米，宋代至明、清朝为皇宫“贡米”，素有“一家煮饭十家香，十家煮饭香满庄”之誉。布克与赛珍珠当年宿州考察经过此处时，这里尚处于野水荒山状态，但春天的到来仍使他们观兴盎然。

图 4－75 宿州大五柳风景名胜区 （资料图片）

图 4－76 20 世纪 30 年代的宿州之春 （汪庆玲写生）

图 4－77 20 世纪 30 年代
秋冬之际的宿州乡村
（汪庆玲写生）

图 4－78 战前的大河南街
（汪庆玲写生）

上面三幅水彩写生画，是上世纪30年代教会中学初二中女生汪庆玲所作。汪庆玲自幼爱好美术，后来成为安徽省小学语文名师。汪老师与宿州学院历史系主任梅焕庭先生结婚后，住处与赛珍珠布克的家庭保姆卢妈相邻，且与芦妈的两个儿子张开明、张开亮交往密切。芦妈还把从南京赛珍珠布克家中带回宿州的一本书《加拿大一瞥》，送给汪老师的丈夫梅先生。（据梅先生2010年回忆，所获赠书《加拿大一瞥》的作者为布克的学生、《中国农家经济》的中文翻译者张履鸾，扉页上题有“吾师卜凯先生赐正”，看来本是布克所得的学生赠书，被芦妈带回宿州，转赠梅先生了）。原籍宿州农科所附近卢家庄的芦妈，即是北伐期间舍死救了赛珍珠布克全家及同行避难的美国同事的“女英雄”（布克与赛珍珠的赞语）。

汪老师这三幅写生习作虽然笔法稚嫩，但真实再现了赛珍珠布克在宿州期间，这个北方小城市区、城郊和乡村的宁静与美丽，与布克的考察记录的宿州、与赛珍珠的文字描述的宿州，都可参照寻索，相互印证。

赛珍珠在镇江期间，曾随父母和保姆王妈游览过金山、北固山、焦山等名胜风景和金山寺、甘露寺、定慧寺等人文古迹。在宿州的几年间，赛珍珠与布克夫妇在调研与教学之余，也游遍了宿州的名胜古迹，涉故台、皇藏峪、虞姬墓等都留下了他们的足迹。图4－79中的瑞云寺，位于安徽萧县皇藏峪，始建于晋（535年），重建于唐，原名“黄桑寺”，后随山改名为“皇藏峪”。传说楚汉相争时，刘邦藏身与此，吕后寻夫，远望山中一片祥云缭绕，前往祥云处寻找，果然找到了刘邦。（《史记·高祖本记》也提到这件事）吕后曰：“季（刘邦字）所居处常有祥云，故从往，常得季。”根据这一传说，宋端拱年间将寺名改为瑞云寺。刘、项楚汉相争和霸王别姬的历史与民间传说，都对赛珍珠的文学创作产生了深远影响。

在与农民的亲切接触中，赛珍珠感受到了被儒家文化浸润的中国农民家族成员间、邻里间的伦常亲情，感受到了皖北大地淳朴的民风，进一步深入了解中国传统文化的内涵，小的时候跟着私塾老师孔先生背诵的《论语》与仁、义、礼、智、信再也不是空洞的概念。这些都对她日后的写作产生了深远的影响，也更加深了她和中国人民的感情。其中孔子弟子闵子

图4－79　宿州名胜皇藏峪瑞云寺雪景　（资料图片）

骞“鞭打芦花”的贤孝故事及相关古迹，引起赛珍珠对中国家族伦理规范的由衷赞誉。

在孔子的弟子中，闵子骞是德行的表率。在宿州人们广为传颂着关于他的“鞭打芦花”的故事。闵子骞十岁丧母，其父再娶，但继母姚氏虐待他，给自己亲生的两个儿子做的棉衣里装的是丝棉，给闵子骞做的棉衣里装的是芦花。冬天外出驾车时其父发现闵子骞穿得厚实却冻得瑟瑟发抖，他嫌弃儿子一副缩缩巴巴没出息的样子，一鞭子抽过去，儿子的棉衣破了，从里面飞出的是芦花。看到儿子受了虐待，闵父决定休了狠心的姚氏，但闵子骞尽力劝说，双膝跪地以情动父：“母在一子单，母去三子寒。留下高堂母，全家得团圆……”继母深受感动，遂对三个儿子一般看待。这个故事很感人，后人把这一故事称为“单衣顺亲”和“鞭打芦花”。又有诗称赞：“闵氏有贤郎，何曾怨后娘；车前留母在，三子免风霜。”另有豫剧、北京琴书、单弦、二人转等多种曲艺形式的《鞭打芦花》。闵子的孝行也得到了孔子的盛赞“孝哉闵子骞！人不间与其父母昆弟之言”。正因为如此，宿州被世人视为中国“孝文化”的起源地。

为祭祀祖先，弘扬先贤孝道美德，闵子骞的后人在他出生的村庄建立祠堂，村名也被称为闵祠村，后来又有了和它相关的闵贤乡和闵贤集。图4-81为人们在他的故里集会，搬演闵子骞“鞭打芦花车牛返、芦衣谏父，挽留后母”的贤孝故事。

图4-80　鞭打芦花故事的主角——闵子骞的纪念祠堂　（资料图片）

图4-81　闵子故里唱大戏纪念颂扬先贤　（资料图片）

闵子骞的表率作用，影响着一方人民，古朴的宿州人孝亲敬老，重人伦秩序。布克观察到中国的家庭结构较复杂，通常是三代、四代同居。甚至有五代同居，如果没有这种孝的约束、人伦秩序的维护，这样的大家庭很难形成向心力。赛珍珠曾一次和美国的家族制度比较，说明中国家族伦理的优越性。

图4－82　家族祭祀
（资料图片）

图4－83　宿州乡村的
家族跪拜礼　（日本学者韩敏摄）

图4－84　季札挂剑图
（明代　张宏作）

位于宿州泗县的大庄镇，是春秋时期徐国国君的坟墓所在地。当时吴国国君的小儿子公子季札，博学多才，品行高尚，是受到孔子高度敬仰的贤人。一次，季札遵照国君的旨意出使各诸侯国。中途经过徐国，受到徐国国君的热情款待。两人意气相投，谈古论今，十分投机。季札在酒酣之际抽出佩剑边舞边唱，徐国国君禁不住连声称赞："好剑！好剑！"季札看得出徐国国君非常喜欢这把宝剑，便想将这把剑送给徐国国君作纪念。可是，这是出使前父王赐给他的，是他作为吴国使节的一个信物，他到各诸侯国去必须带着它，才能被接待。现在自己的任务还没有完成，怎么能把剑送给别人呢？徐国国君心里明白季札的难处，尽管十分喜欢这把宝剑，却始终没有说出，以免让季札为难。临分手的时候，徐国国君又送给季札许多礼物作为纪念，季札对徐国国君的体谅非常感激，于是在心里许下诺言：等出使列国归来，一定要将这把宝剑送给徐国国君。

几个月后，季札完成使命，重返徐国，孰料徐国国君不久以前暴病身亡。季札就将那把佩剑挂在徐国国君墓前的树枝上。

季札守信的故事，在中国历史上传颂了两千多年，对故事发生地的宿州这一方水土，无疑会产生更为深广的潜移默化的影响。赛珍珠对宿州质朴率真、豪爽诚信民风的赞叹，应当与她听到的这个地方传说有着渊源的联系。

赛珍珠从宿州的大泽乡起义、刘项楚汉争霸等历史事件折射的勇毅强悍风俗中，深刻领会到宿州民性的坚毅刚强之美，这同样深刻影响着她的思想观念和日后的文学创作。

图4－85　大泽乡起义

公元前209年，秦二世下令征发淮河流域的900名贫苦农民去防守渔阳（今北京密云），陈胜、吴广为屯长。途中行至宿州蕲县的大泽乡，为大雨所阻，不能如期到达。根据秦朝法律，过期要斩首，于是陈胜、吴广组织群众，揭竿而起。大家推举陈胜为将军，吴广为都尉，提出了“伐无道，诛暴秦”的口号，组成一支农民起义军。为了扩大影响，他们夜晚在驻地附近神祠中燃篝火，作狐鸣，发出“大楚兴，陈胜王”的呼声，被民间传为神话。起义军占领大泽乡，攻下蕲县，很快攻占了五六个县城。起义军所到之处，贫苦农民纷纷响应。起义军攻占陈县后，建立了“张楚”政权，陈胜为王。大泽乡起义沉重打击了秦朝政权，揭开了秦末农民大起义的序幕，是中国历史上第一次大规模的平民起义。《大地》我们也看到了近代农民的力量，当他们被逼到没有生路的时候，同样会反抗，王龙就加入了这样反抗的洪流，他和妻子阿兰在这场暴动中甚至发了一笔意外之财。

图4－87中的这株柘树，生长在宿州蕲县大泽乡涉谷台下，因其铁干虬枝、古朴苍劲，酷似一条扶摇直上九霄的苍龙，当地人叫它“柘龙”。它矗立在陈胜吴广曾经发起起义的大泽乡，静静见证着人世间千年的沧桑。

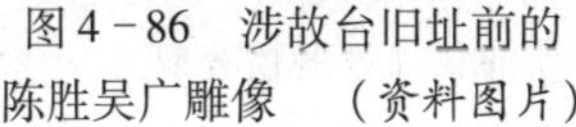

图4－86　涉故台旧址前的陈胜吴广雕像　（资料图片）

图4－87　涉故台边的柘龙树　（陈曙光摄）

赛珍珠笔下的强劲村民和坚韧妇女形象，可以从她和布克考察的宿州历史文化和朴野剽悍民风中，找到同类人物形象的“文化基因”：宿州有三处备受中外秦汉史学家瞩目的历史古迹：一是埇桥区西寺坡镇刘村南二里出的陈胜吴广起义旧址——大泽乡涉故台；二是灵璧县南部的刘邦项羽决战垓下的古战场遗址；三是灵璧县城东、宿泗公路南侧的虞姬墓。三处古迹涉及的三位历史名人中，两名男子之一的刘邦成为汉王朝开国帝王；另一个项羽从垓下败退到和县的乌江边自刎而死，而一名女性虞姬的结局则众说纷纭，迷雾重重。各种说法中，虞姬自刎于垓下的楚霸王项羽的中军帐中，成为最流行的说法。原因是灵璧县城东15里的宿泗公路南侧，有一片终年常绿的树林，树林中沉睡着一座墓基隆起、碑石林立、静穆凝重的古墓，这就是安徽省重点保护文物——虞姬墓。据《史记》《汉书》的记载，二千多年前楚汉相争的最后决战，就发生在灵璧这方古老的宿州大地上。那位著名的“力拔山兮气盖世”的英雄项羽，就在这里发出了“虞兮虞兮奈若何”的仰天长吟。跟随项羽南征北战的绝代佳人虞姬，面对四面楚歌，兵败如山倒的绝境，唱出了“大王意气尽，贱妾何聊生”的悲歌，随后拔剑自刎而死。

图4－88　垓下之战遗址　（资料图片）

另据宿州境内灵璧、泗县一带的民间传说，虞姬自刎后，项羽带着她的尸体向南驰走，不料汉兵追至，项羽无可奈何地丢下了虞姬的尸体。后来这里出现的村庄就叫“霸离铺”，意指霸王别姬之处。项羽突围后，虞姬的尸体被来不及突围的楚兵移葬于“霸离铺”东2.5公里处，后来这里出现的村庄就叫“虞姬村”，两处自明清《宿州志》上留名以来，至今沿袭不变。

虞姬墓历尽千年，时坏时修。墓侧曾建有虞姬庙，庙内塑有项羽、虞姬像，人物造型极为生动。虞姬柳眉杏眼，明眸皓齿；项羽气宇轩昂，刚强剽悍。塑像四周，诗词歌赋的石刻林立。园内还有一副颇为伤感的清人所撰对联：“虞兮奈何，自古红颜多薄命；姬耶安在，独留青冢向黄昏。”

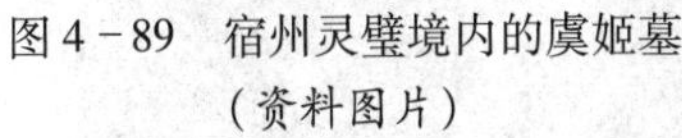

图4－89　宿州灵璧境内的虞姬墓（资料图片）

图4－90　柔美刚烈的虞姬（资料图片）

项羽、刘邦作为叱咤风云的历史名人，受到历史家、军事家、政治家的高度重视和深入研究，而虞姬的形象，则主要体现在文学艺术、故老旧闻和种种民间传说的层面，有着比刘、项更为广泛的影响。其原因，大概如历史学家顾颉刚所说：虞姬和春秋时期的西施、明清之际的李香君一样：“美人，已美矣；美人而有正义感，自更美。美人不惜生命以发挥其正义感，则美之至矣。”所以后人一再“美化之，使其坚贞刚烈，读者位置萦回于心而不能已也”。因此，自唐宋以来，灵璧作为京师通往东南地区的必经之道，文人墨客往往三五成群到虞姬墓前凭吊览胜，然后吟诗填词以发思古之幽情。直到现代仍有大量国内外观光游客、文化人士前来凭吊，曾有个日本游客在虞姬墓前的土中倒了一瓶茅台酒，以示敬仰。宿州的泗州戏、柳琴戏、淮北梆子戏等剧种都有《霸王别姬的》剧目，虽不像梅兰芳演出的京剧《霸王别姬》的影响之大，但也曾到北京、上海等大都市演出过。赛珍珠在其小说中，屡次描写过乡村戏剧演出；布克则对乡村社戏演出的消费情况作了精确统计，其间自然包括各个剧种的《霸王别姬》剧目的演出。从宿州的地域人文特点说，虞姬刚烈自刎的说法，其实和宿州“萑苻多盗”的草莽英雄传统、骠勇强悍的质朴率真民性，有着深层的道德与审美的共性。这对赛珍珠在《大地》中所描写的灾民暴动、军阀混战、盗匪横行的情节，对她下功夫把描写草莽英雄谱的《水浒传》翻译为英文，都有着明显的影响。赛珍珠向来关注中国女性的命运，从历史到现实，虞姬的勇敢与决绝固然能引起她的赞叹，但是红颜薄命的悲剧一再重演也让她感受到了旧中国男权地位的不可撼动。

图4-91　泗州戏《霸王别姬》演出剧照　（资料图片）

除了虞姬文化，赛珍珠的创作还曾受到宿州民间传说中的另一位名人——钟馗的文化内涵的影响。

1915 年，灵璧的钟馗画参加巴拿马艺术赛，并获得金奖。宿州的钟馗画自清代后期就日渐流行，获得国际大奖之后，钟馗画更成了宿州地区尤其是灵璧县境内的特色艺术品牌。布克在钟馗画获奖的 1915 年底到宿州，赛珍珠在钟馗画获奖的次年即 1916 年 9 月首次来到宿州，半年后又在宿州定居，因而在与布克做农村调查时，对宿州城乡的鬼神文化和迷信习俗，乃至宿州许多家庭张贴的用以镇妖辟邪钟馗画，有着切身的感受。

钟馗的形象本无史实依据。据顾炎武、阎若璩、叶德辉、顾颉刚等学者考证，钟馗的说法是汉代以来的道教文化和民间鬼文化合成的结果。但自宋元以来士大夫和民间对钟馗的说法一直保持强烈兴趣，民间艺术家更是对钟馗画津津乐道。

据通俗文化的说法，钟馗是位读书人。唐玄宗登基当年，他赴长安应试，作《瀛州待宴》五首，被主考官誉称“奇才”，取为贡士之首。可是殿试时奸相卢杞竟以貌取人，使其状元落选。钟馗愤怒撞殿柱而亡。后来唐明皇久病中梦见一小鬼偷了杨贵妃的紫香囊和唐明皇的玉笛，上窜下跳，这时一位头戴纱帽、相貌奇异的壮士将小鬼撕扯一番，囫囵吞食，并对唐明皇说："吾乃终南山下因貌异落选的状元钟馗，因念皇恩，今誓与陛下除尽天下之妖邪。"唐明皇梦醒后很快病愈，遂下诏画师吴道子按照梦境绘成《钟馗赐福镇宅图》，封钟馗为"赐福镇宅圣君"，诏告天下一年四季遍悬钟馗像，以祛邪魅佑平安。宿州灵璧人不仅素来崇拜钟馗，以钟馗画著称，而且以钟馗命名当地产的一种美酒。对钟馗的崇拜也昭示了北方农民疾恶如仇的性格，这与赛珍珠推崇的《水浒传》中梁山好汉们的性格，有着相通之处。

图4－92 宿州灵璧县城街头的钟馗雕像

图4－93 灵璧的钟馗画

赛珍珠在宿州农村调查中，听到许多朱元璋马皇后的逸闻轶事，对这位女中英杰充满敬意。她后来创作的以慈禧太后生平为题材的小说《帝王女人》，书中有不少情节的素材，颇为明显地保留着她在宿州了解到的马皇后相关传闻的痕迹。

明代开国帝王朱元璋的皇后马氏（1327—1382）是安徽宿州人。宿州民间传说她姓马名秀英。据《明史》记载，马皇后仁慈、善良、俭朴、爱民，敢于在明太祖施行暴政时进行劝谏，保全了许多忠臣良将的性命；她善待后宫嫔妃，不为娘家谋私利，开创了明朝后宫和外戚不干政的风气。

朱元璋常将马皇后的贤德与长孙皇后相提并论。

赛珍珠在中国的镇江、南京、宿州都曾长期居住，而前两个地方都是比宿州繁华富庶的城市。只有在宿州赛珍珠才有机会广泛接触生活在最底层的农民，通过他们，她了解了中国农民所承受的苦难，以及在苦难面前没有磨灭的许多优良品质，她要将他们写出来，还要将中国人自己写的《水浒传》推向世界。她将《水浒传》翻译成英文，同时根据她对《水浒》中内容情节与思想主题的理解，借用中国儒家经典《论语》中孔子弟子子夏一句话，将书名意译为《四海之内皆兄弟》。后来在诺贝尔文学颁奖仪式的演说词中，也特强调《水浒传》的成就以及《水浒》和其他中国小说给予她的巨大影响。

图 4-94　马皇后画像

图 4-95　赛珍珠译英文版《水浒传》封面，书名意译为《四海之内皆兄弟》

赛珍珠从镇江的王妈与宿州的王妈两位中国家庭保姆身上感受到的华夏美德，令她铭记终生。图 4-96 中慈祥的夫人是赛珍珠的镇江乳母王妈。当赛珍珠刚踏上中国的土地时，第一个见到的中国人就是王妈。赛珍珠的母亲和王妈相处非常融洽。她说：“我从未见她对我的孩子不和善，也从没听她讲过坏话，如果天国没有她的位置，我可以将我一半的位置给她——如果我有一席之地的话。”赛珍珠在王妈的呵护下长大，王妈给她哼唱中国古老的童谣“小老鼠，上灯台，偷油吃，下不来。喊妈妈，妈不来，叽里咕噜滚下来。”王妈信仰佛教，她经常给赛珍珠讲观音菩萨怎样普度众生、怎样给老百姓送儿送女等传说。有时，王妈还带赛珍珠去金山寺上香。王妈还给赛珍珠讲“水漫金山”、许仙和白娘子的故事。王妈的勤劳、善良，在赛珍珠幼小的心灵中留下了美好的印象，她们之间的感情远远超出了主仆之间的感情。

图4－97中神色黯淡的女仆，是赛珍珠在宿州遇到的一个同样叫王妈的老妇人，不过这个王妈远不像镇江王妈那样慈祥干练、经多见广，而是“又老又聋，靠为人缝衣服换饭吃，是可怜寡妇中更可怜的一个。”赛珍珠曾以她为老女仆的典型形象，改名为鲁妈后移植到她后来创作的小说《帝王女人》慈禧太后入皇宫之前位于北京锡腊胡同的家中。书中对她在兰花（即进入皇宫之后的慈禧太后）家这位女仆的形象描写是：

图4－96　镇江的王妈

图4－97　宿州的王妈

她从灶台后面站起来，看上去有些凄凉。她是个汉人，身材矮小，背有点驼，身上的蓝布衣服已经褪色，打了补丁。裹着的小脚行走笨拙，脸上布满深深的皱纹，里面都是灰色的沙土，像是一张网似的。沙土落在她灰白的头发上，凝聚在她的美貌和嘴唇上。（见赛珍珠著《帝王女人》，东方出版中心2010年版，第二页，王逢振译）

但这个生活在最底层的贫困寡妇的爱美之心，同样深深定格在赛珍珠心目中，并在《我的中国世界》中回忆道：

她桌上那个有缺口的瓶子里，整个夏天都插有不知她从哪儿弄来的鲜花。当我硬是要送给她一个碧绿的小花瓶时，她竟然高兴得流出了眼泪。

图4－98中左边抱孩子的农妇是宿州芦家庄的村民，后来成为赛珍珠、布克家庭保姆的芦妈。这个其貌不扬（赛珍珠描述为“扁平大脸”）、家庭赤贫、丈夫“妖业”（宿州方言，意为不务正业，行为放荡，能力品德差）、命运多舛的乡下妇女，却具有善良宽厚、待人赤诚、见义勇为、舍己救人等一系列令众男子相形见绌、令见过世面的“上等人”自愧弗如的美德。北伐战争期间，这个与赛珍珠布克根本谈不上什么“生死之交”的家庭女仆，完全凭着天生的善良品性和本能的救人意识，在乱军的疯狂屠杀中，冒着着全家生命被杀的巨大危险，毫不犹豫地掩护了战战兢兢的赛珍珠布克一家，以及赛珍珠、布克的一批美国同事。赛珍珠、布克从这个被他们称誉为“女英雄”的芦妈身上，切身体会到中国普通农民性情中深蕴的震人心魄的义勇美德。离开中国30多年后，身居美国费城的赛珍珠，仍带着犹新的记忆和深深的感恩之心，回忆起这位早已不在人世的“好人”：

一排低矮的土房，小胡同尽头，这个有着扁平大脸的人，真是太好了！……她冒着生命危险来救我们的生命，世界上有这样的好人！

图4－98　“女英雄”、宿州好人芦妈一家　（布克摄）

图4－99 美国学者罗伯茨为宿州农妇留影

赛珍珠和布克为芦妈一家精心拍摄了一张全家福照片，并在一系列作品中描述这位芦妈所代表的中国普通农民的善良勇敢。以致许多外国人受其影响，带着强烈的好奇心，到中国考察乡村农妇。上面两幅照片，分别为布克1928年所摄的芦妈全家福，和2007年来宿州寻访赛珍珠的美国学者罗伯茨模仿赛珍珠、布克为宿州农村妇女拍照的情景。

赛珍珠在宿州调查中了解到淮北乡村和南方城市镇江同中有异的民俗风情，从而深切感受到皖北大地的节令习俗之美。图4－100中这首儿歌唱出了中国过春节的风俗，从宿州到南京，再到镇江，南方跟北方的年俗相差不大。腊月二十三，是祭灶节，据说这一天灶王爷要上天向玉帝汇报这家人一年的表现，于是人们熬糖为灶王爷送行，希望黏黏的红芋糖能粘住他的嘴，别说这家人的坏话。这一天，在灶上张贴灶王爷和灶王奶奶的画像（图4－101），希望他们“上天言好事，下界保平安。”祭灶节熬的红芋糖又叫麦芽糖，因为熬制时需要加大麦芽作为催化剂。赛珍珠童年时期就爱吃这种糖，她像普通的中国孩子一样，向小贩购买这种糖吃，她还会和小贩为给的太少而讨价还价。她的父母不让她吃麦芽糖，恐吓她糖里面有热病病菌，但赛珍珠还是偷偷地吃。她认为中国人吃了并不害病，所以她也不会害病，因为她认为自己和中国人没有什么不同。

图4－100 与镇江同中有异的宿州春节习俗

图4－101 民间灶神张贴画

图4－102 赛龙舟

图4－103 观龙舟

图4－104 插艾

但就端午节的风俗而言，则南北略有差异，南方水乡盛行划龙舟，北方则重视除秽辟邪，如喝雄黄酒、捉蟾蜍取其毒液治病等。至于插艾草驱邪毒、佩戴香荷包除秽气、吃粽子等习俗，则是南北同风的。

赛珍珠爱吃用扬子江箬叶包裹的糯米粽子就着切开的咸鸭蛋。不过在宿州吃的粽子使用芦苇叶包裹的。图4－105是包裹着艾叶的香荷包。到了端午节，巧手的妇人们用各色花布缝制成各种形状的小动物，包裹着清香的艾叶，缀着流苏，这些美丽的端午节佩饰是赛珍珠童年时期的美好记忆之一。包裹着艾叶的香荷包，既是驱除秽气的时令佩饰，也是民间青年男女表达爱意的媒介，是赛珍珠屡次表示欣赏赞美的民俗文化元素。

图4－105　宿州香荷包配饰

赛珍珠从南方的镇江来到宿州，看到宿州小孩冬天都会收到一双虎头棉鞋，老太太穿着精致的三寸金莲小鞋，成年男子产穿着俗名“毛窝子、麻窝子”的芦絮麻鞋，觉得新奇而有趣。虎头童鞋承载着奶奶或是姥姥满满的爱，既有实用性，又有观赏性；老太太的小鞋积淀着中国在文化糟粕里的畸形审美心理，这些内涵，赛珍珠都有一定了解。而对于她从小在南方镇江从未见过的成年老年男子阴雨天、冬天所穿的芦絮麻鞋，就觉得颇为费解。倒是布克的《中国农家经济》中有所理解：这是中国北方农民吃苦耐劳品性和就地取材智慧的产物。

图 4－106　虎头童鞋

图 4－107　宿州农村踏雪的麻窝子

图 4－108　三寸金莲小鞋图

芦絮麻鞋是 20 世纪 80 年代以前，宿州及周边地区农村人冬天常穿的一种用芦苇花絮和麻一起编织成的冬季特殊用鞋，除了“毛窝子、麻窝子”的俗称，还有芦翁、龙翁等民间用名。这种鞋虽然从质地、样式、用场、物主都属于粗糙鄙陋、土得掉渣一类，但却是有着悠久传承和光荣历史的草根阶层在冬季雨雪天的必备神器。据复旦大学大师级学者陈子展教授的《国风选译》《诗经直解》等书，《诗经・魏风》中“纠纠葛屦，可以履霜”的解释就说：“葛屦就是葛鞋，今四川人叫作麻窝子。”可见“麻窝子”已有两千六七百年的历史了。据传说，该鞋在宿州北部的砀山、萧县等地，已流传两千多年，当年曾为三国时期的刘备所部解决了隆冬腊月的保暖御寒问题，所以该鞋才有了“龙翁”美名。就是这种鞋和红军穿的草鞋，一单一绵（不是棉）、一凉一暖。抗日战争时期，抗战名将彭雪枫转战此地，曾亲自向当地编制龙翁的高手学习编制，以解决部队御寒问题。如此之土但却极为实用的毛窝子，还为当年的抗战立过大功。宿州地区盛产芦苇，芦苇的杆子用来编制芦席，编席剩下的芦苇最上部的芦缨，就被聪明、勤劳的人民用来掺上麻而编制麻窝子。

图4-109 民间村头戏台演出

裹脚妇女穿的小鞋，小巧精致。做工精美的小鞋要花大量时间刺绣、绲边、镶嵌，堪称工艺品，俗称“三寸金莲”。西方人每每大惊小怪，而在赛珍珠眼里，这只不过是一种以此为美的风俗，正如西方人过去常穿紧身胸衣一样，凡是人们认为美的东西，他们就会干一些千奇百怪的事去追求。

每年春节后到正月十五前，村头旷野总要有草台戏班轮流演出。这是农民一年之中最惬意的时候，平时再苦再累，这几天也要好好休息、好好娱乐，喝喝酒，看看戏，还有人会耍耍钱。布克对此有精确的数字统计，而赛珍珠则从人性化的思维出发，通过文学形式，展示出北方农民的生活理想和审美追求。图4-110是宿州砀山梨园演出民间最流行的剧目《秦香莲》的情景。梨园是唐代皇家歌舞演出机构“教坊”的驻地，后来梨园就被代指戏曲演出处所，称演员为梨园弟子（见杜甫诗《观公孙大娘舞剑器行》）。在真实梨园中，由“梨园弟子”演出农民最熟悉、最关注的传统剧目，这是颇具匠心的文化运作。砀山被称为“梨都”，砀山梨是赛珍珠在《我的中国世界》中津津乐道的美味水果，并在其《大地》或诺奖的演说中，对中国古典戏曲中的《西厢记》《拜月亭》《桃花扇》《白蛇传》等做了详尽介绍。

图 4 - 110　梨园唱戏《包公铡美案》

图 4 - 111　宿州的皮影戏

图 4 - 112　宿州的民间唢呐班

布克、赛珍珠在宿州深切感受到这里贫乏物质条件下的深厚艺术文化。如古装才子佳人戏曲、民间皮影戏、民间乐器演奏等都给他们留下美好记忆，并成为布克《中国农家经济》中考察农民娱乐消费的重要元素，以及赛珍珠《大地》等中国题材小说中描写村民聚会、祭祀、赛神等情节的基本内容。赛珍珠在获诺贝尔奖的演说中也曾列举《琵琶记》《幽闺记》等古典戏曲作品，以论述中国文学艺术的魅力。唢呐发音激越嘹亮，再配以具有和弦音效果的芦笙烘托气氛，加上所奏乐曲节奏明快，极易使受众产生强烈的音乐共鸣，唢呐艺术便乘着黄河文化，并与民间婚、丧、典、祭等音乐活动结缘而广泛传播。无论喜事还是丧事，宿州人都会请唢呐班来演出，俗称“请响儿”。喜事有喜事的曲子，经典曲目如《抬花轿》《百鸟朝凤》；丧事有丧事的曲子如《哭五更》《哭皇天》等。赛珍珠夫妇认为唢呐高亢、嘹亮的音响与旋律，是对北方农民豪爽、强劲性格声情并茂的展示。婚庆唢呐演奏的场面还被赛珍珠选用作小说的插图。赛珍珠当年印象深刻的砀山梨产地砀山县，今已被誉为非物质文化项目的“唢呐之乡”，最早有张、刘、王、陈等唢呐家族班，现已遍布民间，且流派纷呈。他们以或高亢奔放或舒缓哀婉等精妙变化的旋律、节拍和丰富技法，记录、传达、震撼着北方大地上世代人民的喜怒哀乐，和对生活的向往与信念。

赛珍珠的回忆录和布克的农家经济研究著作，都提到宿州村民围观西洋片、魔术表演，儿童追逐观看要猴及动物表演马戏等情节。宿州埇桥马戏艺术的前身是始于明末清初的民间杂技，到清朝末年已具有相当规模。自上世纪20年代以来，在埇桥区的篙沟、桃沟、柳沟一带，杂技艺人们率先将马、猴子、狗等动物表演引入演出，后又开始尝试用杂技表演的形式来驯化动物，并很快收到成效。至30年代末，诸如狗熊站立行走、羊蹬花瓶、猴子拉车、老虎钻圈、小狗识数等演出节目已经成熟。2006年9月，宿州埇桥区被正式授予“中国马戏之乡”称号，成为我国首个，也是唯一一个获此荣誉的县区。马戏也是赛珍珠、布克感受中国文化魅力、并对他们创作或研究产生影响的趣味形式之一

图4-113　宿州的马戏演出

赛珍珠在镇江时，就喜欢中国的美食。虽然宿州以面食为主的饮食习惯和镇江以米食为主的南方风味有很大差别，但她很快就适应并爱上了宿州饮食。据邵体忠先生回忆，她很喜欢吃“麻糊汤”、撒有芝麻的烙饼、卷有韭菜肉丝的蒸卷儿、甚至颇具刺激的北方人口味的蒜泥烙饼，也成了她喜爱的美食，当然还少不了大名鼎鼎的符离集烧鸡。饭后她还爱吃宿州特产之一的柿子，及另一种用炭火烘制的“烘柿子”。她还爱用宿州盛产的大枣和山楂做成果酱与邻居分享。她在《中国之美》《我的中国世界》等书中，对宿州美食作了大量描述。

和赛珍珠布克同期来华考察的日本作家谷崎润一郎，也不约而同地经历了对中国文化与人文性情逐步发现的曲折过程，并同样对中国文化的浑朴丰厚之美，表达出由衷赞叹：

理解中国，就好像凝视一块玉石。玉石没有红宝石、绿宝石的色泽，也不像钻石那样熠熠闪光。这些玉有一种奇妙的淡淡的浑浊色调……每当看到他（即中国文化）那鸿蒙初开般的浑浊质地，就自然觉得他的确像中国的玉石，不由得想到他那敦厚浑浊之中堆集着具有悠久历史的中国文明的惠泽。如此一来，也就可以理解中国人嗜好这样的色泽和质料。（见《参考消息》2017年2月13日转引《纽约时报》网站文章《中国和美国，有史以来最奇异组合的罗曼史》）

图 4－114　马蹄烧饼

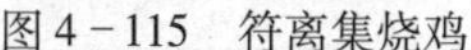

图 4－115　符离集烧鸡

图 4－116　赛珍珠喜爱的宿州特色小吃“䭔汤”

图 4－117　赛珍珠把“䭔汤”称之为“麻糊汤”

图 4－118　腊八粥

图 4－119　北方农家食品蒜泥及蒜臼蒜锤

谷崎润一郎曾在1960年被赛珍珠推荐为诺贝尔文学奖提名人。这也许与他们对中国文化、中国农业文明共同发现有关。而这也从另一个侧面展示出，赛珍珠布克对宿州之美的认识，确实体现出他们在观察社会事物本质方面的真知灼见。

图4-120　芝麻烙饼

赛珍珠和布克初来宿州时，是满腔的郁闷与悲悯；离别宿州时，则是无尽的依恋与牵挂。

布克之子保罗2008年来中国参加赛珍珠国际学术研讨会时，曾对宿州的赛研工作者介绍图4-121中照片的故事：

他（指布克）的《中国的农业管理》一书，有大量图片取材于宿州农村，他对宿州的农村和农民研究都非常喜爱。当时宿州治安很差，到处是强盗，出外活动很是危险，一到晚上就城门大关。布克、赛珍珠离开宿州时，县令专门派一队卫兵乘马车保护他们去火车站。赛珍珠的《大地》中有这一场景的描写。

赛珍珠经过三年多的深入了解，对宿州的印象逐步从初来的郁闷与悲悯，转变为一种深入心魂的震撼与挚爱，甚至做了在这里度过余生的心理准备。故而当1919年深秋，布克告诉她：决定去南京就任新职——他的康奈尔大学校友金陵大学农学院院长芮思娄邀他担任金大农业经济学教授，并兼任农业经济系主任。赛珍珠听到这一计划时觉得很意外。她在近半个世纪后的50年代所作回忆录《我的中国世界》中回忆道：

宁静而又充满乐趣的华北生活中止得很突然。一天丈夫对我说：他打算去南京大学求职，那里有个空缺。我很了解他……但离开我生活的这个城市和这儿的亲朋好友，心情难免有些沉重……

在我的北方家乡，朋友们纷纷为我们设宴话别，互赠纪念品。大家流了很多泪，表示以后一定互访，保持联系。最后，我关上了那座新盖的砖房的门，登上了南下的火车。我原来还以为，我会在那里度过余生呢！

图4-121 布克与赛珍珠1919年底至1920年初离开宿州时，由宿县县长派卫兵护送，乘马车去宿州火车站，赴南京金陵大学就职

赛珍珠从当时世界一流经济强国的美利坚和江南相对富庶的秀丽镇江，来到蛮荒贫困偏僻的宿州，其间感受到的巨大反差可想而知。但是尽管三年的经历充满灾荒、瘟疫、兵匪骚乱、天灾人祸的炼狱般考验，结果却使她从充满灾难的宿州大地上，发现了植根于中华民族的主体人群——农民的生命本体深处所蕴藏的崇高美德和伟大力量，她由衷地爱上了这方大地和大地上的贫苦农民。正如她深情表白的：

在南宿州（即宿州）住的时间越长，我就越了解住在城外村庄里的贫苦农民，而不是那些富人。穷人承担着生活的重压，他们钱挣得最少，活干得最多。他们活得最真实，最接近土地，最接近生与死，最接近欢笑和泪水。走访接近他们，我找到了人类最纯真的感情。

荒僻闭塞的宿州大地，真实本质是丰饶的福地；贫困粗鄙的宿州农民，真实面目是美善族群。这一震古烁今的伟大发现，为赛珍珠和布克事业辉煌和人生精彩，奠定了深厚而关键的基础。

曾经为创作赛珍珠传记而专程于2007年来宿州考察的英国著名女作家希拉里·斯波林，在她的获英国顶级文学奖“布莱克奖”作品《埋骨——赛珍珠在中国》一书中，这样概括赛珍珠、布克的宿州经历对他们毕生述写和人生之路的影响：

当布克夫妇离开南徐州的时候，他们每个人都具备了出一本书的能力，这能使他俩在一年这内分别登上各自事业的巅峰。接下来的两年时间里，当洛辛把时间花费在从农民那里收集数据时，赛珍珠用眼睛去观察，用耳朵去倾听，在写作普通中国人生活的构成和模式时加入了自己的创造力。她写的这些故事以前从来没有人写过，如果她没把时间奉献给南徐州的村妇们，如果她没有成为她们生活的唯一见证人和她们的知己，这些故事就会永远被埋没。赛珍珠在南京的新生活标志着自我改变过程的开始，这个改变对她而言意义深远。然而她又花费了将近十年的时间，使自己彻底摆脱西方人对中国的那狭隘的看法，他们只看到了中国肮脏、散发着恶臭、满是病菌的陋室，而在《大地》中，赛珍珠重新准确地创造了这些景象，并且指出居住在这里的人们宽宏大量，给人以无比的暖意。（张秀旭、靳晓莲译，希拉里·斯波林著：《赛珍珠在中国》。重庆出版社 2011 年版，97 页）

第五章　双窥文镜　科学、艺术巅峰

一、概述

布克与赛珍珠虽然于1920年移居南京，但都延续着宿州的情结，并由此拓展事业，在各自领域创获了举世瞩目的辉煌业绩。

布克在宿州农业试验和农村调查的基础上，利用南京的社会活动平台和金陵农业大学的学术地位优势，亲自组织团队进行了更大规模的全国范围的调查，获得了被香港经济学家张五常称之为“惊天地、泣鬼神”的海量数据与研究成果。发端于宿州的调查共有三次，一次比一次宏大，一次比一次深入：

1916—1919年的第一次调查，地区包括宿县及相邻的濉溪、怀远等地的周边农村，调查内容为种子改良、技术推广等，调查结果为后来建立金陵大学农学院奠定了基础；

1921—1925年的第二次调查，地区由安徽扩大到江苏等7省17处2866家，调查内容包括经济、社会调查等十个方面，调查成果汇编为《中国农家经济》，1930年出英文版，1936年出中译本。此作被誉为世界上第一部具有开创意义的系统研究中国农业经济的学术巨著，研究成果的覆盖面积达8500公顷（21000英亩），合中国12.75万亩，资本约500万美元，人口达17000人；

1929—1933年的第三次的调查，地区包括安徽、江苏、河北、河南、山东、山西、福建等22个省16786个乡村38256个家庭，调查内容为土地利用情况。此为布克主持的太平洋国际学会中国分会的研究项目，项目成果汇编为《中国土地利用》三巨册，1937年英文初版，1941年抗战期间由金陵大学农经系出版中译本。研究成果覆盖的人口达22.67万人，被世界公认为中国农业问题最权威学者、最优秀的著作。

赛珍珠到南京后，思维一直萦绕着对宿州生活的回忆，由于“为热爱敬仰的中国农民和普通百姓积郁的愤慨所驱使”，她决心坐下来，酝酿一部以农村农民为主题的鸿篇巨制。这使布克也在致父母的信中表达了对这部著作的期待，并说服了自己一名姓王的学生，同意让赛珍珠把他的名字和事迹安排在小说主人公王龙身上。

赛珍珠对《大地》创作过程的自述，一直沉浸在对宿州的回忆中：

我觉得，我该坐下来真正开始写作了。一天上午，我整理一下我的小阁楼，把我那张宽大的中式写字台摆在窗口，正好面对紫金山。每天上午做完家务，我便坐在打字机前，开始写《大地》。故事是久熟于心的，因为它直接来自我生活中耳闻目睹的事情，所以写起来得心应手。正是为自己直到今天仍然热爱和敬仰的中国农民和普通百姓积郁的愤慨，驱使我写下了这个故事。我没让这个故事发生在富庶的南方城市——南京，而把故事的背景放在了北方。这样素材随手可取，人物都是我极为熟悉的。

由于宿州生活的内容素材和小说的主题思路都久蕴于心，赛珍珠前后只用了三个月时间，就用打字机把《大地》全部书稿打了两遍。

宿州生活对她创作的影响之大，其实还不止于《大地》。据自述，《大地》的续篇《儿子们》以及另一部小说《亲眷》同样源于宿州：

《儿子们》一书中的情节，无一不是我15年前（按：即1933年之前15年的1918年，赛珍珠正在宿州）亲身经历内容。……完成《大地》8年之后，我把华北农村的一些情节写进了《亲眷》一书。其中陶大叔的原型是身体健美的张太太。

引文中的张太太，即是赛珍珠在宿州结识的芳邻、年长她20多岁的忘年“闺蜜”周淑珍，因嫁给了宿州财主张雁秋（绰号“张半城”）的后代，故称张太太，是宿州解放前的知名教育家。

赛珍珠与布克起步于宿州的婚姻生活虽然后来出现了变化，但就他们的平生事业与所获成就而言，两人在宿州的合作，可说是婚姻与事业珠联璧合：布克一方面为《大地》提供了获取创作素材的天然良机，另一方面不仅对其创作予以精神上的积极鼓励，而且从主人公原型、生活素材等方面予以全力配合。赛珍珠则为布克与宿州村民的交往提供语言交流的方便，帮助誊抄统计调查数据并编辑《中国农家经济》全书，后来还执笔撰写了布克所著《中国土地利用》的第一章。

布克与赛珍珠考察、表述中国时，切入的方向与视野全部集中于民间，专注于底层农民真实的日常生存状态。这一方面使他们的成果迥异于历代周旋于王室贵族的传教士如马可波罗、汤若望、南怀仁、郎世宁、庄士敦等人，同时也有别于包括赛珍珠之父赛兆祥在内的专以传布西方教义为使命的传教士群体，甚至也有别于通过慈善救助和文化启蒙以传播教义的同时期传教士。从教会委派的本意而言，布克的行为与效果，已形成了背离教会初衷的“忘本”，可谓传教士中少有的“另类”。从这个角度说，布克与赛珍珠的成果，具有世界文明发展中的特殊意义：

布克以严谨的实证研究和缜密的数据分析方法，历史上第一次为中国农民的生存资源与生存状态、发展资源理清了家底；

赛珍珠以自觉的使命意识和文学的现实手法，继马可波罗之后又一次而且更完整地向世界介绍了中国，第一次向西方世界展示出中国农村、农民的真实面目。

二人分别从科学、艺术的不同角度，整体改变了西方世界对中国的荒谬误解和排斥心态，架起了沟通东西方文明的“人桥”。

二、图片与说明

布克（John Lossing Buck），又译作卜凯，1890 年 11 月 27 日出生于美国纽约州德彻斯县快乐谷的一个农民家庭，父亲是当地长老教会的长老，母亲是一位虔诚的基督教徒。受父母影响，布克对农业和宗教方面非常感兴趣，常常阅读其父亲订阅的农业报刊。布克先是就读于美国的乡村学校，1910 年中学毕业后进入康奈尔大学农学院学习，对中国问题颇感兴趣，加入了学长芮思娄（J. H. Reisner）发起的“中国研究俱乐部”，认为“中国人民更需要了解科学的农业”。1914 年大学毕业，获得学士学位，拒绝了印度和美国农业部的邀请，于 1915 年来到中国安徽南宿州以基督教传教士的身份从事农业实验和推广工作。

图 5－1　布克就读的美国乡村学校

图 5－2　布克就读的康奈尔大学农学院

图 5－3　布克童年就参与农田耕作

图 5－4　青年布克在田场堆干草

受家庭影响，布克很早就开始从事农业生产活动。怀揣着“推广科学的农业”和“渴望了解中国农业的传统耕作方法”的理想，布克在 1915 年 12 月来到宿州，开始了农业传教士的职业生涯。布克对宿州的情况十分满意，认为这里是他实现职业理想的好地方。他 1915 年 12 月 14 日从宿州写信回家说：“展望我在此地的工作，从各方面来看都非常好！这里完全是一个农业社会。”布克在宿州创立了农事部，进行有关农业的调查与农业新品种的育种工作。

图 5－5 是布克 1916 年初到宿州时，为了让父母了解儿子在国外的衣食住行情况，在给父母的信中特意附上的“图片报告”。并在信中予以具体说明：

My house, or at least the top floor is. Three rooms, left to right bedroom, bathroom, study (this is the south side of the house). （我的房子，至少二楼是我的。有三个房间，从左到右依次是卧室，浴室，书房<朝南>。）布克在宿州调查的早期记录，以及他与赛珍珠庐

图 5－5　布克 1916 年初到宿州的住处，二楼三个房间最右边的一间是书房

山相遇之后直到结婚期间八个多月的热恋蜜信，都是在这间书房里写成的。

赛珍珠的创作酝酿于宿州。布克因工作需要经常下乡调查农村、农民的情况，但是布克的中文说得并不好，赛珍珠经常陪同并做“翻译”。他们夫妇逐渐成了农夫、农妇们无话不谈的朋友，从而为赛珍珠创作《大地》提供了丰富的素材。从1920年至1935年，赛珍珠与布克长期居住在金陵大学分配给他们的两层楼房里，两人各自开始了的发源于宿州的写作。

图5-6　赛珍珠沉思

图5-7　赛珍珠的打字机

图5-8　赛珍珠写作照片

“我在南京的房子，由于大女儿的离开而显得空荡荡的，这时，我觉得我该坐下来真正开始写作了。一天上午，我整理了一下我的小阁楼，把我那张宽大的中式写字台摆在窗口，正好面对紫金山。每天上午做完家务后，我便坐在打字机前，开始写《大地》。故事是久熟于心的，因为它直接来自我的生活中种种耳闻目睹的事情，所以写起来得心应手。正是为自己直到今天仍热爱敬仰的中国农民和普通百姓而积郁的愤慨，驱使我写下了这个故事。我没让故事发生在富庶的南方城市——南京，而是把故事的背景放在了北方，这样，素材随手可取，人物都是我极为熟悉的。”从创作伊始，赛珍珠就笔耕不辍，而那张中式写字台也伴随她从南京到美国。赛珍珠一生共出版了小说、传记等 70 余部，多数是在这张写字台上完成的。此写字台现存于美国青山农场赛珍珠故居中。

图 5 - 9　源于生活高于生活的人物
——《大地》主人公王龙原型

图 5 - 9 中的青年农民照片，被赛珍珠刊登在 1928 年 9 月第 28 卷《亚洲》杂志上。因为这个人和她在小说《大地》中描写的农民王龙，形象非常相似。此人原名工景合，本是布克的农场雇工兼农业技术学徒。布克做了不少思想工作，使他同意让赛珍珠把他的名字和事迹安排在小说主人公

王龙身上。从照片可以看出他有着黝黑的皮肤，憨厚的笑容，不算宽厚的肩膀上垫着毛巾，担着一担白菜。这是一个勤劳、善良的人。

“‘你书中的人物，都真有其人吗？’这样的问题人们不止上百次地问过我。回答是肯定的。他们都来自我的记忆，饱含了我的感情。然而，书中的人物与现实中的人并不是一模一样的。”赛珍珠在宿州期间，经常陪布克下乡调查，接触了各色各样的农民们，他们的生活和处境、为人和处事都为赛珍珠日后创作积累了素材。她晚年回顾她的宿州经历说，“在南徐州（即宿州），住的时间越长，就越了解住在城外村庄里的贫苦农民，而不是那些富人。穷人承担着生活的重压，钱，挣得最少；活，干得最多。他们活得最真实，最接近土地，最接近生与死。最接近欢笑和泪水。走访农家成了我自己寻找生活真实的途径。在农民当中，我找到了人类最纯真的感情。”

图5－10　《大地》创作的打印稿

图5－11　英文版《大地》

“这段时间，我一直在写《大地》，前后共花了三个月，自己用打字机把稿子打了两遍。”在打印稿上可以看见作者修改的痕迹。1931年《大地》出版后，好评如潮；1932年获美国普利策（Pulitzer）小说奖；1938年，赛珍珠因此书“对中国农民生活进行了史诗般的描述”，

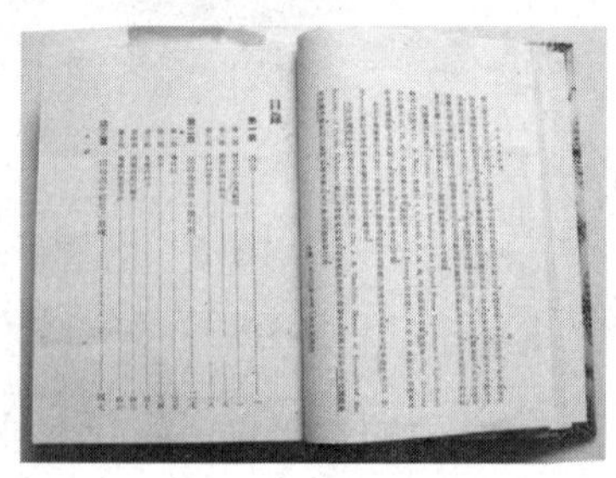

图5－12　布克对赛珍珠的感激（自序书影）

“为中国题材小说作出了开拓性贡献”荣获了诺贝尔文学奖。

图 5 – 13　经布克审定的《中国农家经济》中译本

布克发端于宿州的写作，从“家教”角度说，应有其父母因素的影响。布克少时就喜欢农业研究，大学时更是选择了农学系，1915 年怀揣着“推广科学的农业”和“渴望了解中国农业的传统耕作方法”的理想，以农业传教士的身份来到中国安徽宿州从事农业实验和推广工作。1920 年，担任金陵大学农学院的教授，主讲农业经济学、农村社会学、农场管理学等课程，并结合教学实践组织学生利用暑假开展农村调查。1921 年秋，他在金陵大学创建了农业经济组，1925 年，改为农业经济系，并任农经系的首任主任。这是中国近代第一个农业经济系，也是国内农业院校设置最早的农经系。布克不仅把西方最新的调查研究方法引入中国，使农业经济问题的调查科学化，更是在农业经济思想方面，提出关于中国农业经济发展的独到见解。布克的代表性作品有《中国农家经济》《中国土地利用》《中国农场管理学》等。在《中国农家经济》的自序中，布克对此书成书过程中“内子”赛珍珠所做的贡献特别予以感谢。

图 5 – 14
布克的《中国土地利用》

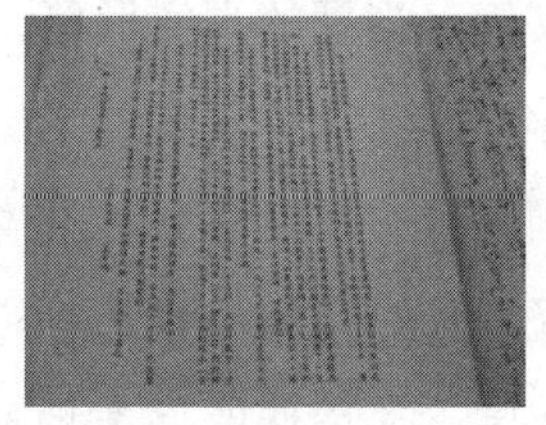

图 5 – 15　著名经济学家张五常对布克中国土地利用所做的说明

1920 年，布克受邀来到金陵大学农学院担任教授，主讲农业经济学、农村社会学、农场管理学等课程。1921 年秋，他在金陵人学创建了农业经济组，1925 年，改为农业经济系，并任农经系的首任主任。《中国土地利用》《中国农场管理学》等都是此期间的学术研究成果。

图 5－16　布克、赛珍珠在南京金陵大学与农学院同事合影
（前排左五、六为布克和赛珍珠）

赛珍珠和布克从宿州起步的工作与事业，从根本上改变了西方世界对古老封闭的中国，尤其是对中国底层农民的印象。

赛珍珠从艺术的角度，以文字为媒介；布克从科学的角度，以图片、数据为媒介，二者相辅相成，相得益彰，共同向世界展示出中国人勤劳、坚韧、友善、智慧的真实形象，扭转了美国人和西方世界对中国的荒唐误解与排斥心态。

外国画报中关于中国人低微卑贱、贪婪肮脏、愚昧麻木、猥琐怯懦、丑陋古怪、狂野蛮横、骚乱争斗、凶狠残忍、不可理喻之类形象的渲染描绘连篇累牍，赛珍珠的《大地》《我的中国世界》等系列作品以客观真实的描写，布克的《中国农家经济》等书以具体统计数据和现场拍摄的真实画面，向世界展示出中国人不为世人所知的美好形象和强大力量，从而与西方画报对中国人的偏见和丑化夸张形成鲜明对比。这使《大地》《中国农家经济》等书从整体上改变了美国及整个西方世界对中国的民族偏见和排斥心态。

赛珍珠用她的小说，从艺术的角度对中国及中国农民的生活做了真实的描写，在很多时候是用对比的手法，把中西文化进行对比。认为："中国的文化比任何一个欧洲国家都更源远流长，而他们却认为这个伟大美丽的国家是乞丐之邦，野蛮人之乡，而不是世界上最古老、最文明的国家。其文化也先于欧洲的任何一个国家。"

布克的《中国农家经济》中，不仅就（旧）中国农村的土地利用、经营状况、土地所有权、农作物、家畜和保存地方等做了调查，而且还就农民的食物消费和生活程度做了调查，认为"中国农人的生活程度之低从各方面皆可看出。收入方面既是渺小得可怜，而且其中大部分还是仅仅用于维持物质生活方面的要素。生活必需费用虽占入款的大部分，可是食物既缺乏营养且又终年不变，衣服极粗，仅足蔽体，住室简陋，聊蔽风雨，绝无舒适美观之可言。近代的教育宗教以及社会生活和他们风马牛不相及。乡村教育幼稚之至。质量二者皆差。可以说是毫无用处。敬神方面，虽有相当的价值，可是负担太重，而社会生活，绝为枯燥单调，娱乐消遣颇感缺乏。他们的生活，虽然如此之苦，而仍能喜笑颜开，和平忠厚，关于这一点，盖亦颇值得吾人之钦佩。"

下面以赛珍珠同时代的西方画报所描绘的中国人卑劣丑陋形象的画面，和赛珍珠、布克笔下的中国人形象予以对比，分别阐释布克、赛珍珠对中国人民的友好感情，及其在向世界介绍中国和中国农民的正面形象，有力反驳西方世界对中国误解、丑化的论调方面所作的卓越贡献。

图 5－17 的美国漫画《信不信由你》，代表了美国和西方世界流行的对中国极尽丑化夸张之能事的荒唐印象。赛珍珠的《大地》和布克的《中国农家经济》等著作，则以具体真实的人物情节，改变了美国和整个西方世界读者对中国的种种偏颇观念。

在赛珍珠《大地》问世之前，美国人对中国普遍存在不了解，不甚友好的印象。图 5－17 为 1932 年美国出版的《信不信由你》，表明美国人对中国的认识存在许多误区。其中所提及的问题有真有假，但都以哗众取宠为目的，比如，认为中国人"把猪放在屋檐下就成了'家'"，"用笑表示悲哀，用哭表示快乐"，怀疑"中国人也能吹口哨?"惊奇于"他们的钱中

图 5－17　美国漫画《信不信由你》
对中国极尽丑化夸张之能事的荒唐宣传

间居然有洞”，总之，是把中国人看成怪诞而不可理喻的“异教徒”。

赛珍珠在《我的中国世界》中写道：“在亚洲，人类文明很早之前就在哲学思想和宗教教义方面登峰造极。”美国人认为中国人“把猪放在屋檐下就成了‘家’”是可笑的事，但是这实际上是起源于中国的“造字六书”。最先是“会意”，上面是“宀”，表示与室家有关，下面是“豕”，即猪。古代生产力低下，人们多在屋子里养猪，所以房子里有“猪”就成了“家”的标志。至于“家”由“豕之居”，变成“人之居”，这是由中国“造字六书”的“假借”而来，这本身就是中国文化源远流长的体现。至于说中国人“用笑表示悲哀，用哭表示快乐”则更好理解——形态语中的面部语言是最能表现人的情绪的一种语言形式。在世界各民族中，形态语有其共性的地方，但更有其个性的地方。哭，不一定表示痛苦，笑，不一定就表示幸福，中国成语中就有“喜极而泣”之言。中国铜钱的外圆内方，是中国古代天圆地方宇宙观的体现，也蕴含有君临万方、皇权至上的象征意味，从中亦可窥见古代的货币拜物教思想。正如西晋鲁褒《钱神论》中所云：“钱之所在，危可使安，死可使活；钱之所去，贵可使贱，生可使杀。”至于对“中国人也能吹口哨?”的质疑，赛珍珠用一个事例就进行了无声的反驳，她在《我的中国世界》中写道：中国的母亲们“把婴儿定时抱到户外，还吹起轻柔悦耳的口哨，鼓励他们作出反应”。

为什么美国人会对中国的人和事有如此多的疑问?赛珍珠在《我的中国世界》中予以回答：“有一件事，我过去不能理解，现在仍然不能理解，那就是美国人明显地对其他国家和人民缺乏兴趣或好奇心。”（这让赛珍珠及其父亲深受其害）

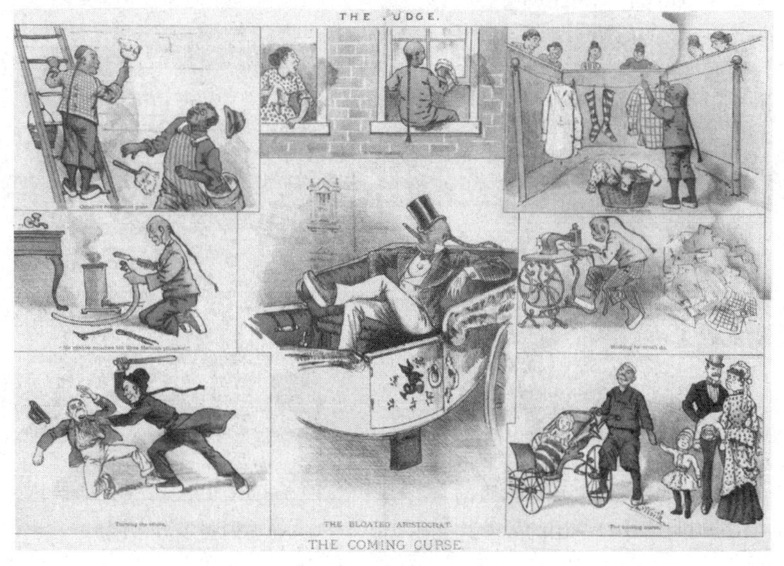

图 5－18　美国《法官杂志·无所不能的华工》

美国画报把中国人描绘得低微卑贱，毫无自尊地把各种肮脏下贱琐屑的工作都包揽了，抢了美国人的饭碗。赛珍珠的《大地》和布克的《中国农家经济》等著作，描写则是：中国人虽然贫穷，但顽强自尊，他们通过辛勤劳动，从土地中获得财富，很值得尊敬。

在《大地》中，新婚第二天的王龙“他扛了锄到他的地里，耘出一行行庄稼；他把牛套在耕犁上，耕好村西栽种蒜和葱的土地”。阿兰则是“早上他到田里去了以后，女人便拿上竹耙和一条绳子到田野去捡柴火，这里捡一些草，那里捡一根树枝或一把树叶，到中午回来时，便背回足够做饭的柴草。这使王龙感到高兴，他们用不着再买柴烧了。下午，她将一把铁锹和粪筐背到肩上，去到通往城里的大路上，那里有载货的骡子驴马来往。她在路上捡牲口粪，把粪背回家堆在门外的墙根处，用作田地的肥料。她干这些活不声不响，而且并没有人要求她这样去干。到了晚上，她一直要到把厨房里的牛喂饱饮足以后才休息。”

而且他们绝不浪费一分钱、一根柴，用劳动创造着财富，因为“钱是从田地里来的，这洋钱是从他耕锄劳作的土地上得来的。他依靠他的土地生活；他靠一滴滴汗水从土地得到粮食，从粮食得到洋钱。”

图 5-19　德国莱比锡出版的漫画明信片《中国的战争》

图 5-20　1902 年法国明信片《列强瓜分中国》

西方画报把中国人描绘成鄙陋猥琐、丑态百出的样子，而赛珍珠的《大地》和布克的《中国农家经济》等著作中，出现的则是落落大方的中国人。

图 5-19、5-20 中的中国人形象鄙陋而猥琐，赛珍珠在《我的中国世

界》中则写道："我认为，中国人最可贵的品质，就是做任何事情都落落大方，他们根本不去考虑别人会怎么想。只有那些受过西方教育的中国人，才会忸怩作态，还对自己民族感到什么羞耻。我真替他们难过！他们本该为自己的民族感到骄傲才是！这个民族的悠久历史产生了高度的文明，人们不管干什么都无拘无束，大大方方。在西方，只有英国的王公贵族，也许还要加上温斯顿·丘吉尔公爵，才能与中国人相提并论。"

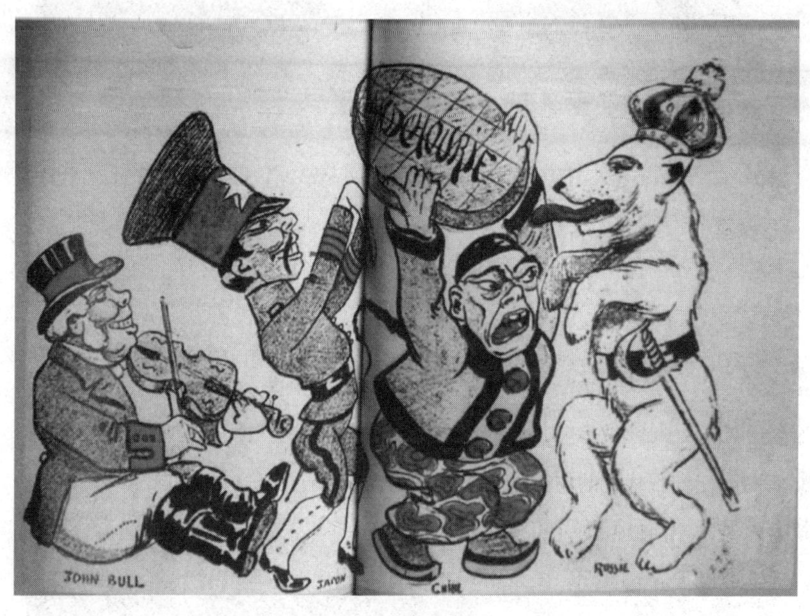

图 5－21　1897 年 12 月 19 日法国《剪影报·在中国》（BOBB 绘图）

图 5－21 里的中国人是丑陋憨傻、任人宰割吞噬的可怜可鄙相。但赛珍珠笔下反复展示的是中国人自尊自重、敢爱敢恨的人格力量。如《大地》中的阿兰平时温顺寡言，但在丈夫王龙首次提到阿兰的黄家大院主人时，她马上"跟他翻了脸，他从没见过她这样，她的小眼睛睁大了，脸上激起了沉郁的怒气"。

《龙子》中的三个女性，平时在家中最不受重视，但她聪明伶俐，从目不识丁到克服重重困难学习文化，从主动接受抗日宣传到和丈夫奔赴抗日根据地，再回到家乡敌占区亲自消灭日寇，处处显示了中华儿女正气凛然的优秀品质。

图5－22　1911年4月16日法国《小日报·中国第一架飞机》

图5－23　1911年2月5日《小日报》上海中国人当众剪掉长辫

图5－24　1911年1月8日《虔诚者报·走向现代化的中国大批中国人为欧化剪掉辫子》（当·布朗绘图）

法国画报把中国人描绘成愚昧怯懦的群体，而赛珍珠的《大地》和布克的《中国农家经济》等著作中，展示的是热情友好的中国人。

赛珍珠在《我的中国世界》中写道：在很多西方人眼中，中国人是愚昧麻木、冷漠无情，男人留着长辫子，女人裹着小脚，对于新生事物要么认为是“怪物”，要么恨天怨地，总之是不愿向前迈进一步。但赛珍珠这本自传性散文集中记录了这样一对白人夫妇：他们是教会中人，也是一对医生，但是女主人“憎恨中国人，绝不愿走出家门一步。”同时，赛珍珠在这本书中也记录了她与中国人（当时赛珍珠在宿州。编者注）相处的种种事情。“我不曾真正孤独过。这儿的人都很风趣，不同于江南人；他们幸好也讲官话（北京方言），我只稍微纠正一下几个发音，就能与他们顺利交谈了。这样，我很快就有了许多朋友。由于他们性喜结交，又对我们的生活方式充满好奇，加之我也乐于接待他们，到我们家来的人也就络绎不绝，颇有一番车水马龙的景象了。要我参加生日和婚礼等家宴的请帖纷至沓来，使我整日忙得不亦乐乎。我愉快地做着这一切，我们彼此之间的交往也就很快加深了。我逗他们的孩子玩乐，与我同龄的妇女谈心。她们把与婆婆和妯娌间的不快讲给我听，我又一次感受到了人类生活的脉搏。”而在赛珍珠要离开宿州去南京的时候，“在我的北方家乡，朋友们纷纷为我设宴话别，互赠纪念品。大家流了很多眼泪，表示以后一定互访，保持联系。”

图5－25　1907年3月3日《小日报·中国的饥荒》

法国画报把中国人描绘成瘟疫疾病之源，而赛珍珠的《大地》和布克的《中国农家经济》等著作中，虽然对于中国环境的脏乱差并不讳言，但同时指出这是社会条件所致，并强调中国人仍充满健康美好的追求。布克在《中国农家经济》中写道：在中国“住室简陋，聊蔽风雨，绝无舒适美观之可言。”赛珍珠在《我的中国世界》也写道：“逛一下中国的城市，它们的丑陋会使你大吃一惊——又脏又乱，街道上臭气熏天，令人作呕。

……倘若你朝居民家里扫一眼，你会发现一切都是以实用为准则：桌子没有上油漆，凳子在打造时显然是没有考虑到要让人们坐上去感到舒服，箱子、床、乱七八糟的破旧玩意儿，还有原始的炊具——所有这些都挤在那一点点小得令人难以置信的空间里，让人心烦意乱，丝毫没有对美中所能体现出的精神财富的追求。”

图5－26　1921年4月10日
《小日报·中国大饥荒》

图5－27　1911年2月19日
《小日报·满洲大瘟疫》

但同时他们也认为：“他们的生活，虽然如此之苦，而仍能喜笑颜开，和平忠厚，关于这一点，盖亦颇值得吾人之钦佩。”

这个古老的国家，几个世纪以来，一直缄默不言，无精打采，从不在乎其他的国家对它的看法，但正是在这儿，我发现了世上罕见的美。

……中国并没有在那些名胜古迹中表现自己……那是为他们自己建造的，根本不是为了吸引游客或是赚钱。的确，多少年来，这些名胜都是你千金难睹的。

中国人天生不知展览、广告为何物。在杭州无论你走进哪家大丝绸店，你都会发现，店里朴素大方，安静而昏暗。排排货架，整齐的货包，包上挂着排列匀称的价格标签。在国外，店主们常在陈列架上，挂着精心叠起的绸缎，用以吸引人们的目光，招徕顾客。但这儿却没有这些，你会看到一个店员走上前来，当你告诉他想买什么之后，他会从货架上给你拿下五六个货包。包装纸撕掉了，你面前突然出现一片夺目的光彩，龙袍就是用这料子做成的。看着闪闪发光、色泽鲜艳的织锦、丝绒、绸缎在你面前堆起，你会感到眼花缭乱，就像有一群脱茧而出的五彩缤纷的蝴蝶在你眼前飞舞一样。你选好了所要之物，这辉煌的景色也就重又隐入了黑暗。这就是中国！

而且在衣物装扮上，“本分的妇女都以不加修饰为自豪，以示她们不在乎自己在男人眼里的形象，因此是贞节的。要想分辨孰富孰贫也是不容易的，因为富家女子通常把她的缎纹上衣穿在那灰布里面，表面上看去，她们一点也不比一个普通农家女富有。”

图5-28 1920年10月10日《虔诚者报·传教士和修女在中国直隶中部收养饥荒儿童》

法国画报中的中国人残忍冷酷，而赛珍珠的《大地》和布克的《中国农家经济》等著作中，展示的是中国人坚强面对灾难：“如果你能彻底分享中国人的生活，你就能感到其中充满了乐趣，因为几乎所有中国人天生都有戏剧感，天生爱看热闹。每次小小的争吵，每个节日或生日都有说不完的笑料，每次婚丧嫁娶都够谈笑几天的。偶尔的天灾人祸从来不曾让人长时间地沮丧，生活中充满了农民粗俗的笑话和商人的欢乐。”

“尽管中国有麻风病人、乞丐和偶尔发生的饥荒，但它仍是一个孩子们的乐园。对白种人孩子也是如此。”

图 5－29　美国 1892 年 12 月 17 日《法官杂志》画报《两大洋来的害虫》

图 5－29 美国画报描绘的中国人（右）是一副恶狠狠的贪婪肮脏相，而赛珍珠的《大地》和布克的《中国农家经济》等著作中的中国人，则信奉着“君子爱财，取之以道”的道德准则。对于中国人贪婪之说，赛珍珠在《大地》中用一个情节做了驳斥。逃难到南方的王龙一家过着饥一顿饱一顿的日子，一天，他的二儿子偷了一块肉，王龙知道后“坚决不吃，他宁愿吃他自己买的蔬菜。吃过饭后，他把二儿子带到街上，在他女人听不见的一个房子后面，他把

图 5－30　1911 年 10 月 29 日法国《虔诚者报·变动中的中国》，图中年迈的中国人剪掉辫子，戴起弗吉尼亚帽，以便和年轻的欧洲看齐　（布雷热绘图）

孩子的脑袋夹在胳膊底下，狠狠地打了起来，孩子怎么哭号他也不肯住手。‘叫你偷！叫你偷！’他喊叫着，‘当小偷就得挨揍！’”

图5－31　1928年6月17日《巴黎呐喊报·现代化的中国》

图5－30、5－31法国画报里的中国人面目可憎，鼠目寸光，而赛珍珠的《大地》和布克的《中国农家经济》等著作中，展示出中国人的宽宏胸襟和坦诚可亲：

“这一段的中国生活，使我强烈感受到，中国农民具有强大的力量。他们的心地善良，其精明智慧，令人吃惊，又令人愉快，他们说话超然俏皮，简明扼要。他们出于一种深沉和天生的世故，对生活采取一种直截了当的态度。我觉得，占中国人口80%、85%的农民是人类的优秀分子，然而，他们由于目不识丁而不被人注意，这简直是人类的一大损失。他们充满了魅力，宽宏大量。虽然目不识丁，卑陋的生活环境又把他们同现代思想科学发现隔离开来，他们仍那么有教养。”“中国妇女无论在什么地方都有着比男人更坚强的意志。这种现象使生活中产生了无穷无尽的幽默，所有美国男人和女人都能毫不费事地听懂。中国妇女机智勇敢，善于随机应变。她们虽受到种种限制，却能尽量生活得自由些。她们还是人类中最讲实际、最少幻想的人，对自己爱的人一往情深，对自己恨的人深恶痛绝，这种恨，她们并不是永远掩饰起来的。”

图5－32　1926年12月19日《虔诚者报·中国的街景》：
两次警报之间，中国人依然麻木愚钝如故　（当·布朗绘图）

图5－33　1930年8月17日《小日报·被中国人虐待的英国女子》

图5-34 1925年2月1日《小日报·一艘汽船遭中国海盗袭击》

法国画报中的中国人麻木愚钝、残忍冷酷，而赛珍珠的《大地》和布克的《中国农家经济》等著作中，展示出中国人的仁爱友善，心性宽厚。

西方人在说到中国人的时候，总是认为中国人是残忍的——不论是对待小动物，还是待人。赛珍珠在《我的中国世界》中写道：

谈到残忍，也许应该在此说一下，中国人对待动物的残忍让许多访问中国的西方人感到震惊。中西方在对待动物方面的确很不同，中国人并不宠爱动物，相反，那些出访美国的中国人却对美国人对动物表现出的亲切和爱护也表示反感和震惊。认为应该把这种待遇留给人类。我认为对人对动物都应慈爱，过去我一直不理解为什么仁慈的中国朋友，总是那么与人为善，而对动物却那么冷酷，随着年龄的增长，我终于揭开了这个谜：是佛教思想的渗透造就了他们对动物的这种态度。尽管多数人无宗教信仰，不是佛教徒，但佛教的轮回说却深深影响着他们的思想。佛教认为，今世作孽的人在来世遭到报应，变为动物。因此，每个动物在前世都曾是一个恶人，所以不能对它好。虽然一般中国人可能不承认自己相信这种理论，然而，这种潜移默化的信仰却使他们鄙视动物。

赛珍珠记得父亲给自己讲过一件他亲身经历的事情：当安德鲁在教堂里布道时，激动得忘了时间，下面的听众坐不住就开始悄悄溜走了，这让他很尴尬。坐在前排的一位老太太很同情他，转身对其他人说：“别惹这个好心的洋人生气了，他是来我国朝圣的，为的是能到天堂里享福，让我们帮助他拯救他的灵魂吧！”赛珍珠以这位老太太发自本性的善良与同情心，不动声色地对“中国人残忍”的偏见作了有力的反驳。

图5－35　德国莱比锡系列漫画明信片《中国的战争》之一

图5－36　德国莱比锡系列漫画明信片《中国的战争》之二

上面两幅画作都是德国莱比锡出版的系列漫画明信片《中国的战争》。西方人一直认为中国人软弱无能，但赛珍珠用文学的形式进行了反驳，在《大地》中她让“无知无识”的王龙、阿兰也知道“就要发生一场我们从来没有听说过的战争了——一场从未有过的革命和战争，我们的国家要自由了！”

在《异邦客》中，赛珍珠对白人对中国的侵略及中国人的反抗做了描述：“白人可以随意安全地往来于各处，因为在每个外国人后面中国人见到的是军舰、致命的大炮和快速残酷的士兵。……

“最严重的战争发生在南京，在江的上游几英里处。但是凯丽在自己的床上可以听见中国人从西方学会使用的现代大炮的沉重反响。”

图 5－37 1924 年《小日报·中国的骚乱》

图 5－38 1891 年 12 月 19 日《小日报·中国的大屠杀（火刑）》

图 5－39 1891 年 12 月 19 日《小日报·中国的大屠杀》

图 5－40 1893 年 10 月 8 日《插图版礼拜日的太阳·中国对基督徒的新一轮屠杀》（帕塈斯先生绘图）

近代以来，外国人在中国的土地上横行霸道，而在入侵者心目中，中国人的反抗就是“暴行”“屠杀”，尤其对传教士被杀，更是让他们觉得“忍无可忍”，就像图 5－37、5－38、5－39、5－40 中漫画宣传的那样。与这种强盗逻辑相反，赛珍珠和报刊都认为：传教士在中国是“客人”，客人就应该有客人的自觉。赛珍珠说：

基本上可以说，亚洲还没有使用弹药和现代化武器。需要解释的太多了：鸦片战争、义和拳起义、不平等条约以及治外法权。白人可以在中国大地上杀人、强奸，为所欲为，而中国当局却无权逮捕他们，因为他们享有外交豁免权。此外，我还必须告诉我的同学，白人在亚洲非常傲慢，我认为他们是残暴的罗马帝国以来最傲慢的。

至于有些美国人认为自己的国家没有侵略过中国，中国人应该对美国人友好，甚至感恩，赛珍珠却认为：

美国人并没有为中国人做任何事情，中国人从来没有请求派传教士到中国来，也没有请求和美国进行贸易，一切都是他们自己不请自来，所以不受欢迎是必然的。

说我们无罪，也只是相对而言。因为一九〇〇年以后，白人军队为了严惩老太后，大肆掠夺了她的宫殿，盗走了大量的金银财宝。在这些官兵之中，也有我们美国人在内。当时，我们并未留意自己是在书写历史，所以，我们当时并不明白，而且至今仍不明白，这一行径造成的可怕结果。义和拳风暴过后，白人卷土重来，却并没有吸取任何教训。奇怪的是，在西方历史中，义和拳风暴被称作“拳乱”，然而，除了反白人之外，他们又反了什么统治者呢？白人当时得意洋洋地又回到了中国，认为自己用武力教训了中国人一顿，所以他们再也不会反对白人统治。他们要求中国人允许他们在中国大地上来去自由，允许商船、战舰在任何水域航行，在任何一个码头停泊。他们还要求允许传教士任意选择居住地，开办洋学堂教洋书，开设洋医院行洋医，做洋手术。最为不可思议的是，这些传教士竟随心所欲地兜售中国人全然陌生的宗教，并坚持说自己的宗教是唯一的正宗，宣称谁要不相信，定会下地狱。所有这些无礼行为，至今仍令我不安。

至于“虐待”，赛珍珠认为：

我想着并非蓄意的虐待，其中一部分原因是那儿的生活条件本身就差，一般中国劳工一天挣的钱还不够一个惯于吃上等食品的健壮的美国青年塞牙缝。

许多亚洲人为了生计每天不得不身背沉重的包袱，在坎坷的道路上无休止地疲于奔命，天天如此。如果他生了病，他从未奢想过要去找医生或到医院就诊。因为那是绝对不可能的事。所以，对战俘的虐待多半来自于贫富间不可避免的差异。但从最坏处想一想，真正的暴虐可能也是有的。那是种本能的、有意识的报复。亚洲人惩罚美国人，因为他们是白人，而白人曾残暴地对待过亚洲人，而现在这些白人落到了他们手中。几个传教士做的有限的善事并不能改变过去几个世纪的历史，何况他们做得还远远不够。

对于传教士在中国所做的工作，1932 年 11 月 2 日，赛珍珠在纽约阿斯塔饭店的教徒演讲会上发表了题为《海外传教　有必要吗?》的长篇演说，深入阐述了自己对宗教，特别是对海外传教问题的看法。尽管她声称自己并没有否定基督教教义的意思，但是在形容典型的传教士时，她仍然使用了“狭隘、冷漠、迟钝、无知”等词汇。她说：

每当看到这些愚蠢而又自以为是的传教士，我的内心便跪倒在中国的菩萨庙前，而不是耶稣教堂里。而有一些正统的传教士，对他们所谓要拯救的人民，竟如此缺乏同情；对除他们自己国家的文明以外的其他文明，竟如此不屑一顾；对一个高度文明、十分敏感的人民，竟如此粗暴鲁莽，我只感到自己的内心因羞愧而在滴血。

图 5－41　1922 年 12 月 3 日《小日报·中式的女权主义》

这些话语从根本上否定了海外传教的必要性，在教会中，这无疑是极度的离经叛道。

对日寇在南京的大屠杀中，中国人被刀砍、被火烧、被枪杀、被活埋、被抛尸长江，遭奸淫痛不欲生的妇女又被绳索捆绑等罄竹难书的惨绝人寰的暴行，赛珍珠愤然而起，在陶行知、胡适等人在美国所进行的广泛宣传抗日活动促动下，她以高速度创作推出了以南京大屠杀为背景的小说《龙子》，书中不仅寄托了对中国的深厚感情，更形成对中国抗日战争的有力声援。

图5－42 1906年10月21日的《小日报·在上海（逮捕称霸一方的匪徒）》

图5－43 1908年11月15日《虔诚者报·在香港，中国人袭击日本商贩并抢掠其店铺》（当·布朗绘图）

图5－42、5－43中法国画报中的内容，展示的是西方人习惯认为的中国人狭隘狂妄、狂躁骚乱的形象，以及中国人的麻木愚钝、残忍冷酷的人性。而赛珍珠的《大地》和布克的《中国农家经济》等著作中，展示出中国人的则是仁爱友善，心性宽厚。

针对西方舆论的种种偏见和敌视，赛珍珠理直气壮地说：

在中国，整个民族乃至每个人都具有强烈的自豪感和妒忌心。他们不喜欢比自己强的人，历来如此。事实上是，他们从不相信，世上有比他们强的人。这也就在某种程度上解释了现在的反美情绪。中国人的这种特性，再加上传道士、商人，外交官的傲慢态度及其有意无意的白人优越感，都在中国人心头激起了满腔怒火。愤怒的火焰已经燃烧了一个多世纪，而白种人却不能，也不愿承认这一点。……那么，美国人该做些什么呢？他们必须重新学习历史，必须向亚洲人证明，不能把现在的美国人同过去纠缠在一起，因为，相对来说，过去的灾难并非他们的罪过，所以不能强求他们为过去负责。

而且赛珍珠认为：

中国人向来自治有方。在传统的家庭体系中，每个男人、妇女、小孩都属于一个家族。每个家族负责管理其家族成员。家族是现代民主的坚实基础，美国人很难意识到家族作为民主政府基本单位的合理性。

上述引用的赛珍珠、布克关于中国人的与西方流行论调迥异的论说，在当时中国的有识之士笔下固然有着更多的展示，但是作为西方人，也能几乎是与西方偏见针锋相对地宣传中国人的正面形象，这在旧中国处于积贫积弱的时代，不能不说是罕见的可贵。尽管赛珍珠、布克对中国人美好现象的表现仍存在相对局限，如鲁迅所说："所觉得的，还不过一点浮面的情形"，但赛珍珠、布克对中国人所持有的客观公平视觉和诚恳相助宗旨，却是毋庸置疑的。上述几点对比，或许不无琐屑零碎之嫌，但仍可以"窥斑识豹"地看出：布克、赛珍珠的著作是怎样以真凭实据的表述，破解了西方人对中国人充满傲慢的主观偏见与误解。美国著名学者杰姆斯·C. 汤姆森指出："赛珍珠赢得了千百万忠实的美国及外国读者。在很大程度上，正是由于有了赛珍珠，一代代美国人才带有同情、热爱和尊重的目光来看待中国人。美国50年代在政府、新闻界、商界和大学里供职的主要决策者，都深受赛珍珠笔下正面刻画的中国人的影响。"因此可以说，上面列举的几组对比，和布克1938年获国民政府新采玉勋章、赛珍珠2009年获"中国缘·十大国际友人"提名奖一样，都已历史地证明：赛珍珠、布克是中国人民当之无愧的真诚朋友。

第六章　成就辉煌　感恩回馈中国

一、概述

赛珍珠完稿后的《大地》1931年在纽约出版，当年即引起轰动，列为畅销榜首。随后各种荣誉接踵而至：1932年，《大地》获得普利策奖。1933年，小说《大地》被改编为话剧，在百老汇演出。1933—1934年，米高梅公司与赛珍珠签约，将小说《大地》摄制为同名电影，并在与当时的国民政府交涉磋商后在中国上海和相关地区拍摄外景及其他画面。1935年美国文学艺术学院授予赛珍珠霍威尔斯文学勋章。1937年1月，电影《大地》摄制完成后在美国公映，1937年4月在中国公映，反响均甚热烈，并获得多个奥斯卡单项奖。1938年，包括中国抗日战争在内的世界反法西斯战争处于激烈交锋时期，《大地》荣获世界文学著作的最高荣誉——诺贝尔文学奖。12月10日，在斯德哥尔摩富丽堂皇的诺贝尔文学奖颁奖大厅，瑞典国王嘎斯塔瓦思五世亲自为赛珍珠颁发了获奖证书。

瑞典皇家学院常务秘书佩尔·哈尔斯特龙在颁奖评语中说：赛珍珠获奖是：

由于她对中国农民生活史诗般的描述——这描述是真切而取材丰富的，——以及她传记方面的杰作，使人类的同情心越过遥远的种族距离。

赛珍珠获奖演说的仪式主持人在演说开始前介绍说，赛珍珠是：

通过质地精良的文学著作，使西方世界对人类的一个伟大而重要的组成部分——中国人民有了更多的理解和重视，赋予西方人一种中国精神……把大家作为人类在这地球上连接在一起。

赛珍珠是第一个兼获普利策奖和诺贝尔奖两项大奖的作家，15年后才出现第二个。从女性角度说，赛珍珠是美国历史上第一个获得诺贝尔文学奖的女作家，将近50年后，才出现第二个美国非裔女作家托尼·莫里森获此殊荣。

赛珍珠在《获奖致辞》中，一面感谢中国的养育之恩，一面赞美中国的抗战，呼吁支持中国，并对中国的胜利、对中美关系的未来表达了坚定的信念。赛珍珠在获奖第三天举行的《获奖演说》中，开头再次表达了对中国的感恩之情：

我考虑今天要讲些什么时，觉得不讲中国就是错误。……我最早的小说知识，关于怎样叙述故事和怎样写故事，都是在中国学到的。今天不承认这点，在我来说就是忘恩负义。

赛珍珠在演说时，专门提到宿州农村调查时的见闻与她创作小说的联系。她在演说词中叙述的布克拍摄的民间说书场面，在她一生的经历中，只能在宿州农村才有机会见到：

在一个有200人的村子里，也许只有一个人会读（小说）。逢年过节、或者干完活以后的晚上，他就向人们大声朗读某个故事。

诺贝尔文学奖奖励了赛珍珠，同时也宣扬了中国、中国人民和中国文化。诺贝尔文学奖使得赛珍珠成了国际名人，也使得勤劳淳朴的中国农民形象走进西方的千家万户。同时也使得深掩在北方广袤大地中的宿州小城，从此为世界所知并予以关注。

此时已与赛珍珠离异数年，以单身汉状态持续中国农业研究的布克，也完成了中国22省近4万个农民家庭土地利用、经济状态、生活条件、文化教育方方面面的数据分析，在提出改善方案的同时，似乎与赛珍珠遥相呼应一般，对农民对生存状态表现出深沉忧虑，并在《中国农家经济》第九章引唐代诗人李绅的悯农二首之一的“春种一粒粟，秋收万颗子。四海无闲田，农夫犹饿死”，抒发深长慨叹，对中国农民性情的坚忍顽强、平和忠厚，则表达了由衷的赞美之情：

中国农人的生活程度之低，从各方面皆可看出。食物既缺乏营养，且又终年不变；衣服极粗，仅能蔽体；住室简陋，聊避风雨，绝无舒适美观可言。社交生活极为枯燥单调，娱乐消遣深感缺乏。他们的生活虽然如此之苦，而仍能喜笑颜开，和平忠厚，这一点颇值得吾人钦佩！

二、图片与说明

赛珍珠的代表作《大地》1931 年出版，为美国人打开了认识了解中国的窗口。此后赛珍珠又相继出版了《儿子们》（1932 年）和《分家》（1935 年），赛珍珠为之起了一个综合的名字《大地上的房子》三部曲，简称“大地三部曲”。由王逢振先生翻译的 1998 年版中文本，全书近 80 万字。

图 6－1　《大地》三部曲

这部被瑞典皇家学院誉为“对中国农村生活”具有“史诗般描述”的作品，主要以中国皖北农村为背景，以白描的手法，塑造了一系列勤劳朴实的中国农民的形象，生动地描绘了他们的家庭生活，以饱蘸同情心的笔写出了“农民灵魂的几个侧面”，为西方人打开了一扇认识中国的窗口，有力地改变了西方读者对中国“历史悠久却又软弱落后的神秘国度”的印象。小说问世后被一版再版，并被翻译成60多种文字，在全世界广为流传。

图6-2　《大地》的16种版本

THE·TRUSTEES·OF·COLUMBIA·UNIVERSITY
IN·THE·CITY·OF·NEW·YORK
TO·ALL·PERSONS·TO·WHOM·THESE·PRESENTS·MAY·COME·GREETING
BE·IT·KNOWN·THAT
Pearl S. Buck
HAS·BEEN·AWARDED
The Pulitzer Prize in Letters for "The Good Earth," the best novel published during the year by an American author.
IN·ACCORDANCE·WITH·THE·PROVISIONS·OF·THE·STATUTES·OF·THE UNIVERSITY·GOVERNING·SUCH·AWARD
IN·WITNESS·WHEREOF·WE·HAVE·CAUSED·THIS·DIPLOMA·TO·BE·SIGNED BY·THE·PRESIDENT·OF·THE·UNIVERSITY·AND·OUR·CORPORATE·SEAL·TO·BE HERETO·AFFIXED·IN·THE·CITY·OF·NEW·YORK·ON·THE · FIRST DAY·OF · JUNE · IN·THE·YEAR·OF·OUR·LORD·ONE·THOUSAND·NINE HUNDRED·AND·THIRTY-TWO

PRESIDENT

图6-3　《大地》1933年获得的普利策奖证书

1931年，《大地》在美国问世时，美国正值经济危机，出版业一片萧条，可《大地》却畅销一时，创下连续22个月荣登美国畅销书排行榜榜首的记录。1932年6月，《大地》荣获美国普利策文学奖。赛珍珠也因此成为美国历史上第一位获此殊荣的女作家。

图6－4　美国米高梅公司在上海摄影棚拍摄电影《大地》

《大地》的出版，在美国刮起了一股中国旋风。1932年，该作品被改编为剧本在纽约百老汇剧院上演。1933年，好莱坞巨头米高梅公司开始筹拍《大地》同名电影，拍摄地最初选在中国上海，后移至美国。电影于1937年1月开始在美国公映，之后陆续在丹麦、芬兰等欧洲国家上映，在欧美国家引起巨大反响。1937年4月，影片在中国公映。

根据赛珍珠获诺奖小说《大地》改编的同名影片，描写了一对中国农村夫妇的悲剧故事：通过具有复杂性格的男主人公王龙，与妻子阿兰坚定地与命运和逆境相抗争的人生轨迹，揭示了中国农民质朴、坚强、勤劳、勇敢的品质。虽然影片中的男女主角均由美国著名演员扮演，但电影塑造的阿兰所代表的沉默忍耐而不屈不挠的中国妇女形象，仍能深深震撼观众的心弦。

1937年，美国米高梅公司根据赛珍珠同名小说改编摄制的电影《大地》的海报

图6-5　《大地》的中外电影海报

电影《大地》采取了西方古典电影的风格来处理这种东方题材，本片在制作上相当严谨认真，结构也比较紧凑，节奏也比较适度。这样的电影尽管在今天看来已显得有些老套，但在上世纪30年代整体电影技术相对落

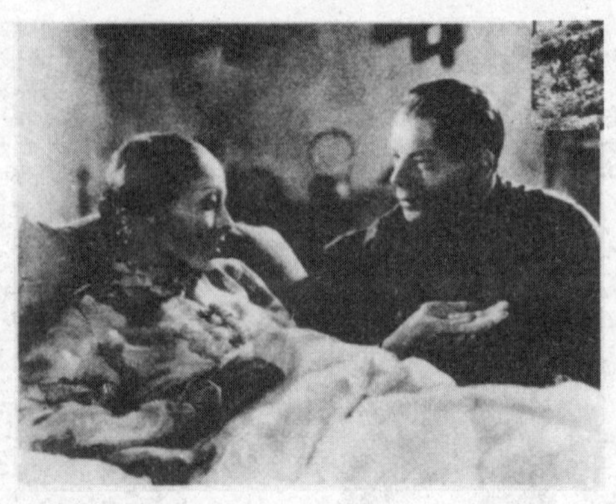

图 6－6　《大地》电影阿兰的扮演者获
1937 年奥斯卡金像奖最佳女主角奖

后的境况下，由于该片的拍摄与特技表现杰出，《大地》电影 5 次获奥斯卡奖提名，1937 年影片获第十届奥斯卡最佳摄影奖。女主角王龙的发妻阿兰的扮演者路易丝·莱娜也凭借高超的演技和对剧中人物阿兰的完美诠释，获得了当年的奥斯卡最佳女主角奖。

图 6－7　赛珍珠诺贝尔文学奖证书

由于赛珍珠对中国农民生活史诗般的描述，真切而且取材丰富，以及她传记方面的杰出作品，1938 年赛珍珠荣获诺贝尔文学奖。

瑞典学院主持人在颁奖仪式的致辞中说：赛珍珠女士，你通过那些具有高超艺术品质的文学著作，使西方世界对于人类伟大而重要的组成部分—中国人民有了更多的理解和认同。……你赋予了我们西方人某种中国精神，使我们认识和感受到那些弥足珍贵的思想和情感，而正是这样的思想情感，才把我们大家作为人类在这地球上连接在一起。

图 6-8　赛珍珠国际组织限量出版发行的赛珍珠获诺贝尔奖作品集

《大地》是赛珍珠获得诺贝尔文学奖的主要作品，而获奖的成果还包括《儿子们》《分家》《母亲》《东风·西风》《放逐》和《战斗的天使》等 7 部作品。上图为赛珍珠国际组织限量出版发行的赛珍珠获诺贝尔奖作品集，2010 年由赛珍珠国际组织总裁珍妮特·明泽女士 2010 年赠予《大地》的取材背景所在地——位于皖北大地的宿州学院赛珍珠研究所。

赛珍珠是一位多产作家，自 1923 年发表第一篇文章《也在中国》到 1973 年离世的 50 年中，赛珍珠共写作 85 部作品，包括小说、传记、儿童文学、政论等；赛珍珠还是一位多面的作家，除了小说、传记等主要作品外，她还创作了许多诗歌、广播剧和文艺评论等。

1938 年 12 月 10 日，在瑞典首都斯德哥尔金碧辉煌的皇宫大厅里，在皇室成员、政要名流和各国使节共三千余人的掌声中，赛珍珠被授予诺贝

图 6－9　赛珍珠获得各种奖项的小说和各类作品

尔文学奖。至此，赛珍珠成为第一位同时荣获诺贝尔文学奖和普利策奖的女性。

图 6－10　1938 年的诺贝尔奖颁奖大厅

赛珍珠在颁奖仪式上的致答词中提到：

如果我也不为中国人说话——尽管是以我完全非官方的身份——我也就不忠实于自己，因为中国人的生活这么多年来也就是我的生活，真的，他们的生活必将永远是我生活的一部分。我自己的祖国和我的第二祖国——中国，在心灵上有许多地方相似，但最重要的是，我们对自由的共同热爱。当我看到中国空前团结起来反对威胁其自由的敌人时，我感到从没有像现在这样钦佩中国，中国是不可征服的……

图6－11 赛珍珠在颁奖仪式上

图6－12 瑞典国王为赛珍珠颁发诺贝尔文学奖

颁奖仪式上，赛珍珠从瑞典国王嘎斯塔瓦思五世手中接过诺贝尔文学奖证书，瑞典学院常务秘书泊尔·哈尔斯特龙先生宣读颁奖辞：

……今年的奖金授给赛珍珠女士，是由于她对中国农民生活丰富而真实的史诗般的描写，她杰出的作品使人类的同情心越过种族的遥远距离，对人类的理想典型作了伟大而高贵的艺术上的呈现，瑞典学院感到这是与艾尔弗雷德·诺贝尔憧憬未来的目标相一致的……

受奖后，赛珍珠在瑞典学院作了题为《中国小说》的演讲。她首先宣布："虽然我生来是美国人，我属于美国，但是却是中国小说而不是美国小说决定了我在写作上的成就。"但她指出，她选择这个演讲题目不完全出于个人原因，而是她认为"中国小说对西方小说和西方小说家具有重要的启发意义"。这一特殊场合的热情介绍，使得中国光辉灿烂但又鲜为西方所知的小说传统，得以昂首展现在世界面前。"

图 6－13　赛珍珠发表获奖演说

图 6－14　获奖后的喜悦之情

赛珍珠的写作之路在中国慢慢前行，一直走到了诺贝尔文学奖的领奖台。因为写作，赛珍珠不仅为世界留下了许多动人的文学经典，更为东西方的文化交流搭建了一座沟通之桥。

布克是以传教士身份来到安徽宿州的，但中国农村的现实几乎使夫妇二人忘掉传教的“本职”，而把主要精力用于劝说农民接受西方农业技术上。布克所著的《China Farm Economy》长达500页，对宗教只字不提，而附上了大量的内容涉及安徽宿州及山东、江苏等地农业的插图、表格、地图和7个省2866个乡村的数据，反映当时中国农业生产与农民生活的实际情况，为研究中国农村经济问题提供了重要资料。1930年，该书由金陵大学和中国太平洋国际基金会正式出版，也成为布克的博士论文。1936年由张履鸾译成中文《中国农家经济》由商务印书馆出版，“是当时国内唯一的中国农村经济专著，被称为分析农耕技术的代表作品”。

1929—1933年布克再次组织了涉及我国22个省168个地区、16786个田场38256个农家的大型农村调查，其调查结果编为《Land Utilization in China》（中国土地利用）三大册（论文集，地图集和统计资料），1937年出版，共494页。图6－16为印有当年金陵大学藏书章的珍本照片，该书现珍藏于南京农业大学经贸学院资料室。图6－17为现藏于南京大学的珍本照片。

图6－15 布克撰写的《中国农家经济》中译本

《中国农家经济》及《中国土地利用》两部成果性的著作，先后在美国和中国出版。问世至今，一直被西方学术界誉为了解中国农村的经典著作，被列为联合国粮农组织的“永久藏书”。布克也因此被尊为世界上关于中国农业经济最优秀、最权威的学者。他不仅划时代地建立起了中国近

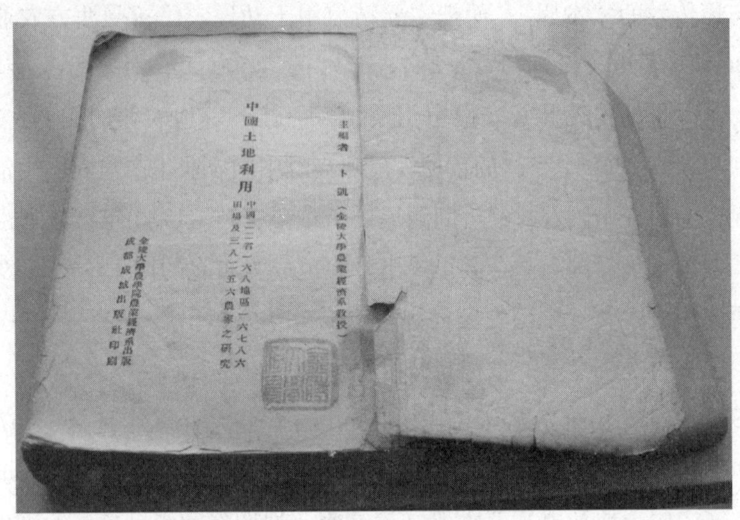

图 6-16 布克撰写的《中国土地利用》金陵大学藏本

代农业经济的一套最完善的调查资料，并且他对中国农业经济的看法一直影响着后来的学者。

图 6-17 《中国土地利用》南京大学藏本

《中国土地利用》一书主编为布克，但是事实上赛珍珠一家为该书的出版所做的贡献也不可忽视。首先赛珍珠敦促丈夫布克承担该项研究，并

图 6-18　赛珍珠执笔《中国土地利用》第一章书影

将其扩展为更广泛的考察；赛珍珠的哥哥为考察贡献出在当时是相当大数额的 5000 美元；赛珍珠和她父亲审核了书中所有的统计数据；赛珍珠甚至亲自撰写了该书的第一章“中国农业概论”。

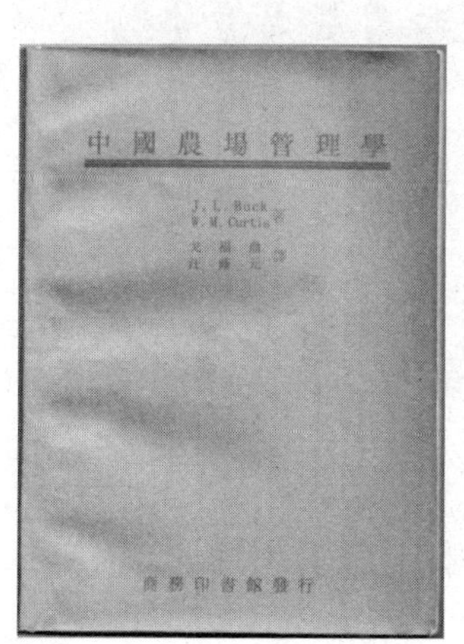

图 6-19　《中国农场管理学》中译本

布克在金陵大学执教期间，先是采用美国教材讲授农场管理学，但是美国教材主要针对美国大农场及其先进技术，不适合中国国情，遂决定根据中国农村实地调查资料编写符合中国国情的教材。自 1922 年开始，布克指导学生利用暑假返乡作农家经济调查，并且依据调查成果编写了多部教材和参考用书。本图展示的《中国农场管理学》即为其中之一。该书由布克与威廉·M. 柯蒂斯合著，1942 年出版。

由于在中国皖北从事农业改良和推广工作时，常因不能成功地教中国人如何种地而感到沮丧，赛珍珠认为简单的灌输只会得到本能的抵制，她建议丈夫先去认识中国的农业和农村的生活，然后再提出改革建议。布克接受妻子的建议，组织了广泛深入的调查，并依据调查结果编著了《中国农家经济》。赛珍珠本人也参加了该书中对宿州土地、人口、经济、饮食等方面100多张表的调查、统计。布克在《中国农家经济》序言中以真挚的情感“感谢内子”赛珍珠对该书所做的贡献。

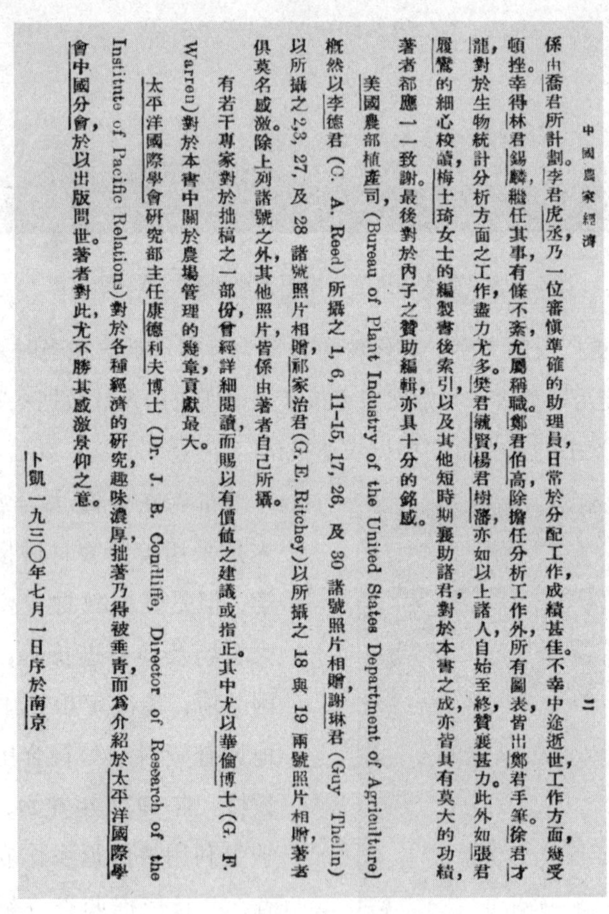

中國農家經濟　二

係由喬君所計劃。李君虎丞，乃一位審慎準確的助理員，日常於分配工作，成績甚佳。不幸中途逝世，工作方面，幾受頓挫。幸得林君錫麟繼任其事，有條不紊，允屬稱職。鄭君伯高除擔任分析工作外，所有圖表，皆出鄭君手筆。徐君才龍，對於生物統計分析方面之工作，盡力尤多。樊君毓賢，楊君樹藩，亦如以上諸人，自始至終，贊襄甚力。此外如張君履鸞的細心校讀，梅士琦女士的編製書後索引，以及其他短時期襄助諸君，對於本書之成，亦皆具有莫大的功績，著者都應一一致謝。最後對於內子之贊助編輯，亦具十分的銘感。

美國農部植產司，(Bureau of Plant Industry of the United States Department of Agriculture)慨然以李德君(C. A. Reed)所攝之1, 6, 11–15, 17, 26, 及30諸號照片相贈，謝琳君(Guy Thelin)以所攝之2,3, 27, 及28諸號照片相贈，祁家治君(G. E. Ritchey)以所攝之18與19兩號照片相贈，著者俱莫名感激。除上列諸號之外，其他照片，皆係由著者自己所攝。

有若干專家對於拙稿之一部份，曾經詳細閱讀，而賜以有價值之建議或指正。其中尤以華倫博士(G. F. Warren)對於本書中關於農場管理的幾章，貢獻最大。

太平洋國際學會研究部主任康德利夫博士(Dr. J. B. Condliffe, Director of Research of the Institute of Pacific Relations)對於各種經濟的研究，趣味濃厚，拙著乃得被垂青，而為介紹於太平洋國際學會中國分會，於以出版問世。著者對此，尤不勝其感激景仰之意。

卜凱一九三〇年七月一日序於南京

图6－20　布克《中国农家经济》序言“感谢内子”赛珍珠

张五常（1935—），香港大学经济金融学院教授，国际知名经济学家，现代新制度经济学和现代产权经济学的创始人之一。其著作《佃农理论》

获得芝加哥大学政治经济学奖。曾作为唯一一位未获诺贝尔奖的经济学者而被邀请参加了1991年的诺贝尔颁奖典礼。1998年末，张教授将自己珍藏了三十余年的《中国土地利用——统计资料》原版加做了序言后赠送给了南京大学，这本《资料》目前只可在世界上几家大图书馆才能见到，弥足珍贵。图6-21为教授为赠书所做的序言。张五常教授所著的很多论文都引用了布克的调查数据，尤其是他的代表作《佃农理论》一书对《中国土地利用》的援引更是不计其数。张五常教授在给南京大学赠书所做的序言中，盛赞布克为《中国土地利用》一书所做的调查是“历史上最庞大、最深入的农业研究，前无古人，后无来者，惊天地，泣鬼神!”近年来，随着我国对“三农”问题的日益关注，布克及其关于中国农村的调查和研究日益引起人们的关注，学术界对于布克的研究价值有了新的认识。其中最具代表性的研究是南京农业大学盛邦跃教授的专著《卜凯视野中的中国近代农业》，该书被称为是“国内第一部全面系统研究卜凯中国近代农村经济调查的专著，是一项以卜凯调查为基础的中国近代农村经济研究的最新成果”。它“较为客观地、公正地揭示卜凯主持的农村经济调查的历史意义和科学价值”。（注：卜凯为布克的另一种译名）

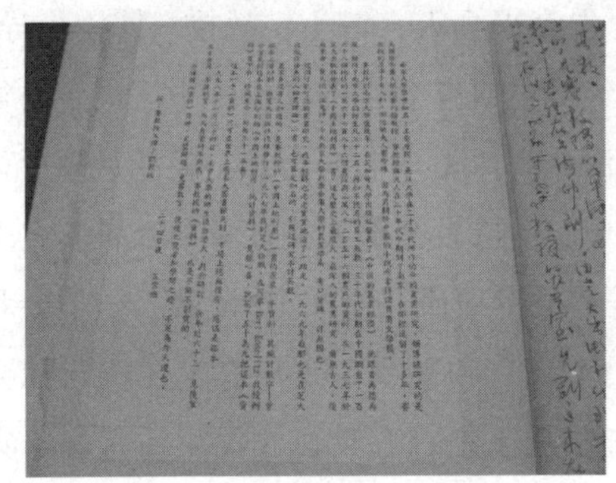

图6-21　张五常教授将珍藏的布克著作赠南京大学

图6-22　香港大学教授张五常近照

当前国内学界对布克的研究已进入一个新的阶段，研究的方式也趋向多样化。2004年10月，在南京农业大学90周年校庆期间，举行了中日学者参加的“纪念卜凯先生，发扬学术传统”小型国际学术研讨会，以纪念他对中国农村与农业经济研究所做出的贡献。同时，开通了“卜凯学派中国农情研究网”，该校经济管理学院的研究生还创办了“卜凯论坛”，为学生开展卜凯问题研究和进行农业经济学术研讨搭建了广阔的交流平台。

图 6－23　新时期对布克研究价值的研究：盛邦跃的布克研究专著

图 6－24　布克研究学者河北大学教授杨学新

杨学新，1963 年出生，河北省海兴县人，博士，教授，博士生导师，现任河北大学副校长，兼任中国经济史研究会常务理事，中国灾害防御协会灾害史专业委员会常务理事，河北省历史学会副会长。长期从事中国近现代区域社会史的教学与研究工作，主持教育部人文社科和社科基金卜凯专项研究课题 3 项，先后省发表卜凯专项研究论文 10 余篇。杨学新和所带领的研究团队以卜凯河北盐山 150 户和平乡 152 户农家经济与社会调查为切入点进行了多次回访调查，从土地、农具、农民生活状况、灾害的成因与防治等方面均作了具体深入研究；对卜凯在中国农业经经济学形成和发展中的作用及其农场管理学的思想体系和研究方法进行阐释；对布克研究的过去、现在的状态未来趋势，对布克的生平大事进行全面系统的整理，对其文献挖掘的现状及未来的发展思路作了全面系统的观察思辨和论述。

图6-25 新时期对布克研究价值的研究（卜凯学派中国农情研究网）

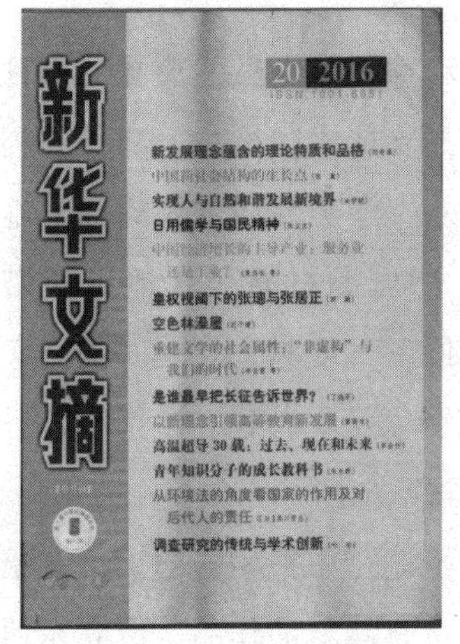

图6-26 《新华文摘》刊文论述布克成就图

图6-27 新时期对布克研究价值的研究

2016年10月20日出版的2016年第20期《新华文摘》刊登了中国社会科学院研究生院教授、博士生导师叶坦女士的题为《调查研究的传统与学术创新——经济史学研究方法之反思》的学术论文。该文提及卜凯主持的调查“被公认是中国历时最久、调查项目最翔、调查地域最广、比较而言最具科学性的农村调查之一，为农业经济的深入研究提供了翔实的材料”。

第七章　八年抗战　声援、呼吁、奔走

一、概述

七七事变后，日本大举入侵中国，赛珍珠和布克虽然离异，而且分别居住美国和中国，但同样以力所能及的方式支持中国抗战，赛珍珠利用她的广泛影响，做了更多形式的努力。诺贝尔文学奖的颁发仪式成为她声援中国抗战的天赐良机。对中国抗战而言，中国题材的《大地》获诺贝尔奖，以及赛珍珠在演讲中的“中国不可征服”的呐喊，在当时的意义和影响，已经远远超出了文学的界限。著名翻译家江枫曾说：“哪怕她只是说了这样一句话，也值得我们永远感激，永志不忘！”

赛珍珠当然不只是说了那样一句话，她还在各种场合演讲，在报刊发表文章，创作《龙子》《爱国者》等中国抗日题材的作品，成立东西方协会，主办《亚洲》杂志，刊登斯诺的文章和中国抗战的消息、诗文。利用各种渠道为中国抗日募捐，自己率先捐 1.5 万美元。1942 年，她为支持中国抗战，最后一次来中国搜集素材，并在应 BBC 电台邀请所作的演讲中，明确以中国人身份，表达对包括宿州（南宿州）、徐州（北徐州）、蚌埠一线地区在内的中国大地上普通人民的忧念：

我也是一个中国人……我没有住过什么通商大埠。数十年间，我到的地方是安徽、山东各省的小城市，小村庄……蚌埠、徐州府、南宿州这些地方，是我最熟悉的。我最爱的，是中国的农田和乡村。

我必须告诉你们的是，我的第二祖国中国，单独勇猛地抵抗日本……

中国绝对不会屈服于日本，因为我不能想象到我认识的那些健壮实在的农人、那些稳健的中产商人、那些勤苦的劳工、那些奋勇热心的学界领袖会向日本降服。中国人是决不会投降的，日本人也决不能征服他们！

赛珍珠的活动在美国朝野产生了从美国总统夫妇到普通平民士兵各个方面的热烈反应。总统夫人亲自观看王莹演出，各界踊跃捐助，陈纳德组织的飞虎队战士带着《大地》飞到中国，宣称救助王龙……1943 年，赛珍珠成功运作王莹到白宫演出抗战剧《放下你的鞭子》，并亲自担任主持。1945 年，赛珍珠在白宫的东西方之夜的百名社会名流晚会上，再次与担任中国剧团团长的王莹会面。她的小说《龙子》是第一次详细描述日军南京大屠杀的小说，并在当年拍成同名电影，真实再现了日军的侵略暴行和中国人民的抗战热情，甚至直接加入了赛珍珠抗战演讲的情节。影片结尾，主角林郯夫妇带着孙子走向解放区，旁白云：这个孩子就是龙种，因为他带来了生的希望。为进一步加大支持中国抗战的宣传力度，赛珍珠、沃尔什夫妇花巨资买断了《亚洲》杂志，频繁登载援华机构的广告，使杂志真正成为抗战宣传的喉舌，并在经费困难的情况下，一直坚持到中国抗战胜利后的 1946 年。

也许是冥冥之中的命运对赛珍珠在抗战期间关注中国、关注宿州的回应，2009 年，数十张日军轰炸并占领宿州的照片，由拍摄者、当年日本随军医生小野正南的后代转给台湾收藏家秦风，后几经周折终于被宿州所征集。这些照片中有赛珍珠与布克居住的大河南街、福音堂，有他们散步溜达的城区瓮城、城郊，有他们考察过的乡镇集市，他们授课的农业学校、启秀女校，有他们为之揪心并帮助过的妇女、儿童、老人和更多的贫苦农民……今天有幸看到的这些真实记录，有力印证出赛珍珠当年对宿州和中国广大国土平民百姓殷忧不已的真情内涵，使人们更深入地理解到她不懈努力为中国抗日奔走呼号的动力之源。

作为严谨学者的布克，虽然没有像赛珍珠那样毕露锋芒，但也坚守着对中国人民的救助职责和支援义务。南京沦陷后，他虽然和赛珍珠离异而成为单身汉，却在随金陵农大于南京、汉口、重庆、成都各地的辗转中，一直坚持对中国农业调查的数据予以研究，并在担任国民政府财政顾问期间，促使美国把贷款还给中国。他在动荡生活中编著出版了《土地利用》和《中国农场管理学》，书中反复提到宿州和相邻的怀远县，表现出和赛珍珠不约而同的怀念与牵挂。1939 年，布克关于中国政治的谈话被引入延安的《新华日报》社论，用以呼吁国民政府实行民主。

抗战期间的布克不仅在事业理念上坚守在中国，而且在情感生活上，更进一步融入了中国：在与赛珍珠离异，做了 5 年多单身汉之后，他与一位出身于书香门第、具有良好文化艺术修养的中国女性张渌梅“一见钟情”，并于 1941 年结婚后，生儿育女，恩爱相伴终生。他的这次爱情选择和美满的家庭生活，甚至连赛珍珠也给予了的倾力帮助和真诚的祝福。

二、图片与说明

图 7 - 1 为日本人绘制的宿州城楼，图上明确标明是“北支宿县”的城门一景。甲午战争后，日本以战胜国自居，称中国为“支那”，名为英文中国“CHINA”的音译，其真实用意为“支配那个国家”。1913 年又根据驻华公使的提议商定：日本政府今后均以“支那”呼称中国，吞并中国的野心昭然若揭。1930 年，国民政府照会日本：倘若日方公文使用“支那”之类的文字，中国外交部可断然拒绝接受，但右翼势力则怙恶不悛。直到日本战败后，应中国代表团的要求，盟国最高司令部经过调查，确认“支那”称谓含有蔑意，才于 1946 年责令日本外务省不得再使用“支那”称呼中国。

1937 年 7 月 7 日，对中国历史、世界历史来说都是一个值得的纪念的日子。日本军队在北平西南卢沟桥附近进行挑衅性演习，并以己方士兵失踪为借口，强行要求进入宛平县城搜查。遭到拒绝后，日本军队于 7 月 8 日凌晨向宛平县城和卢沟桥发动进攻，中国守军第 29 路军誓死抵抗。驻守在卢沟桥北面的一个连仅 4 人生还，余者全部壮烈牺牲，史称“七七事变”，又称“卢沟桥事变”。“七七事变”是日本全面侵华开始的标志，是

图 7－1　日本人绘制的宿州城楼图

中华民族进行全面抗战的起点，也象征着第二次世界大战亚洲区域战事的起始。

图 7－2　1937 年“七七事变”，中国军队坚守卢沟桥

图 7－3　卢沟桥上战斗中的 29 军官兵

赛珍珠在中国生活了 38 年，1934 年回到美国以后，中国仍是她创作的基本题材。抗战全面爆发后，赛珍珠先后发表了《日本必败》、《日本：你把事情看错了》（《多谢日本》）、《白种人在远东的未来地位》、《东方与西方》等文章，支持中国抗战。

其实，早在 1924 年，赛珍珠在其《中国之美》就写道：“最近，我听到许多议论日本的闲语。有些人甚至说日本人连普通人的品质也不具备。我不敢妄论，我要等到有人为我把无比的邪恶和对美的温柔的爱这两种品质融在一起时再发表意见。”这里“无比的邪恶”的意义不言自明。

七七卢沟桥事变牵动着赛珍珠的心，12 月 13 日开始的“南京大屠杀”更是震惊世界，美国《芝加哥每日新闻》率先报道了这一消息。赛珍珠看到这些报道和“杀人比赛”的照片，无比震惊和愤怒，她发表文章，四处奔走，进行演讲，谴责日军的暴行。她说：“所有有关南京大屠杀的报道，每个字、每一句话都被中国人的鲜血沾住，字里行间发出了血淋淋的冤喊：还我头颅！我不能袖手旁观，视而不见！”赛珍珠为此萌发并创作了以日本人在南京大屠杀为背景的小说《龙子》。

图 7－4　赛珍珠小说《龙子》（又译《龙种》《炎黄子孙》）1942 年版书影

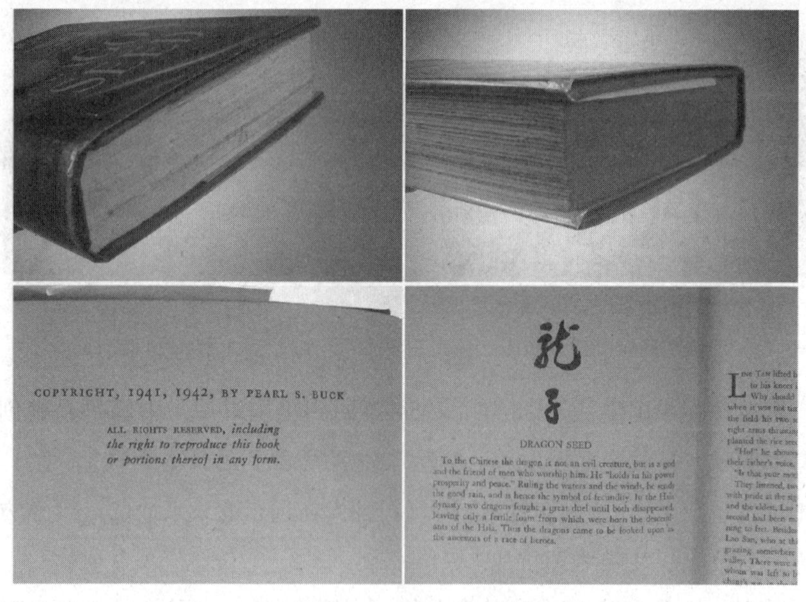

图 7－5《龙子》内页

《龙子》是美国“第一部直接描写被占领的中国抵抗日军的”“生动

而感人的”小说，是一部反映旧中国农民的抗争史。赛珍珠以同情的笔触和白描手法，描写江南农民林郯一家的生存遭遇，塑造了一系列勤劳、朴实的中国农民形象，一组奋勇杀敌的英雄群像，生动地描绘了中国农民的家庭生活，讴歌了中国农民的觉醒与抗日爱国的崇高精神。小说中的人物，有血有肉，富有真情实感，场景与细节的描写亦真实可信。赛珍珠以此部波澜壮阔的史诗性力作，寄托了对中国人民的深厚感情，并作为对中国抗日战争的声援。

图 7－6　日军在蚌埠津浦铁路上试车以开往宿州

图 7－7　徐州会战前，日军航空兵搬运炸弹

北平、天津、华北、南京相继失陷，日军长驱直入。宿州地处黄淮大平原的南北要冲，北接徐州，南抵蚌埠，自古以来号称南疆锁钥，备受战火洗礼。津浦铁路通车后，宿州的战略地位更为凸显。自民国初年以来，各种军事力量虽对当地的争夺持续不断，但直到在抗战爆发前，宿城市民的生活相对平静。1938 年春天的日本侵略军大轰炸，几乎把宿州城池夷为平地。同时积极准备进攻和占领宿州。图 7－6 为日军在蚌埠津浦铁路上试车以开往宿州。车上的日本军人坐在九一式装甲轨道牵引车上，手中或握或端着枪，脸上带着胜利者的扬扬自得的表情，微笑下面掩饰着凶残与邪恶，太阳旗迎风飘扬。图 7－7 为 1938 年 5 月 5 日徐州会战前，日军航空兵搬运炸弹。图中工搬运机用炸弹的日军航空兵喜笑颜开，可见屠杀之前的得意心态。

日军在徐州会战期间，迫切需要攻占宿城，以打通徐、蚌通道。故而日军在蚌埠、徐州的军事行动，正是日军为攻占宿州、打通南北战略要道所作准备的重要环节。

图 7－8　1938 年 3 月 17 日，日军飞机轮番轰炸宿城

图 7－9　宿城民居遭轰炸升起滚滚浓烟

据《安徽省抗战时期人口伤亡和财产损失·宿州卷》《侵华日军暴行总录》记载：1938 年初，日军为攻占徐州，对徐州外围的宿县地区进行狂轰滥炸。1938 年 2 月日军攻陷蚌埠以后，即采取迂回战术，从怀远渡淮河向西北进犯宿县，以策应北线日军对徐州的攻势，沟通华北、华东两个战场。国民革命军第 21 集团军对北犯日军进行了阻击，经过数次激战，毙伤日军近千人，迟滞了日军的进攻。3 月 7 日，日军出动 5 架飞机，开始了对宿城的轮番轰炸，不少无辜居民被炸死炸伤。4 月，徐州会战开始，4

月下旬及5月10日前后，日军飞机多次对宿城进行轰炸，城区遭到严重破坏，人民生命财产损失惨重。

轰炸！轰炸！轰炸！1938年5月17日上午，日军又出动36架飞机到宿城狂轰滥炸。这次轰炸，造成了500余平民的伤亡，仅大河南街当年赛珍珠和布克在宿州传教时所在的福音堂东边，就摆放有被飞机炸死的尸体300多具。轰炸引起全城大火，蔓延数日，几十里远之外都能看到宿城上空火光冲天，城内财产损失不计其数。1939年5月19日，宿城被日军侵占。

赛珍珠无比牵挂的居住地，当年百业兴旺、熙来攘往的宿州城，现在是一片死寂、惨不忍睹。从侵华日军随军医生小野正男当时拍摄的一组照片（图图7－10至图7－20），可以看到倒塌的城墙、无人的街道、炸飞的屋顶、烧焦的枯树、遍地的瓦砾……整个宿城弥漫着一股令人窒息的战争气息。

图7－10　日军驻扎宿县政府（小野正男　摄）

日军占领宿城后，驻扎在宿县政府。宿县政府故址即今埇桥区政府所在地。图7－10为当时宿县政府正门，门前为衙前路，即今胜利路。宿县政府建筑为清代遗存，砖瓦结构，三进院落，过厅门额高悬“宿县政府”牌匾。照片中檐下廊柱上虽尚有未及清除的抗日宣传标语（右侧廊柱清晰可见“当前抗战”字样)，但从临街过厅右侧坐岗上打盹的日本守卫士兵，院内院外整齐摆放的野战辎重车，可见日军已然完全控制了宿城。赛珍珠对英国BBC电台演讲时念念不忘的“南宿州”的“宿县政府”，今天已经被日军驻扎，俨然主人了。

图7－11　西城门中央北侧遭受炮击后的情景（小野正男　摄）

图7－11为被轰炸后的宿州城的西城墙，这是赛珍珠、布克在宿州期间，从城中出发前往濉溪临涣、口子等地做农村调查途中的必经之处，此次亦被日军炸毁。照片由南向北拍摄，近景是被轰塌的西城门楼及瓮圈，远景右侧为西城墙，左侧护城河外为空旷的农田。城墙及之上的建筑已被炸成遍地残砖断瓦。

图7－12　北城内北门通道的惨状（小野正男　摄）

图7－12的照片是从宿城北小隅口稍南的位置向北拍摄，而小隅口稍西东南的位置即是当年赛珍珠和布克在宿州传教时的福音堂。

经知情老人认证，画面左侧为九道弯一带，右侧北部为龙祠巷一带。这里是日军大轰炸着弹点比较密集的地点之一，因此该地民居几乎全部被摧毁。街道中间的石板路上，一名日本士兵在低头行走，道路两旁的房屋大多成为废墟。除了这名日本兵之外，街面上空无一人。由此可见，日军攻占宿城后，宿州城几乎成为一座空城与鬼城。

图7－13　省立农业职业学校正门的弹痕（小野正男　摄）

图7－14　被炸毁的省立农业职业学校内院（小野正男　摄）

图7－13、图7－14为被轰炸后的安徽省立农业职业学校。该校位于小东门内、书院巷东，原为前清宿州正谊书院旧址，后为正谊小学堂。1906年，宿县符离人王雪渔在正谊小学堂的基础上创建了正谊中学堂，又于1918年在正谊中学堂的基础上创办“宿县蚕桑学校”，后又改为“安徽省立第四甲种农业学校（简称‘四农’）”“安徽省立第四中等职业学校”“安徽省立农业职业学校”“皖北宿县联合中学”等。1953年，该校易名“安徽省宿城第一中学”。后长期为宿县地区行署和宿州市政府所在地，现为“同盛广场”。

1916年布克来宿州，适值安徽省立第四甲种农业学校（简称“四农”）建校之初，两年之后曾应聘以专题报告的形式在该校讲过课。布克到南京金陵大学农学院任教期间，仍然和教会农事部保持联系。后来“四农”特请美国植棉专家、金陵大学教授郭仁风先生来校讲授棉花种植科学方法，布克也曾陪同前来。

图7－15　被空袭破坏后的宿县南城门要塞（小野正男　摄）

1938年1月下旬，李宗仁莅临宿城，并在农业职业学校院内发表抗日动员演讲。1938年3月日军开始的宿城大轰炸，农业职业学校成为重要的着弹点，学校房舍遭到大破坏，尤其是教学楼一带遭到严重摧残。学校大门在大轰炸中得以幸存，但石狮后的八字形门墙上弹痕累累。可以想见，日军攻打宿城时，我国守军在此作了顽强的抵抗，战况激烈。

宿县南城门东侧，正是布克初到宿州、尚未结识赛珍珠时的工作场所——宿州农事部。南城门，是布克、赛珍珠夫妇到城南进行农事调查的必经之地。日军的宿城大轰炸，使往日高大的宿县南城门夷为平地。当时身处南京的布克若见此情景，不知当作何等感慨叹！

图 7－16 赛珍珠、布克最初居住的福音堂大院被炸得墙塌砖碎，屋顶洞开（小野正男 摄）

福音堂大院，在宿州的大河南街东部，是美国人经营的教会事务管理与日常工作处所，也是赛、布 1915 年 12 月初到宿州居住并写入《大地》的处所。宿州福音堂始建于 1912 年，为新教加尔文教派的北美长老会所建立，坐南朝北，院内有大、小礼拜堂和亭阁式钟楼，以及数幢住宿楼和平房。这里曾经被赛珍珠写入《大地》等多部小说。日军大轰炸，福音堂一带也是着弹点比较密集的地方。据知情老人回忆，日军对悬挂美国国旗的福音堂还不敢过于放肆，因此这里的建筑遭受破坏的程度还不是很大，但临街的房屋也被战火殃及得触目惊心。

图7－17 福音堂大院的小礼拜堂和钟楼西侧被炸城残壁断瓦（小野正男 摄）

图7－18画面远处的两层亭阁式建筑，是福音堂的钟楼，当地居民把这座钟楼视作福音堂的标志性建筑之一。图7－19为西城门以内附近大街，赛珍珠和布克在宿城期间，晚饭后常在此街道上散步，从而感受到中国北方小城的宁静平和和宿州平民的家庭温馨之美。此二处临近居民当年统称布克、赛珍珠夫妇为“卜老师、卜师母”。现在“卜老师、卜师母”的邻居们早已无影无踪，只有几个不知在打什么主意的日本兵了。

图7－18 福音堂所在的大河南街（小野正男 摄）

图7－19　赛珍珠、布克婚后常在月光下散步的宿城西门内的大街（小野正男　摄）

图7－20　福音堂附近侧塌房屋（小野正男　摄）

“卜老师、卜师母”的邻居们在炸弹轰炸下或死或逃，住所房倒屋塌，一片废墟中只有一个似乎在搜索什么宝贝，梦想大发死人财鬼子兵了。

图 7 - 21　布克、赛珍珠调查过的乡民，如今遭遇鬼子进村

图 7 - 22　农民被强抢作劳工

图 7 - 23　宿州百姓失去亲人，背井离乡

日本侵略者占领宿州后，施放毒气，杀害居民，滥捕抓人，蹂躏妇女，残害儿童，奴役百姓，强征劳工，发行货币，抢掠物资，毁坏文物，无恶不作。日本侵华战争不仅给中国造成了大量人员伤亡和财产损失，也是肆意践踏人类公理和正义，对世界文明造成了空前的破坏。

图 7－24　宿州农民失去家园沦为乞讨

图 7－25　1942 年，赛珍珠作抗战演讲

1937 年中日战争全面爆发后，许多美国人觉得中国与久宿野心的日本相对敌，是支撑不久的，是必会投降的。1942 年，赛珍珠应英国 BBC 电台邀请作抗战演讲，她坚定地认为："中国绝对不会屈服于日本，因为我不能想象到我认识的那些健壮实在的农人、那些稳健的中产商人、那些勤苦的劳工、那些奋勇热心的学界领袖会向日本降服。中国人是决不会投降的，日本人也决不能征服他们！"

赛珍珠演讲的面向对象是"中国的朋友们"，她明确表示"我也是一个中国人”，“我必须告诉你们的是，我的第二祖国中国，单独勇猛地抗日本”，并表达对包括宿州（南宿州）、徐州（北徐州）、蚌埠一线地区在内的中国大地上普通人民的忧念。

演讲稿由赛珍珠用中英文两种文字亲笔书写而成，第 2 页的倒数第三行有“南宿州”的字样，并说这是她“最熟识的”地方之一，并说“我最爱的，是中国的农田和乡村。”明确展示出赛珍珠抗战期间对《大地》故乡——宿州的深切忧念情怀，体现出她对《大地》故乡——宿州父老乡亲的深挚真情。

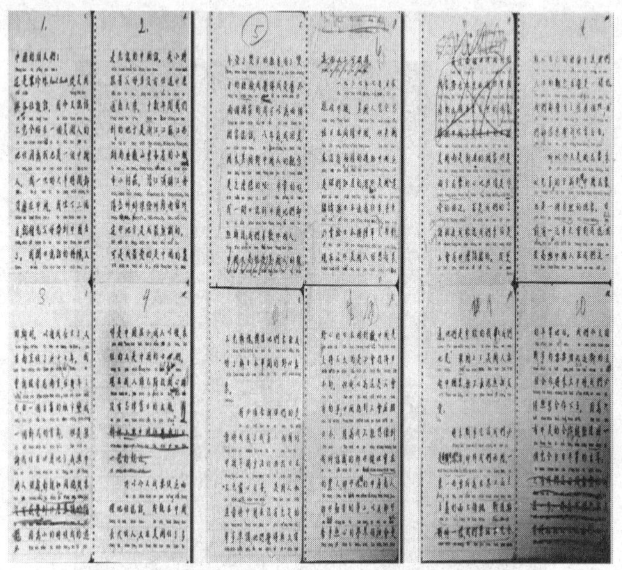

图 7－26　赛珍珠亲笔书写的汉英双语演讲稿

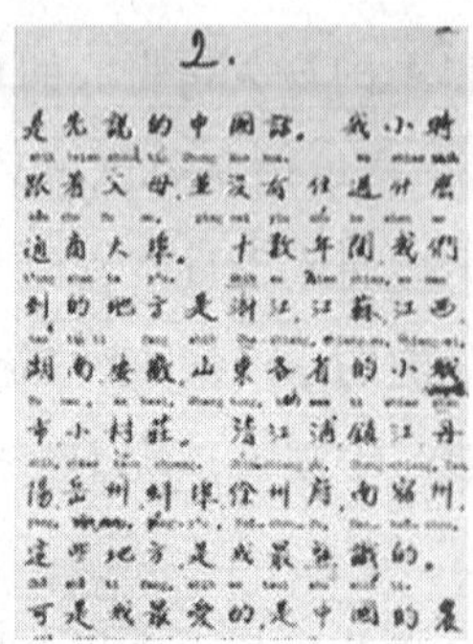

2.

是先說的中國話。我小時
跟着父母，並沒有住過什麼
通商大埠。十數年間我們
到的地方是浙江、江蘇、江西、
湖南、安徽、山東各省的小城
市小村莊。清江浦、鎮江、丹
陽、岳州、蚌埠、徐州府、南宿州，
這些地方是我最熟識的。
可是我最爱的，是中國的農

图 7－27　赛珍珠亲笔书写的演讲稿局部

赛珍珠通过现场演说、广播演讲、撰写抗战小说与抗战戏剧、募捐等多种方式支持中国抗战。她以满腔的热诚，手持为抗战募捐的招贴画，呼吁美国人民支持中国，并把自己捐献和组织募捐所得的巨额资金寄往中国。

图 7－28　赛珍珠倡导募捐

《亚洲》杂志创办于 1917 年，该杂志主要是向美国人介绍亚洲人民的生活。赛珍珠丈夫理查德 1934 年 1 月开始担任主编，1935 年 4 月赛珍珠任杂志中“亚洲书评”一栏的编辑。1941 年，当这份杂志面临即将关闭的厄运时，赛珍珠不忍它的消亡，就勇敢地接管了这份杂志，并以此为平台支援中国抗战。

抗战时期，中国有一出著名的活报剧，在街头、广场广为演出，名为《放下你的鞭子》。该独幕剧由田汉改编，后由剧作家陈鲤庭及崔嵬等人改写为街知巷闻的抗战街头剧。讲述了九一八事变后，中国大半国土沦陷，百姓流离失所。从东北沦陷区逃出来的一对父女——老汉和香姐，流落街头，以卖唱为生。在某日一场演出中，女儿香姐嗓子喑哑，需要提嗓时，却多次唱不上去，老父举起鞭子要打她，一个青年工人突破观众之围，大

图 7－29　赛珍珠主编《亚洲》杂志支援中国抗战

声高呼："放下你的鞭子!"嚷着要教训老汉。香姐及时制止，并诉说日本侵华、家乡沦陷、被迫流亡等辛酸经历。演出时常引起观众广泛的共鸣，激发了人民的抗日救国热情，起到了很好的宣传效果，影响甚广，甚至演至海外。

图 7－30　村头演出《放下你的鞭子》的情景

图 7－31 街头演出《放下你的鞭子》的情景

图 7－32 《放下你的鞭子》中的老汉和香姐

图 7－33 油画《放下你的鞭子》作者徐悲鸿和女主角演员王莹

为鼓动民众抗战，当时除了学生、市民等组成的演出队在街头表演，许多著名的演员都在不同场合演出过此剧。王莹，安徽芜湖人，20 世纪 30 年代电影明星，后为宣传抗战而专注于话剧舞台，曾率领抗敌救亡剧团在国内各地演出《放下你的鞭子》。1939 年 4 月下旬，金山、王莹率领军委会政治部影剧二队到南洋各地为抗战筹款义演，10 月，王莹等人正在新加坡一个广场上演出《放下你的鞭子》，正在此地为抗战卖画筹款的徐悲鸿看到之后特别感动，当场捐献了随身的金戒指，随后用三个月时间创作完成了《放下你的鞭子》这幅他唯一的抗战题材作品。

图 7－34 王莹 1943 年在美国白宫演出《放下你的鞭子》后与罗斯福夫人合影

图 7－35 赛珍珠与罗斯福夫人

1942 年初夏，王莹来到纽约留学，并向国际社会宣传中国的抗战作为，进行统战工作。7 月的一天，经林语堂引荐结识了赛珍珠。当时赛珍珠所主持的东西方协会主办了一档《美国对中国讲话》的广播节目，赛珍珠写了一位美国农妇的故事，说农妇正在田间劳作，忽然看见邮差送信来了，非常高兴，因为她的儿子在东方前线同日本鬼子作战，她正等待着儿子的消息。但看完来信，不禁陷入深深的悲痛之中，原来这是一封阵亡通知书，她的独生子已经在中国前线牺牲了！农妇在悲痛中又拿起农具继续干活，默默地承受巨大的打击，用实际行动表示要同中国人民联合奋斗，打败共同的敌人。中西方协会邀请王莹为这个故事配音。王莹发挥自己的专长，用圆润的女中音充分地表达了美国农妇的期盼、高兴、悲痛和坚定，声情并茂，催人泪下。赛珍珠听后，被深深打动，十分满意。之后，赛珍珠帮助王莹顺利申请到在耶鲁大学和邓肯舞蹈学院等名校学习的机会，并想方设法解决王莹的经济困难。

赛珍珠因为认识了王莹，组建了一个“中国剧团”。1943 年春，在东西方文化协会安排下，美国政府邀请，“中国剧团”的第一次公开演出，在华盛顿白宫东厅举行。观众有罗斯福总统家庭成员及内阁高级官员，演出有三个节目，因第一个节目古装戏占去了太长时间，导演日本人芬能决定取消王莹的《放下你的鞭子》而演另一出戏，并开始向观众介绍日本演员。这时，赛珍珠从观众席上站起来大声说：“我们不能让观众挑选，我们今晚要看中国抗战话剧《放下你的鞭子》。”接着，她情绪激昂地讲述王莹率领抗敌救亡剧团在国内战区演出的情形，遭遇的种种生死考验，以及中国话剧在抗战军民中所发挥的巨大作用。赛珍珠还拉着王莹的手，走到前台，要她向观众报告在战区工作的情形。王莹讲了话并演出了《放下你的鞭子》，赢得了观众一次又一次掌声。演出结束后，罗斯福夫人走上前来与她握手说：“总统因下肢瘫痪，不能来与你合影留念，由我作代表了。”

1945 年 5 月 22 日、23 日，“中国剧团”正式公演。赛珍珠将自己的短篇小说《原配》改编为一个两场话剧《第一个妻子》排演。故事情节是：吴家媳妇是一个旧式女子，一脑子都是贤妻良母，公公和婆婆对媳妇十分满意。离别七年的丈夫从国外留学归来，带回崭新的、吴家媳妇完全不懂的思想。他不再株守家园，他认为自己要有所作为，对国家、社会有所贡献。他以妻子不识字和愚昧为耻，坚决丢下妻子，到外边干一番事业去了。这是一个悲剧，寓意着新旧时代的尖锐冲突。王莹饰演了吴家媳妇。

图 7－36　赛珍珠王莹合影

王莹与赛珍珠感情十分融洽。两人不仅谈中西方文化，谈“中国剧团”演出，也谈政治，谈社会，谈个人生活的经历。王莹坦诚地表白自己的政治观点，对赛珍珠无疑会产生巨大的影响。那几年，赛珍珠在演说和文字中，表现出民主、开明的倾向，她积极主张废除“限制华人入境法”，在新中国成立之后，她呼吁美国与新中国建立外交及通商关系，主张恢复新中国在联合国的合法地位，劝告美国青年子弟，不要将鲜血流到朝鲜的土地上等等。20世纪50年代初期，美国麦卡锡主义横行肆虐，开展了一场范围广泛的清查共产党运动。赛珍珠等都成为被调查的对象，而王莹夫妇更直接受到迫害，先后被拘捕关押。赛珍珠奔走呼号，以各种形式营救，终得交款将王莹等人保释出狱。

图7－37　王莹演出赛珍珠编剧的《元配》

图7－38　“救助王龙”——飞虎队来华

飞虎队，正式名字叫“美国援华志愿队”American Volunteer Group（AVG），是那个特定历史环境下的政治产物。它是一个由美国军人组成来中国帮助中国人民的抗日的空军部队，但由于政治上的原因，他们是以民间身份来中国的，不代表美国军队、美国政府。飞虎队共有300个人，其中100名飞行员、180多名军械兵、机械兵、无线电兵，还有一些行政后勤人员、神职、医护人员。1941年初开始筹建，7月成立，到1942年7月4日解散。飞虎队战士带着《大地》飞到中国，宣称救助王龙。照片展示的是抗战时期援华的美国第14航空队飞虎队队员及他们的P-40战机。对于美国支持自己心爱的中国，赛珍珠感到十分欣慰，她曾在文学作品中多次描写飞虎队，夸赞飞虎队的作用。

图7－39是民国三十年（1941年）抗战期间，国民政府外交部就颁发给赛珍珠“采玉勋章”为由，向美国大使馆传送的公函；图7－40是国民政府为赛珍珠颁发的“采玉勋章”（原件为台湾历史档案馆收藏。此为据原件翻拍图片，二图均由南京广播电视集团吴江先生提供）。

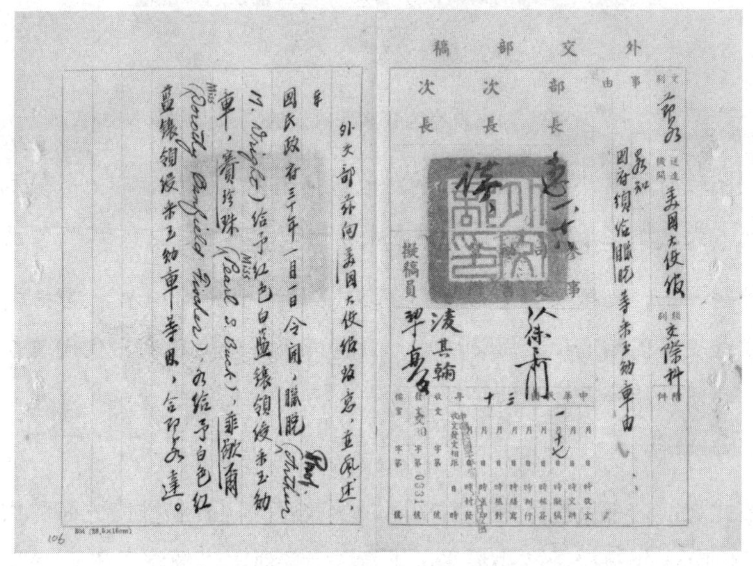

外交部稿

部长 次长 次长

事由

拟稿员

外交部函向美国大使馆致意，并开述：

奉国民政府三十年一月一日令开，聯脱(Arthur M. Wright)给予红色白蓝镶领绶采玉勋章，赛珍珠(Pearl S. Buck)、(Dorothy Canfield Fisher)，各给予白色红蓝镶领绶采玉勋章等因，合即函达。

图7－39 国民政府外交部就颁发赛珍珠勋章致美国大使馆公函

鉴于赛珍珠对中国抗战的积极努力和卓越贡献，当时的国民政府于1941年1月下令，颁发给赛珍珠等人“采玉勋章”，以资表彰。

图 7－40　国民政府为赛珍珠颁发的“采玉勋章”

国民政府颁发“采玉勋章”的对象包括国内公务员、非公务员和外籍人士三大类。颁奖条例规定，外籍人士获得授勋的条件是：

外籍人士，凡抑制强暴、伸张正义、有利于我国国权，宣扬我国文化、增进我国国际地位，固旋坛坫、使我国获得外交胜利，促成其政府予我国以物质或精神上之援助，或才智或物力，对我国建设或教育慈善事业等大有裨助者。

在此之前，布克也因为“对中国农学教育、科研和推广方面的杰出贡献”，于 1938 年被授予“襟绶采玉勋章”（级别比“领绶采玉勋章”高）。也许因为是抗战之初，美国当时尚未对日宣战，故而布克的授勋实在美国使馆内举行，并未公开。而赛珍珠的授予勋章则是美国对日本态度已经明朗的“珍珠港事件”前夕，所以就改为公开举行了。

赛珍珠在抗战期间，奔走世界各地以各种方式宣传呼吁支援中国，并率先出资、多方募捐，并以其社会活动和文学创作从精神上宣扬中国文化和抗战事业，所以对当时中国政府所授予的“白色红蓝镶领绶采玉勋章”，赛珍珠确实当值无愧！

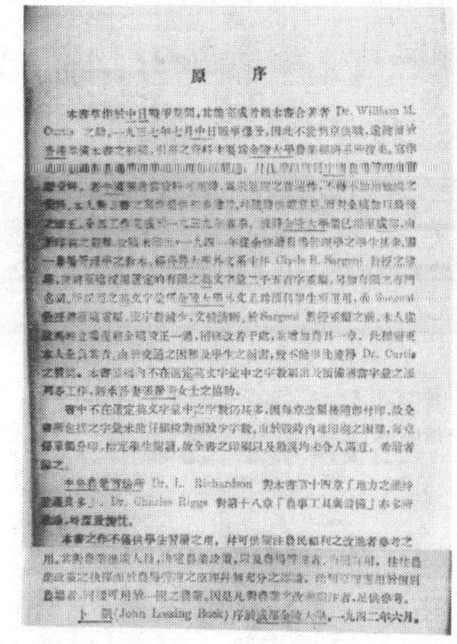

原　序

图 7－41　布克 1942 年为其《中国农场管理学》中译本所作序言

图 7－42　布克《中国土地利用》书影

图 7－43　布克与同事在成都（张淥梅摄）

作为在中国享有盛誉的西方农业专家，布克 1935 年被派任美国财政部驻中国代表，暂时离开了金陵大学。抗战时期，布克任美财政部长摩根索的在华顾问。当时，民国政府与美国政府的很多外交沟通是通过布克实现的。布克两次向美国政府推荐时任国民参政会参政员，国立复兴贸易公司董事长，中、美、英平准基金委员会主席陈光甫为中国金融代表团首席代表，为陈光甫1936年赴美签订稳定抗战时期民国币制的中美《白银协定》、为1938年受蒋介石指派赴美国谈判借款、与胡适等鼎力促成美国政府签定美对华抗战援助的中美《桐油借款》协议起了积极的作用。1940年，布克重新回到金陵大学任教。南京沦陷后，作为学者，布克在随金陵农大于南京、汉口、重庆、成都各地的辗转中，编著并于1947出版了《中国土地利用》《中国土地利用统计资料》和《中国农场管理学》。这些著作和他1930年出版的《中国农业经济》，既是他中国农业研究成就的集中体现，也是此时间内中国国民政府制定农村工作政策的重要依据之一。

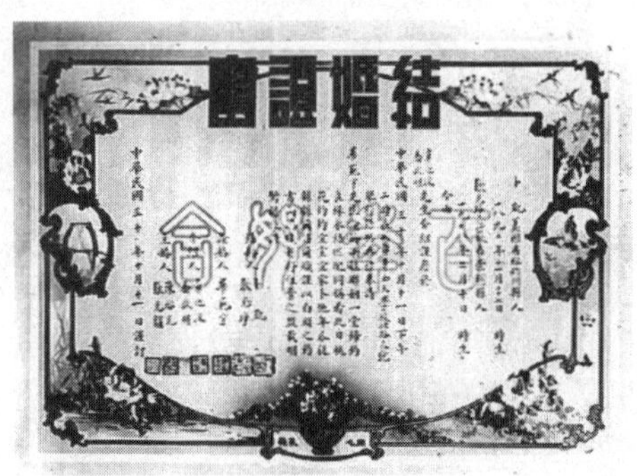

图7－44　布克与张渌梅在中国领取的结婚证

布克和赛珍珠1935年离异。他与金陵大学农经系的上海女性张渌梅结婚后，在1941年撰写的《中国农场管理学》一书的序言中说："端赖我妻张渌梅女士之协助，此集得以问世。"显示出纯真完满的爱情。他们生儿育女（两个孩子罗瑟琳和保罗，分别出生在中国和美国），恩爱相伴终生。

图7－45　张渌梅女士的国画《富贵玉堂》

图 7－46 布克、张渌梅 1941 年在成都的结婚照

1944 年，国民政府借口“抗战戡乱”压制民主，鼓吹外国民主不适合中国，坚持其独裁统治。延安《新华日报》针对这种论调，于 1944 年 5 月 17 日发表题为《民主即科学》的文章予以反驳，并引用卜凯（即布克）教授的话以加强论证力度。相关内容是：

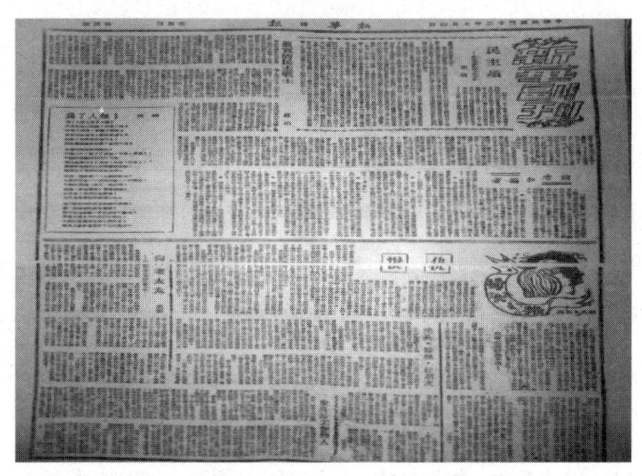

图 7－47 1944 年 5 月 17 日延安《新华日报》
引用布克话语呼吁国民政府实行民主

民主制度比不民主制度更好，这和机器工业比手工业生产更好一样，在外国如此，在中国也如此。而且也只能有在某国发展起来的民主，却没有只适用于某国的民主。有人说：中国虽然要民主，但中国的民主有点特别，是不给人民以自由的。这种说法的荒谬，也和说太阳历只适用外国、中国人只能用阴历一样。所以，卜凯教授说得好："民主方式即为科学方式，科学理论不分国界，对任何人皆可适用。"孙哲生先生也说："中国不能与世界分离，我们要与世界各国图共存，必须适应世界环境与潮流。"

图7－48　转战于宿州和淮北地区的新四军四师骑兵队

野蛮的侵略战争给宿州造成了的巨大灾难和损失，但是生活在这片大地上的"王龙"——宿州人民没有被暴行压倒吓垮。宿州各地人民反对日本侵略者的行动风起云涌，纷纷组成"抗日救亡社""抗日自卫团""抗日游击队"等武装力量，运用多种形式打击日伪军。先后有20000多人参加了新四军和八路军，有6个团和一些县总队、游击队升编为新四军四师主力部队，为夺取抗日战争胜利，作出了重大贡献。宿州人民在这场战争中付出巨大的牺牲，据民政部门统计，宿州先后有5700多人献出了宝贵生命，有2080多人负伤致残。

经过包括宿州人民在内的中国军民勇猛顽强、艰苦卓绝的斗争，凶残邪恶、不可一世的日军终归失败。1945年，中国人民的抗日战争终于取得最后的胜利。

图 7－49　不可一世的日军终于向新四军缴械投降

图 7－50　1945 年 8 月日本国代表向中国国民政府代表递交投降书

中华民族抵抗日本帝国主义侵略的这场规模巨大的战争，从根本上说是正义力量与侵略势力之间的一场大决战，是文明与野蛮的一场大搏斗。自然也赢得了包括赛珍珠、布克在内的热爱和平、主持正义的国际友人和力量的支持，中国抗战的胜利，以中国没有屈服于日本，中国人没有降服于日本侵略者的现实，证明了赛珍珠对她所熟悉所热爱的这片土地及生活在这片土地上的人民的坚定信念："日本人也决不能征服他们!"作为世界反法西斯战争的一部分，抗日战争的胜利，也对争取世界和平的事业产生了巨大影响。

赛珍珠、布克在抗战期间的努力和贡献，得到国、共两方面的认定、好评。国民政府授予布克勋章，"新华日报"则称赞布克关于科学与民主的观点"说得好"。1942 年周恩来曾向受党委托赴美做统战工作的秘密党员谢和赓、王莹夫妇介绍赛珍珠，要他们通过宋庆龄认识赛珍珠。董必武在 1955 年接见回国的谢和赓、王莹夫妇时，肯定了他们和赛珍珠的交往，并说周总理解放后曾写信邀请赛珍珠访华。国民政府的胡适虽然对赛珍珠有些傲慢，和老同学布克交往也很少，但也在致友人信中肯定了布克在抗战期间的研究工作，并由衷地赞扬赛珍珠对王莹的帮助是："实在难得，赛珍珠女士真够朋友!"

第八章　牵挂企盼　大地深情无尽

一、概述

赛珍珠晚年定居美国，从室内陈设到衣食用具，均遍布中国文化元素，有的甚至是中国原物：1942 年最后来华之后直到逝世，始终未间断中国题材的写作，如剧本《孙中山》（1944），《中国到美国》（1944），宣传大众教育家晏阳初的《告语人民》（1945），《余南，中国的飞行儿童》（1945），《远与近，日本、中国和美国》（1947），儿童读物《巨浪》（1948），《改变了中国的人——孙逸仙的故事》（1953），《我的中国书写》（1954），《北京书简》（1957），《东方童话集》（1965），《中国人民》（1968），《我听到的中国》（1970），《中国讲故事的人》（1971），《中国的过去与现在》（1972）等。

1972 年尼克松访华，赛珍珠积极筹备参与并四次致信周恩来请求参与随行，但被冷漠拒绝，使她感情遭受到巨大创痛。在临终前的最后一部散文集《中国的过去与现在》中，赛珍珠用了大段文字抒发对中国的眷恋之情：怀念她长眠于中国的父母兄弟，怀念镇江、宿州，怀念她生活过的村庄和小城，怀念她曾救助的北方水灾难民，怀念乱军屠杀中救助过她的宿州妇女芦妈，甚至在近半个世纪后的美国还清晰地想起芦妈的强健身躯和红润的圆脸，并由此概括说：在我们自己的农民当中，有 个完美的新领域（见汪健译：《“啊，这封信……”：赛对中国的最后倾诉》），并以充满凄楚的抒情文字，表达了对中国的无尽深情：

我亲爱的中国人民啊，我将永远不会再看到你们，我的双眼将永远不会走过我熟悉的小山、村庄和城市，但我永远是你们的一部分，永远和你们在一起……

由于身心交瘁，遭此打击后八个多月，即郁郁病逝。她亲自设计的墓碑上，只有她手书的三个篆体汉字“赛珍珠”，把她对包括宿州在内的中国大地，中国人民的终生情怀，永恒定格在她生命旅程的最后一站。

布克自 1945 年回到美国，1946 年最后一次来华之后，一直保留着对中国和宿州的良好记忆，他曾对采访的美国记者说：有足够的中国人想要而且渴望他们的国家现代化，中国人民有才智和品性来实现这个目标。1962 年，布克在对科尔曼教授的谈话中，深情回忆了在宿州的工作、生活情况，对宿州人的合作支持表示真挚感谢，并表达了对宿州和中国农民的关切和祝福。

布克完整保存了当年在宿州工作生活的书信、著作及相关图文资料，并由其子向宿州传送了其中若干照片和信函的内容。

布克与赛珍珠虽然中途离异，但二人在宿州结下的情缘和开创于宿州的同本异荣的事业，却一直维系他们终生：赛在临终前一年还致信布克表示歉意与祝福。布克虽然在继任妻子及其子女面前“尽量回避赛珍珠的话题”（布克之子保罗语），但如同中国话剧《雷雨》中的周朴园一直保持鲁妈布置的房间一样，布克一直保留着赛珍珠当年布置书房的格局，并在退休后一直在此书房内写作，直到生命的终点——1975 年 9 月 27 日，他 85 岁生日之日前两个月的病逝之日。

布克与第二位夫人张渌梅的爱情与家庭生活，同样得到了赛珍珠的倾力帮助和真诚祝福。张女士在布克逝世后，和子女一起，保持着与布克的家族、戚友、同事、门生的良好而密切联系，直到 2012 年以 104 岁高龄在美国安然逝世。布克的儿女孙辈也多次来到中国考察调研，支持帮助中国的赛珍珠和布克研究，至今仍与宿州、镇江保持着友好联系。从这个角度说，布克虽然不太流露内心的情感，但在对中国的热爱和文化认同的深厚久远程度上，应当并不少于赛珍珠。

二、图片与说明

这是赛珍珠国际组织总裁珍妮特·明泽送给宿州学院赛珍珠纪念馆的幅画，画中的石屋是赛珍珠青山农场的老宅。赛珍珠在房子周围种植各种中国花卉。她希望如这些花卉扎根于花园一样，能够从中国拔出自己的根重新在美国扎下根来。但随着年龄的增长，她对中国的思念与日俱增。中国之根不仅没有被拔出反而在她的心中扎得更深。青山农场现在已成为赛珍珠故居纪念馆，她居住的老宅已成为国家文化保护单位。

图8-1　赛珍珠晚年定居美国住所青山农场

赛珍珠曾说自己的中国心结实在太深，中国文化已经渗透到她生活的每一个角落。这从她的穿衣风格和家居陈设可以看出来，赛珍珠偏好穿中国服装，她故居的橱柜里挂着各式带有东方风韵的绸缎衣袍，去世之时她依旧穿着平时最爱穿的白色丝绸旗袍。

赛珍珠故居里的起居室角落竖起一个中华文化特色的木制屏风摆设。中国屏风及上面的中国画风的花鸟图画，都寄托着赛珍珠对中国第二故乡的眷恋。

图8-2　青山农场室内用物：中国服装

图8-3　室内陈列：沙发后面的中国式地面屏风

图8-4　室内陈列：中国式桌面屏风摆件

这是赛珍珠美国故居室内悬挂的一幅中国山水画，画中所题诗词是唐代王维的五言古诗《临高台送黎拾遗》：“相送临高台，川原杳何极。日暮飞鸟还，行人去不息”。此诗表现了朋友间依依惜别的情感，用它来形容赛珍珠对万里之遥的中国的不舍情感也是恰如其分的。画面中树木以前倾的姿态遥望着对面的高山，似乎也传达了赛珍珠对中国的企盼。

图8－5　室内陈列：中国山水画

图8－6　室内陈列：观音像

赛珍珠从小在中国就看过许多庙宇，在庙宇中供奉的诸多神仙中，她最喜欢的是观音。赛珍珠在《我的中国世界》中称观音是圣母玛利亚的姐姐。她认为观音风度优雅、内心善良，与基督教中的圣母玛利亚相比，观音更为圣洁，而且她觉得“观音像能给她带来平安和喜乐”，所以她在家中长期供奉观音的雕像，以寄托对中国文化的向往。

在赛珍珠的图书室内摆放着一张桌子，向导称之为“《大地》写字桌”，她最负盛名的小说《大地》就是在这张桌子上写出的。在20世纪30年代中叶，她把这张大写字桌从南京运到了美国宾夕法尼亚州，以留存对中国大地的毕生记忆。

图8－7　从南京运到美国的中国书桌

《我的中国世界》是1991年尚营林等翻译的赛珍珠自传，原著出版于1954年，英文题目是“My Several Worlds”，直译为《我的几个世界》。书中叙述了她在中国、美国、日本等国的生活经历，但重心在中国。书中多处写到她在宿州的生活，流露出对中国和宿州的怀念之情。

赛珍珠认为在美国宣传晏阳初的平教思想有利于改变美国人心目中的中国形象，便邀请晏阳初到家中作客，畅谈平民教育问题，并将谈话以问答的形式整理而成《告语人民》一书，于1945年3月初刊行。该书强调全球三分之二的人都为文盲、疾病、饥饿、虐政所苦，必须将中国平民教育经验推行世界各地。赛珍珠将晏阳初及其事业介绍给大家，在世界上产生了极大影响。1945年联合国正式成立，其教科文组织倡导的基本教育计划就是渊源于此书。

图 8-8　《我的中国世界》书影

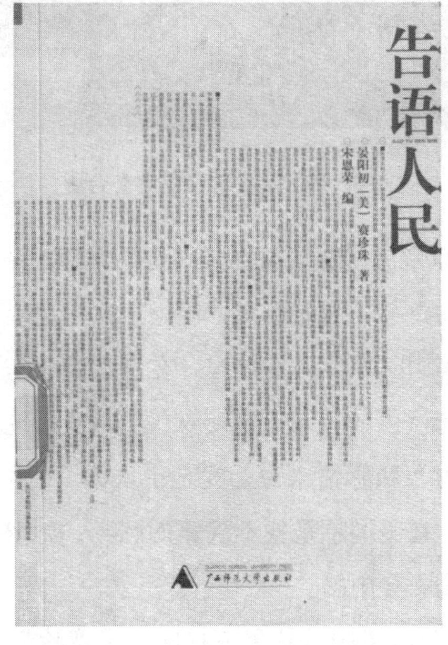

图 8-9　《告语人民》书影

1951年，在国际平民教育运动促进委员会会议上赛珍珠（戴帽者）与晏阳初（右五）友好地坐在一起。晏阳初是我国著名平民教育家，致力于平民教育与乡村建设实验。他与赛珍珠在1945年以前就已结为好友。1945年初，他到美国筹措资金，赛珍珠不辞辛苦地为之宣传和筹款。赛珍珠与晏阳初的交往和对他的帮助显示了赛珍珠始终不变的中国情。到美国后她总是竭尽所能地帮助在美的中国人，她真切地把中国人看作是自己的亲人。

图8-10　赛珍珠与晏阳初合影

1972年中美关系解冻，赛珍珠十分兴奋，立即给中国驻加拿大使馆写信，并表达了访华的意愿。为能回到中国她多次向尼克松求情，还一而再再而三地给周恩来等国家领导人发电报。在急切和兴奋的等待中她还写了许多关于中国现状和过去的文章。赛珍珠说："从血统和出身看，我是美国人……但是从同情心和感情来说，我是中国人。"她觉得自己从来都没有习惯美国的生活，在美国总是找不到家的感觉，她渴望到中国寻根，渴望回到她精神的家园——中国。

1972年2月21日，美国总统尼克松踏上了赛珍珠梦寐以求的中国大地，周恩来总理等中国领导人到机场迎接。随后受到毛泽东主席接见，从此揭开了中美关系的新篇章。

“在中国人民当中的时候，是中国人民给了我最大的愉快和兴趣。”赛珍珠离开中国将近40年里，一直想回中国一趟。1972年，中美关系解冻，使她十分兴奋，让她看到了希望，祈盼着能有机会再踏上那片使她魂牵梦萦的土地。她立即给中国驻加拿大使馆写信，表达了访华的意愿。

Pearl's dream of revisting China in nearly 40 years in America

图 8－11　1972 年中美关系解冻，赛珍珠十分兴奋，积极申请访华

图 8－12　尼克松访华

令赛珍珠悲伤的是签证申请于 1972 年 5 月被驳回。被拒签使热爱中国的赛珍珠气恼而又困惑不解，她绝望而痛苦的呼喊：“我将永远不再看见你们，我所热爱的中国民众，我的双脚将永远不再踩踏我所如此了解的小山、村庄与城市。”

图片上的一套漆盒是周恩来托尼克松于 1972 年 5 月 29 日转交给她的。

图 8－13　访华要求遭到拒绝后的痛楚

礼盒体现了周总理在当时政治格局下的无奈而尽可能的回应与抚慰。但正像尼克松、基辛格没能理解毛泽东在天安门城楼上与斯诺交谈所传达的"政治话语"一样，赛珍珠似乎也未领会周总理的这一人性化的外交礼仪举措。收到这份礼物时，她以作家的思维方式思考着盒子的寓意：盒子一个套着一个，大的套小的，直到最后一个最小的，最小的盒子里什么都没有，这象征着控制——控制——控制——直到最后，什么都没有了。尽管这样，但签证被拒绝后的愤慨忧伤还是由于这套漆盒逐渐消融，虽还带着不能再回中国的遗憾，但她表示自己以后还会坚定不移地帮助美国同胞了解、尊重和钟爱中国同胞。

晚年的赛珍珠，失去了挚爱的丈夫理查德·沃尔什，收养的子女们也长大成人有了各自的生活，这使得她陷入落寞与孤寂之中。日益剧增的中国情也无法排解，晚年的她最大的期盼就是再回到魂牵梦绕的中国，可是梦想却难以实现，这极大地增强了赛珍珠晚年的忧伤。

图 8－14　周总理委托尼克松带给赛珍珠的礼盒

图 8－15　晚年的忧伤

随尼克松总统访华的要求被拒绝后，赛珍珠大病一场，自此怏怏不起，于1973年3月带着无尽的遗憾凄然离世。

图8－16　赛珍珠自行设计的坟墓

赛珍珠精通汉语，从小师从于中国家庭教师孔先生，学习中国传统文化和汉字的书写。赛珍珠去世后被葬在了离她的宾州老宅不远的一棵白蜡树下。她墓碑上没有一个英文字母，也没有任何墓志铭，只有她自己镌刻的“赛珍珠”三个秀美端庄的篆体汉字。赛珍珠的墓碑设计饱含着对中国深深的眷恋之情，墓碑上简洁的三个字传达出的情感胜于千言万语，展示出她那颗永远不变的中国心。赛珍珠墓碑的魅力不亚于被誉为“世间最美坟墓”的托尔斯泰墓。

1973年3月26日，美国前总统尼克松在赛珍珠葬礼的悼词中称她是“一座沟通东西方文明的人桥，一位伟大的艺术家，一位敏感的富于同情心的人”。

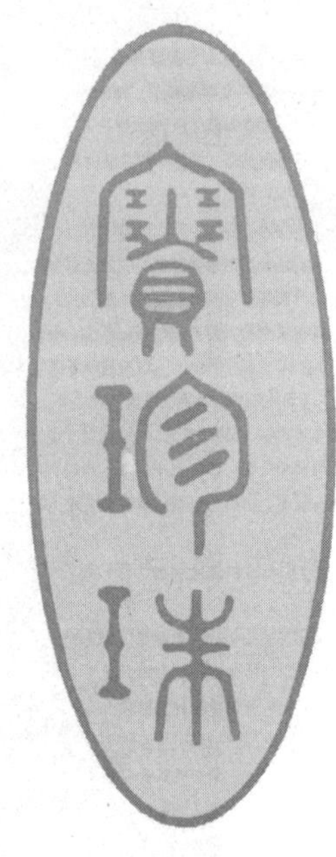

图8－17　墓碑上赛珍珠亲自书写的“赛珍珠”篆字

这是布克家族保存的布克、赛珍珠夫妇携两个女儿的“全家福”照片，左起生女卡洛尔、布克养女詹尼丝、赛珍珠，1928 年拍摄于上海。赛珍珠和布克 1935 年离婚后，这张照片被布克之母从中断开，但后来又被布克与张渌梅的子女——保罗兄妹予以黏合复原。2008 年，布克、张渌梅之子保罗特地在中国镇江邀请宿州、镇江、北京的赛研、布研工作者及国外华侨，参加保罗夫妇及子女全家举办的聚会，由保罗在聚会中介绍了这幅照片充满爱怨纠结的故事，同时也向中国现代的赛珍珠布克研究工作者展示出：受布克和张渌梅熏陶的下一代——保罗兄妹已经以博大的宽容心胸与仁爱情怀，消融了长辈在特定生活环境下形成的爱怨纠结。

图 8－18　布克家族保存由断开而修整复合的布克、赛珍珠与两个女儿的照片（修复）

养女詹尼丝后来接替了赛珍珠的国际性慈善工作，而且和宿州建立了联系，并与宿州学院赛珍珠布克研究所的联络员会面交谈，使得以宿州大地为东方起点沟通东西方为文明的桥梁，得以拓展延伸。赛珍珠和布克虽然在离开中国后再没能看到中国人民，但他们对中国的深挚情怀已通过儿女保罗和詹尼丝继续向中国表述转达，薪火相传。

布克和张渌梅的婚姻和家庭生活虽然和谐美满，但在布克携全家回美国问题上，却遇到巨大障碍，其症结就源于美国的《排华法案》。

《排华法案》是美国于 1882 年 5 月 6 日签署的一项法案。该法案重点禁止华人劳工进入美国，但少数非劳工的华人想要移民美国也极其困难。法案也影响到了已经在美国定居的华人。法案剥夺了华人移民的美国公民权，对华人社会造成了极大的伤害，使得华人人数锐减，大量华人家庭破裂。

Los Angeles Examiner * Mon., Aug. 14, 1944 Part I

TO AID CHINA—With Dr. J. Lossing Buck, former husband of novelist Pearl Buck, are his Chinese wife and their baby daughter, Rosalind, as they arrived recently at Los Angeles port of embarkation. Mrs. Buck is first Chinese admitted to the U. S. after repeal of the Chinese Exclusion Act. Dr. Buck is here to help plan expansion of Chinese agriculture after the war.

—United States Army Signal Corps

of Nanking, now located at Chengtu, Szechwan, returned to help plan for the expansion and industrialization of Chinese agriculture after the war. He represents a corporation chartered by the Chinese government to manufacture and import agricultural implements.

The overseas wives and a prospective bride included Mrs. Paul Stevenson, who met her husband, a U. S. Navy radio electrician, in Perth, Australia, where she was on duty as a member of the Women's Australian Army Air Force.

Instead of her parents objecting to the marriage, she said, "they liked my husband very much."

She is on her way to Easton, Pa., to join Stevenson, now on furlough.

Dark-eyed Mrs. Thelma McKay, wife of Sergeant John McKay of San Jose, met and married him in her native city of Karachi, India. With her is their 10-month-old son, John.

Warren C. Smith of Scranton, Pa., returning from China, where he was field supervisor of Red Cross club operations for the past 19 months, declared he was "amazed at what has been accomplished militarily in the theater of operations with what was available."

图 8－19　华盛顿报纸对布克与继任夫人张渌梅终于在美国团聚的报道

赛珍珠从《大地》的创作开始，就带着使命意识，从各个方面促进中美人民、东西方文化的交流。为了废除威胁华人在美国处境的《排华法案》，她也投入了极大努力。抗战时期，赛珍珠为废除《排华法案》奔走呼告，她曾与第二任丈夫沃尔什成立了著名的“废除排华法公民委员会”，并向罗斯福总统请求支持。1943 年，她还曾在一群中国青年自愿组成的仪仗队的簇拥之下来到美国国会，在其众议院移民委员会上慷慨陈词。在赛珍珠及其他友好人士的努力下，经罗斯福总统的支持并提议，存在长达 60 多年的《排华法案》终于被废除。从此中国人可以合法移民美国。不无巧合的是，赛珍珠此举在有意无意之间，帮了布克的大忙：布克继任夫人张渌梅因此而得以入境美国与布克团聚，从而成为赛珍珠致力于取消《排华法案》并获得成功之后的首位受益华人。

图 8－20　张渌梅赴美国团聚后，与丈夫布克的家庭生活照

1944年，张渌梅作为《排华法案》被废除后第一批受益的中国人，到达美国洛杉矶与布克团聚，华盛顿报纸对他们的团聚进行了报道。据布克孙女艾丽森·布克在2008年镇江赛珍珠国际学术研讨会上介绍，在致力于废除《排华法案》期间，赛珍珠和布克一直保持联系。此时赛珍珠、布克的共同努力的目标终于实现，首批获益而得以全家团聚的布克、张渌梅夫妇，对赛珍珠的感激之情应是可以想见的。

照片中的演讲者为布克的孙女爱丽森，这是她在2008年在镇江举办的赛珍珠获诺贝尔文学奖70周年国际学术研讨会上宣读学术论文《我的祖父约翰·洛辛·布克与赛珍珠的早期生活》的情景。会后，布克的儿子、儿媳、孙子及孙女爱丽森邀请宿州学院教师代表聚会交流，座谈探讨了关于赛珍珠和布克研究的相关问题，并提供了布克、赛珍珠在宿州期间工作生活的珍贵信息和相关的文献线索。

图8-21　布克孙女艾丽森·布克在2008年镇江赛珍珠国际学术研讨会上宣读论文

1975年9月27日，布克在纽约州达奇斯县波基普西与世长辞。其时，距离他的85岁生日还有两个月。据一位在1971年购买了布克在美国纽约州达奇斯县农庄的老人Frank. J Doherty说，布克农庄住宅的布置颇具东方色彩。而布克墓碑上镌刻的文字，也显示着他对东方世界、对中国的深沉感情。

图 8-22　布克晚年在一直保持着赛珍珠布置格局的书房内写作

布克墓碑的文字，和赛珍珠墓碑内容、形式皆有差异，但却异曲同工地蕴含着绵绵不尽的中国情结。

约翰·洛辛·卜凯

1890 年 11 月 27 日—1975 年 9 月 27 日

1915 年—1944 年生活在中国

1941 年 10 月 11 日与张渌梅结为夫妻

（张渌梅生于）1908 年 2 月 10 日

两个世界——东方和西方

图 8-23　布克墓碑的文字，和赛珍珠墓碑的内容，异曲同工地蕴含着中国情结

图 8-24　赛珍珠晚年照片

图 8-25　布克晚年照片

图 8-26　布克与张渌梅夫妇晚年合影

赛珍珠与布克之间有分歧并最终离婚，但他们工作的共同主题——中国，将他们联系起来。据布克孙女艾丽森·布克在 2008 年镇江举办的“纪念赛珍珠获诺贝尔文学奖 70 周年国际学术研讨会”上所作的学术报告《约翰·洛森·布克与赛珍珠的早期生活》披露：赛珍珠在为废除《排华法案》而努力的过程中，和布克（其实当然也包括张渌梅）一直保持联系。她逝世前数月即 1972 年 1 月 21 日给布克写信说：“当我们变老时，我们更记得朋友。令人感到非常满意的是，你有一个很好的渌梅，她为你生育了你的孩子们，我像以前一样，给予你们美好的祝福。”赛珍珠对张渌梅的赞美以及布克与中国女性结合并白头到老，足以见证赛、布二人对中国的共同认知和深沉的挚爱之情。

第九章　大地回声　人桥拓展延伸

一、概述

赛珍珠、布克的创作与研究成果出版之初，就在中国引起争议。新中国成立后的20世纪50—70年代，中美关系的对立更使赛珍珠、布克备遭敌视。文学界、学术界纷纷对二人展开批判，布克的中国学生也屡遭株连。改革开放以后，中美交流、东西方交流日益频繁，赛珍珠、布克作品和成果及影响也引起越来越多的关注。1987年由漓江出版社出版了新中国成立以来王逢振等翻译的第一个《大地》中文本，并于1998、2010年两度再版。北京、上海、南京、庐山、保定、淮安、镇江、宿州等地和全国众多高校、研究机构，都相继开展了对赛珍珠、布克的遗迹保护和各种纪念活动。央视等从国家到各省市媒体多次制作播出赛珍珠、布克的专题节目，各个层面的文化学术研究日趋繁荣。2009年，人民大会堂举行盛大仪式，授予赛珍珠等十人以“中国缘·十大国际友人”提名奖。贾庆林出席并发表讲话，标志着国家最高政治层面对赛珍珠所做贡献的高度评价，其中自然蕴含着对布克贡献的认定。

作为赛珍珠、布克事业起点的宿州，从20世纪90年代之初，就由地方文化耆宿邵体忠、梅焕亭等世纪老人拉开了赛珍珠、布克研究的序幕。另有生景新女士、周治杰先生等，他们家族先辈之与赛珍珠、布克，或为同事近邻，或曾直接交往，故而有条件以收存文献资料，或笔耕、口述史实轶闻等方式，提供了大量赛珍珠、布克在宿州的相关历史资料。随后宿州市政府、市人大、政协开会部署成立赛珍珠研究会，而以承传地域文化为己任的宿州学院，则相应成立了赛珍珠-布克研究所，在搜集抢救赛珍珠、布克文献资料的同时，结合教书育人、教学研究工作，举办学术讲座、设置相关课程、建设赛珍珠、布克研究网站，以及学报的《赛珍珠-布克研究》专栏，编发赛珍珠、布克研究专刊。并与央视和各省市媒体协作，摄制赛珍珠、布克的专题节目。2010 年，宿州学院建成了独具宿州特色的“赛珍珠-布克纪念馆”，成功举办了“赛珍珠-布克国际学术研讨会”。同时加强与国内外高校赛珍珠、布克研究学者、研究机构的学术交流，与赛珍珠国际组织和赛珍珠、布克后裔保持信息沟通，先后接待了美、英、日、荷兰、加拿大、澳大利亚等国家学者的来访或学术考察交流。上述已经完成的和正在继续的工作，都使赛珍珠、布克在一个世纪以前从宿州架起的沟通中西方文化的桥梁，在今天得到更为广阔而高速地拓展延伸，并将在中华民族走向伟大复兴的崭新历史时代，为中美文化、中西文化的交流融汇，为人类文明的和谐发展，谱写宿州大地新的华章！

二、图片与说明

赛珍珠于 1938 年获得诺贝尔文学奖，其代表作是描写中国农民生活的《THE GOOD EARTH》即《大地》《大地三部曲》，此作品在 1932 年曾经获得普利策小说奖，她是世界上唯一一位同时获得普利策和诺贝尔奖的女作家，也是目前作品被翻译成外语语种最多的美国作家。《大地》《大地三部曲》等作品通过王逢振等翻译分别由漓江出版社、上海译文出版社、湖南文艺出版社、江西美术出版社、人民文学出版社出版发行，为国人更好了解美国作家赛珍珠提供了新时期的研究文本。

邵体忠先生（1920—），宿州学院退休教师，赛珍珠研究所首席顾问。其父邵蔚华先生曾与赛珍珠在宿州市启秀女子学校共事 4 年多，交往颇多。

图9-1 中国大陆自改革开放以来部分新出版的《大地》中译本

邵先生掌握赛珍珠研究独家资料，论文及论著在国内外引起较大反响。历年来多次接待国内外赛珍珠研究机构、宣传媒体和个人的采访、咨询。现与夫人丁老师均已年近百岁，但仍精神矍铄。

图9-2 2016年7月25日，赛珍珠、布克同事的后裔邵体忠先生与夫人丁师母摄于寓所

邵体忠先生作为宿州学院赛珍珠研究所首席顾问，不顾年事已高笔耕不辍，赛珍珠研究成果颇丰，先后在《江淮文史》《人物传记》和各高校学报发表论文，出版发行《古汴留痕》《晚窗集》《赛珍珠研究五题》《赛珍珠研究小札》《布克与宿州研究专论》《赛珍珠研究及其他》等论著，为中外赛珍珠研究提供了独特视角。

2006年8月，中央电视台《走遍中国》栏目组赴宿州拍摄赛珍珠专题

图9－3　邵先生部分赛研论著

片《〈大地〉传奇》，邵先生和记者交流时思路清晰，披露了赛珍珠布克在宿州的一系列逸闻轶事。该片在中央电视台四套播出，引起很大反响，国内外慕名来宿州采访、咨询者，至今络绎不绝。

图9－4　邵先生接受中央电视台采访，谈《大地》、宿州与赛珍珠

图9－5　赛珍珠、布克家庭保姆芦妈的宿州邻居梅焕亭先生，
2016年9月22日与青年教师笑谈布克与赛珍珠的宿州往事

年近百岁的梅焕庭先生是宿州学院原历史系主任，赛珍珠研究所顾问。梅先生和夫人汪老师均为芦妈之子张开明、张开亮兄弟的友邻，曾从芦妈处获得布克的藏书——布克学生张履鸾的《加拿大之一瞥》（应是芦妈从布克、赛珍珠的南京家中带回宿州赠与邻居梅焕庭，因梅先生常常代其二子诵读及书写来往家信，故而以此作为答谢。书的扉页写有“请卜凯吾师指正，弟子张履鸾敬赠”等字样），并从张氏兄弟处获悉赛珍珠、布克的不少逸闻掌故。

图9－6　芦妈与
其次子张开亮

芦妈的丈夫在赛珍珠宿州家里做园丁，1922年全家从宿州逃难到南京，赛珍珠收留了即将临产的芦妈一家，芦妈在北伐战争期间，又救了赛珍珠、布克全家及同去躲避乱军杀戮的美国同事。布克之子保罗2008年还对宿州的赛研工作者谈到赛珍珠、布克对芦妈的终生感激。

生景新女士现为宿州市福音堂退休人员，其父生熙安当时为福音堂牧师。赛珍珠和丈夫布克在宿州期间，与生景新女士的父亲来往颇多。2010 年赛珍珠国际基金会总裁珍妮特女士、理事沃特斯女士来宿州期间，专程到赛珍珠布克当年的宿州故居福音堂的生景新女士家中看望。

图 9－7　2008 年，赛珍珠国际总裁珍妮特、理事沃特斯专程看望赛珍珠布克同事的后裔生景新女士

这幢两层小楼，由赛珍珠亲自设计，里面全部是木质结构，卧室、书房、客厅、厨房、卫生间、保姆房功能分明，壁炉的设计彰显欧美风格，这在当时的宿州社会非常罕见。在此居住一直到 1921 年秋离开宿州。宿州市人民政府非常重视赛珍珠故居的修缮工作，专门拨款进行修缮，并在楼内辟有“赛珍珠纪念室”。

宿州市人民政府非常重视赛珍珠故居的修缮工作，专门拨款，委派专人负责对于赛珍珠在福音堂故居进行修缮。约翰·洛辛·布克婚前住在教会职工单身宿舍，1917 年婚后在当时教会职工宿舍院内分配婚房，是灰瓦青砖的四间平房，位于宿州市大河南街。大河南街被认为是富贵街，他们故居隔壁是魁星阁。故而赛珍珠获诺贝尔文学奖的消息传到宿州后，当年的遗老文人和市井平民也曾在茶余饭后推究获奖原因。其荒唐可笑的结论竟然是：在文曲星的高照下，赛珍珠日后才得以写出获得诺贝尔文学奖的作品《大地三部曲》！其实赛珍珠自己以及布克也都说过，《大地》之所以

图9－8　宿州重建赛珍珠故居

获得成功，最主要条件在于：因为布克是农业专家，她经常陪同丈夫下乡走访，担当翻译的角色，近距离接触中国农民，才为日后写作《大地》积累了丰富的素材。

图9－9　赛珍珠布克初到宿州时的福音堂故居

王逢振：新中国成立后第一位《大地》中文翻译者，中国社会科学院研究员，博士生导师，世界文学文化研究、文艺理论研究专家，翻译家，曾先后任美国加州大学批评理论研究所、澳大利亚国立大学人文研究中心、美国杜克大学批评理论中心客座研究员。2012 年 11 月莅临宿州学院讲学，作了题为《文学阅读 · 理论和批评 · 兼评赛珍珠》的学术报告，他认为《大地》的人物、情节背景均取自宿州，赛珍珠取材于宿州“三农”素材的《大地》，以艺术叙事手法，形象而准确的体现出旧中国农业经济的生产方式，这在世界文学作品中是仅有的。王先生一向关注、支持宿州学院赛珍珠研究，曾专门为赛珍珠纪念馆开馆仪式和赛珍珠-布克国际学术研讨会撰写学术论文《再读赛珍珠和她的〈大地〉》，发表在《宿州学院学报》。

图 9－10　《大地》翻译者王逢振先生在宿州讲学

姚君伟：南京师范大学外国语学院副院长，文学博士，教授，博士生导师，兼任教育部专业外语教学指导委员会英语教学指导委员、中国高等教育学会外国文学专业委员会理事、中美比较文化研究会秘书长、中国赛珍珠研究会副会长。在国内外学术期刊发表赛珍珠研究理论数十篇，出版专著《文化相对主义：赛珍珠的东西文化观》。他一直关注宿州学院赛珍珠研究，2010 年为赛珍珠纪念馆落成仪式暨赛珍珠-布克国际学术研讨会

图 9－11　王先生为讲学现场提问者解难释疑

发来贺电，2013 年 5 月，应邀到宿州学院讲学，作了题为《关于赛珍珠与研究的思考》学术讲座，他认为我校把赛珍珠与布克研究结合起来，是极有价值的待开垦领域，二者是互相涵盖的，布克的研究不仅对中国的农业经济、农业发展、农村问题非常必要，而且对赛珍珠研究有着不容忽视的意义，他希望布克研究深入开展，研究成果传到美国。而 2016 年，布克的儿子保罗在和鄢化志教授的来信中，就交流了康奈尔大学对布克研究的最新进展。

图 9－12　著名赛研学者姚君伟在宿州讲学

图 9－13　布克研究学者、河北大学教授杨学新（右三）在赛珍珠、布克的宿州故居考察

2007年6月，美国赛珍珠国际基金会理事、美国赛研学者珍妮特·罗伯茨女士专程来到宿州市探询赛珍珠生活轨迹，不放过任何一个能够了解赛珍珠的机会。她在宿州市立医院（原民爱医院）会见赛珍珠中国同事的后裔，到宿州现代新农村建设的典型——夏刘寨村考察当代农村农民的生活劳动现状，并在拜访了赛珍珠同事邵蔚华的后裔邵体忠先生，和宿州学院的赛研工作者进行了深度交流。她在美国执着于赛珍珠研究，对于在赛珍珠的中国故乡宿州，看到高等院校设有赛珍珠专门研究机构并卓有成效开展工作，感到非常高兴。她充满感慨地说："在中国研究赛珍珠的人，比美国还多。"图9-14是她在赛珍珠故居内与邵振明先生合影，邵振明先生的祖父邵蔚华是赛珍珠执教启秀女校期间的同事。

图9-14 罗伯茨在宿州赛珍珠、布克工作过的旧居内与赛珍珠同事邵蔚华的孙子、民爱医院副院长邵振明等合影

2013年8月河北大学副校长杨学新教授一行4人来宿州考察、交流布克、赛珍珠研究工作。杨学新一行参观了宿州学院的赛珍珠纪念馆，并考察了位于宿州市大河南街福音堂大院内的布克、赛珍珠故居，以及赛珍珠《大地》中多次描写的宿州古城墙，并询问了布克在宿州工作过的符离、濉溪等地的现状。考察后与宿州学院赛珍珠布克研究所人员进行了交流，

并洽谈了双方互访、共做课题、共同举办布克研究学术研讨会等问题。从而在布克中国工作的两个重要据点之间，架起了推进布克、赛珍珠学术研究的新通道。

2005 年 9 月，美国洛杉矶语言学家、赛珍珠研究学者艾碧·普林斯蒂尔博士沿着赛珍珠当年中国生活的足迹，来到宿州学院，成为赛珍珠研究所的首位外国客人，时任宿州学院校长桂和荣教授、副书记宋文贤，以及宿州市人大负责人和邵体忠先生一起参加会见并举行座谈。艾碧博士感兴趣的问题是如何证明《大地》书中原型人物的塑造就在宿州，赛研所顾问邵体忠先生对此做了权威解答，并向客人赠送他的专著《古汴留痕》。艾碧博士表示，回国后将及时宣传此次访华见闻，让美国人民了解赛珍珠研究的有关情况，并把美国各界的赛珍珠研究信息和她本人的研究成果及时提供给宿州学院，使赛珍珠架起的“中美文化交流桥梁”发挥更大的作用。

图 9－15　美国赛研学者艾碧博士访问宿州学院

2005 年 12 月，当时在中国林业大学担任客座教授的澳大利亚学者简·安赛，非常喜欢赛珍珠的作品，自幼看过赛珍珠的《大地》，从而对中国充满向往。从赛珍珠回忆录《我的几个世界》里得知“南宿州”对赛珍珠写作的影响，赛珍珠与当地老百姓结下的深厚友谊以及当地的风土人情民风民俗给她留下深刻印象，利用在中国工作的机会，专程到宿州市“寻找赛珍珠”，和赛珍珠研究所的人员进行交流。

图9-16　中国林业大学担任客座教授的澳大利亚学者简·安赛到宿州市“寻找赛珍珠”

2005年1月，日本文部科学省教官、中国民族学学会海外理事韩敏博士在宿州学院举办学术《赛珍珠与〈大地〉在日本》的讲座，介绍日本的赛珍珠研究状况，她指出：赛珍珠在日本受到不同年龄层读者喜爱，在日本被作为文学作品阅读的同时，也被作为社会学、人文科学工作者的必读书目，并从文化人类学角度分析形成上述现象的深层原因，受到与会者高度评价，并应邀担任赛珍珠研究所海外顾问，对宿州学院赛珍珠研究提出建设性意见，提供了多方面的实际支持。

图9-17　日本学者韩敏在宿州宣讲日本的赛珍珠研究

图9－18　美国罗伯茨来宿州寻访赛珍珠

2007年6月，美国学者罗伯茨女士执着于赛珍珠研究，在安徽省滁州学院担任外教期间，专程来到宿州市探询赛珍珠生活轨迹，图9－19是她在赛珍珠工作过的福音堂考察；在宿州学院赛珍珠研究所，罗伯茨饶有兴趣浏览了所内所收藏的赛珍珠生平资料，赛珍珠在宿州生活、工作及文学创作的文献、赛珍珠获得诺贝尔文学奖小说《大地》各种版本，以及宿州的人文历史、民俗风情与《大地》内在联系的各种研究文献、书刊和音像资料，同时，她向赛珍珠研究所赠送英文原版《大地》和电影光盘，为宿州学院赛珍珠研究提供了宝贵资料。

图9－19　罗伯茨考察赛珍珠布克当年工作的福音堂

始建于1908年的南宿州基督教福音堂是布克初到宿州时的工作生活旧址，赛珍珠与布克1916年庐山相恋之初，也曾受布克邀请来过此处。二人1917年结婚后，开始也在此短期居住，然后才相继迁居到大河南街带院子的平房，以及宿州城东南郊区的农事部小楼。

图 9－20、9－21 为美籍历史学家戈劳尔特与宿州学院邵体忠先生探讨赛珍珠研究问题的信件。1995 年初夏，美籍历史学家戈劳尔特到访宿州市福音堂，了解赛珍珠曾经生活过的地方，得知邵体忠先生是国内赛珍珠研究方面的专家，半夜要到家中拜访，但邵先生已经就寝，故而谋面未果。因其行程匆匆，至回国后才得以信件往来数封，探讨了赛珍珠研究的若干问题。

赛珍珠不仅是美国的，也是世界的。世界各地的赛珍珠研究者和爱好者慕名宿州学院纷至沓来，荷兰女作家柯卢莉·维莎 2005 年来宿州探望邵体忠先生，请教寻觅赛珍珠旅宿故居线索。图 9－23 是维莎赠送给邵体忠先生的绘有荷兰奶牛风车标志的瓷盘摆件。邵先生赋诗四首以答谢：“一、远客登门破寂寥，自言国籍属红毛。有缘万里能相见，也步珍珠所搭桥。二、来自迢迢海国乡，风姿绰约气昂扬；尤惊左撇书文字，流利美观且大方！三、贻我风车景一盘，休嫌贽敬太寒碜！鹅毛千里情殷厚，况表国风不一般！四、风车一侧奶牛黄，车送能源奶送康。寄语和谐东道主，健鹄附骥大鹏翔。”

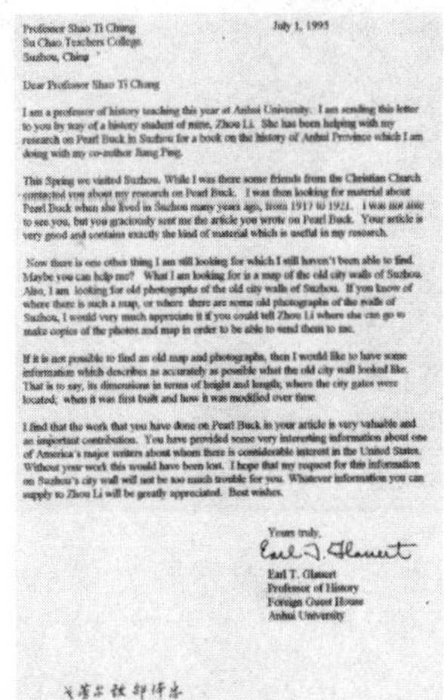

Professor Shao Ti Chung
Su Chao Teachers College
Suzhou, China

July 1, 1995

Dear Professor Shao Ti Chung

I am a professor of history teaching this year at Anhui University. I am sending this letter to you by way of a history student of mine, Zhou Li. She has been helping with my research on Pearl Buck in Suzhou for a book on the history of Anhui Province which I am doing with my co-author Jiang Ping.

This Spring we visited Suzhou. While I was there some friends from the Christian Church contacted you about my research on Pearl Buck. I was then looking for material about Pearl Buck when she lived in Suzhou many years ago, from 1917 to 1921. I was not able to see you, but you graciously sent me the article you wrote on Pearl Buck. Your article is very good and contains exactly the kind of material which is useful in my research.

Now there is one other thing I am still looking for which I still haven't been able to find. Maybe you can help me? What I am looking for is a map of the old city walls of Suzhou. Also, I am looking for old photographs of the old city walls of Suzhou. If you know of where there is such a map, or where there are some old photographs of the walls of Suzhou, I would very much appreciate it if you could tell Zhou Li where she can go to make copies of the photos and map in order to be able to send them to me.

If it is not possible to find an old map and photographs, then I would like to have some information which describes as accurately as possible what the old city wall looked like. That is to say, its dimensions in terms of height and length; where the city gates were located; when it was first built and how it was modified over time.

I find that the work that you have done on Pearl Buck in your article is very valuable and an important contribution. You have provided some very interesting information about one of America's major writers about whom there is considerable interest in the United States. Without your work this would have been lost. I hope that my request for this information on Suzhou's city wall will not be too much trouble for you. Whatever information you can supply to Zhou Li will be greatly appreciated. Best wishes.

Yours truly,
Earl T. Glauert
Earl T. Glauert
Professor of History
Foreign Guest House
Anhui University

图 9－20　美籍历史学家戈劳尔特致信邵体忠询问赛珍珠宿州信息

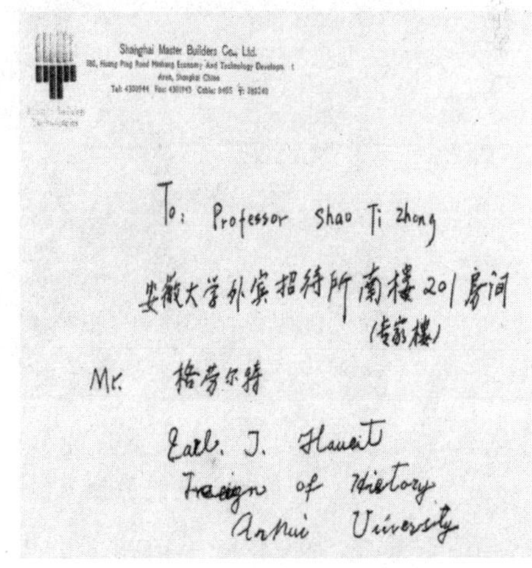

Shanghai Master Builders Co., Ltd.

To: Professor Shao Ti Zhong
安徽大学外宾招待所南楼201房间
(专家楼)
Mr. 格劳尔特
Earl. J. Glauert
Foreign of History
Anhui University

图 9－21　邵体忠复信信封

图9-22　荷兰女作家
柯卢莉·维莎来宿州寻觅赛珍珠

图9-23　赠送邵体忠先生绘有
荷兰奶牛风车标志的瓷盘摆件

2012年6月，加拿大哥伦比亚大学教授圣约翰书院副院长CHRIS LEE（中文名：李明皓）、北京周报记者汪健来宿州考察赛珍珠中国生活轨迹，先后探访宿州古城墙遗址和赛珍珠两处故居，拜访邵体忠先生。

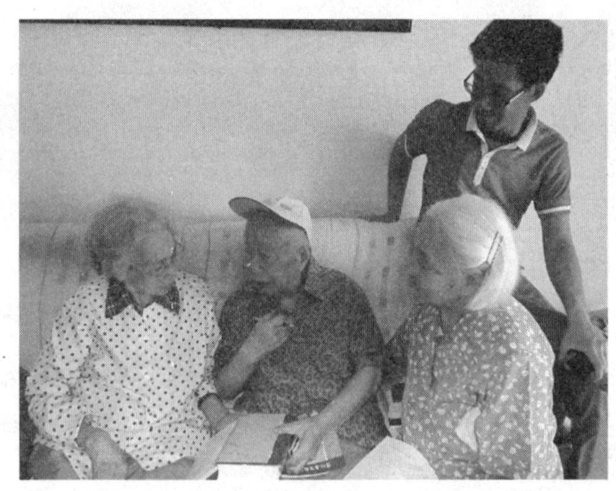

图9-24　北京周报记者汪健女士、加拿大哥伦比亚大学
教授李明皓教授来宿州考察赛珍珠

宿州学院赛珍珠研究所为宿州通向世界打开一扇门。宿州学院的赛珍珠研究引起广泛关注，台湾赛珍珠基金会主任柯玉玲女士2010年到宿州参加赛珍珠-布克学术研讨会，会议期间和与会者广泛交流。

图 9－25　宿州与海内外学者举行赛珍珠-布克学术研讨会

图 9－26　美国与我国台湾地区及镇江的赛珍珠-布克研究学者
游览宿州学院校园景点赛亭与珍珠湖

图 9－27　布克之子保罗夫妇携子女来中国参加赛珍珠学术研讨会

2008 年 10 月，宿州学院赛珍珠研究所研究员在镇江参加纪念赛珍珠获诺贝尔奖 70 周年暨镇江市国际友好交流大会期间，与布克后裔合影留念。赛珍珠虽然与布克离婚，但是一直保留夫姓布克，布克之子保罗一家对于宿州市开展布克研究很关注，保罗夫妇携子女与宿州学院赛珍珠研究人员进行座谈，充分交流，并观看了他们全家制作的反映布克生平及家族历史的影像资料。

2009 年 5 月，宿州学院赛珍珠研究所联络员桂莅鑫在留学美国期间，应邀参观美国青山农场赛珍珠纪念馆，并与馆长唐娜女士合影，获赠一批国内罕见的赛珍珠、布克学术研究资料，有效推进了国内尤其是宿州地区的赛珍珠、布克研究的各方面进展。

2008 年镇江会议期间，宿州学院赛珍珠布克研究所联络员常旻懿硕士和布克孙子安德鲁、孙女艾丽森交谈赛珍珠布克研究相关问题。

图9－28　布克之子保罗及子女与宿州赛研工作者合影

图9－29　美国青山农场赛珍珠纪念馆馆长唐娜女士在中国与宿州赛研学者桂莅鑫合影

图9－30　赛珍珠研究所联络员常旻懿和布克孙子安德鲁、孙女艾丽森交谈

图9－31　美国赛研学者祁瑞在中国与宿州赛研人员合影

2009年5月，宿州学院赛珍珠研究所文化联络员桂莅鑫在美国留学期间，应布克后代保罗的邀请，参观赛珍珠故居青山农场及赛珍珠博物馆，并看望了赛珍珠和丈夫布克的养女詹妮丝（不幸于2016年3月去世）女士，詹妮丝女士当时已90岁高龄，作为赛珍珠纪念馆工作人员，毕生致力于传播赛珍珠思想，让世界各地更多的人了解赛珍珠。

图9－32　宿州学院赛研所联络员桂莅鑫留学美国期间，与布克与张渌梅之子保罗·布克与赛珍珠养女詹妮丝在青山农场赛珍珠故居合影

2007年9月，英国著名作家希拉里·斯波林女士和鲍勃·里格尔为创作赛珍珠题材小说搜集素材时，在南京大学赛珍珠研究学者刘海平教授陪同下，不远万里专程来到宿州，为正在撰写的小说《赛珍珠传》搜集素材。2010年4月，新书出版《赛珍珠在中国：大地之旅》专门寄给邵体忠先生，感谢他和宿州学院赛研所的常洪、魏群女士等赛研同仁为写作提供的重要参考资料，左图是她与宿州赛珍珠研究学者合影留念，图9－34是她赠予邵先生其著作《赛珍珠在中国》封面。

图 9-33　英国著名作家希拉里女士来宿州搜集赛珍珠题材小说素材时，与宿州赛研学者合影

图 9-34　希拉里将其著作《赛珍珠在中国》寄赠宿州学院的邵体忠先生。图为赠书的封面

2006 年 7 月至 8 月，中央电视台国际频道《走遍中国·走进宿州》栏目组，在《〈大地〉传奇》编导的带领下，奔赴宿州拍摄赛珍珠专题片期间，节目组摄制人员与赛珍珠研究学者合影，摄制组还把宿州学院优美的校区风景，巧妙穿插摄入《〈大地〉传奇》的故事中，为扩大宿州学院赛

珍珠研究工作的影响起到很好的作用。

图 9－35　中央电视台来宿州摄制赛珍珠专题片

图 9－36　央视《赛珍珠》摄制组拍摄宿州地方资料

2005 年 10 月，宿州赛珍珠研究受到各大媒体的关注，江苏卫视大型人文专题栏目《江南》栏目组来宿州拍摄制作赛珍珠专题片《赛珍珠在中国》，宿州学院赛珍珠研究所研究学者们接受了采访，摄制组还对宿州市的城镇乡村进行了民风民俗和今昔变化方面的采访，生动展示出宿州深厚的文化底蕴和淳朴的风俗民情。2006 年 11 月下旬在江苏卫视播出，为赛珍珠研究提供了更加丰富的视频资料。

2011 年，安徽电视台《旧闻新说》栏目组，现场录制 5 集电视专题片

图 9－37　江苏卫视来宿州拍摄制作赛珍珠专题片

《传奇赛珍珠》，宿州学院赛珍珠研究所、布克研究所鄢化志教授参加节目录制，担任主讲嘉宾。

图 9－38　安徽电视台摄制《宿州·赛珍珠传奇》专题片

1972 年，70 岁的布克在美国家中对康奈尔大学教授科尔曼的谈话中，深情回忆起他近半个世纪前在中国宿州的工作经历，其中特别提到它与宿州牛耕农民的交往：

我会骑着自行车在村庄、在乡间穿梭，观察农民们如何劳作，以及为何这样劳作，同时练习我的中文。这样，我的确学到了他们的很多方法，我也开始懂得为何他们要这样或那样做一件事。

图 9－39 珍妮特明泽考察宿州农贸市场

2010 年，美国赛珍珠基金会总裁珍妮特·明泽造访宿州。她对赛珍珠生活过的城市兴趣浓厚，这是她考察宿州农贸市场，了解现代中国人生活最真实的一面。

图 9－40 外国青年来华，在布克、赛珍珠调查过的宿州符离集模仿布克，体验农耕

他们十分乐意和我交谈。因为我是一个农家孩子，我知道如何与农民们交谈。而我的学生们很少有田间劳作的经历，甚至瞧不起农民。某种意义上他们害怕面对农民，因为他们不知道该说什么。当你看到农夫在犁地或锄地，重要的就是去和他谈论他正在做的事情。我当时出门如果看到农夫在犁地，经常会说："让我试试"。农夫们一开始往往会觉得好笑：这的确有趣，一个外国人在这里尝试犁地！但这确实有效，我这么做并没有失去声望，或许还获得了更多。

2008年，来自英国的宿州学院外籍教师Glen，通过宿州学院了解到：赛珍珠和布克曾到宿州符离集做过农业调查，布克曾多次并亲自扶犁驾牛耕地，因此也想体验一下自扶犁驾牛耕田的滋味，于是在外语系合作教师的带领下，Glen终于得到机会前往宿州符离集，模仿布克体验农耕，以此加深对中国大地和宿州乡土的热爱之情。

图9-41　21世纪初美国女学者罗伯茨考察宿州大地

2007年6月，美国女学者罗伯茨作为文学爱好者，深深被赛珍珠所描写的《大地》所吸引，来到赛珍珠在《大地》中倾力描绘的宿州农村参观考察，田间地头，结识乡村妇女，向赛珍珠当年那样和农妇们亲切交谈亲身体会到宿州大地的丰饶、深厚，亲切感受到新旧农村的巨大变化，探访赛珍珠的大地足迹。

图9-42　罗伯茨结识乡村妇女

以弘扬中国传统文化、承传地方特色文化、培养高素质经济文化建设人才为己任的宿州学院，为推进赛珍珠、布克研究，以开放的姿态促进中西文化交流，在大学文化建设规划中，将赛珍珠的姓名元素与校园布局结合，分别为两处人文景点命名为“赛亭”与“珍珠湖”。

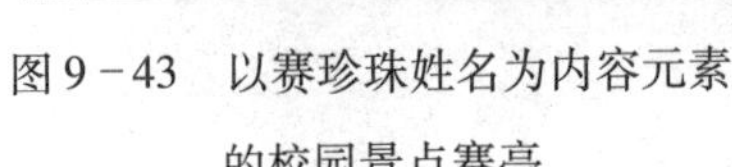

图9-43　以赛珍珠姓名为内容元素的校园景点赛亭

图9-44　校园景点珍珠湖

为充分发挥特色文化资源在推进地方高校发展中的巨大潜能，将赛珍珠、布克以宿州为起点沟通中西文化的业绩，及其体现的世界视野、人类情怀，用来培养新时期大学生的人文素养，宿州学院辟建了赛珍珠纪念馆，引起国内外赛珍珠、布克研究机构、专家学者的高度关注。图为中外学者参观赛珍珠、布克纪念馆。

图 9－45　2010 年，来自美国赛珍珠基金会的珍妮特和沃特斯，中国镇江的赛珍珠研究会会长徐晓霞、台湾的柯宇玲游览宿州学院东校区校园内人文景点——珍珠湖边的赛亭

图 9－46　赛珍珠国际组织总裁与理事珍妮特与沃特斯考察南宿州基督教福音堂旧址

图 9－47　美国赛珍珠国际组织总裁明泽、理事沃特斯，
我国台湾赛珍珠研究会执行主席柯宇玲等中外学者在参加
赛珍珠纪念馆开馆仪式后，入馆参观并听取讲解

宿州学院文学与传媒学院的赛珍珠布克研究学者们近年来成果丰硕。他们的论文汇编《大地的回声》代表赛珍珠研究队伍老中青结合的团队成果，从不同的视角研究，丰富了国内赛珍珠研究的理论领域，扩大了宿州赛珍珠研究的影响。

图 9－48　赛珍珠主题书画巡回展宿州站开幕

2016年6月，赛珍珠主题书画巡回展宿州站开幕，宿州学院校长张莉教授致开幕词，赛珍珠主题书画巡回展的展出，使赛珍珠研究有了更深远更广阔领域的拓展。

图9－49　宿州学院文学院的赛珍珠布克研究论文汇编《大地的回声》

宿州学院作为赛珍珠布克事业起点所在地的唯一本科高校，一直把赛珍珠、布克研究作为承传地方特色文化的重要任务。不仅在学校统筹了成立研究所，建成了纪念馆，建设了赛珍珠研究网站，定期刊发《赛珍珠研究》专刊，以及各类关于赛珍珠布克研究的论文集和信息简报，而且把赛珍珠布克研究科目纳入教学计划，申报科研项目，在学报上开辟赛珍珠布克研究专栏；抢救性地搜集、挖掘了赛珍珠与布克在宿州的历史文献、图片音像资料，并与国内外开展学术交流，多次参与央视和省市各类媒体的研究、宣传、专题节目制作等工作，在国内外赛珍珠、布克研究领域都形成较大影响。所刊《赛珍珠研究》已经被国家图书馆列为内部发行期刊中的收藏资料。

2010年，宿州学院赛珍珠纪念馆开馆仪式暨赛珍珠－布克国际学术研讨会在东校区举办，成为大地故乡——宿州在赛珍珠、布克学术研究进程中的一大盛事，为宿州的赛珍珠、布克研究的发展，拉开了新的帷幕。

图 9－50　宿州学院赛珍珠研究所编辑印发的
《赛珍珠-布克研究学术论文集》和《赛珍珠研究》专刊

图 9－51　赛珍珠布克国际学术研讨会宿州学院赛珍珠纪念馆开幕及学术研讨会合影

附录　赛珍珠、布克与宿州关联的材料

1. 赛珍珠年谱简编

1892 年　6 月 26 日，赛珍珠出生在西弗吉尼亚州赫尔斯堡罗的一个基督教长老会传教士的家庭。取名为 Pearl Comfort Sydenstricke。10 月，赛珍珠在襁褓中被带到中国，始有中国名字：赛珍珠。

1893 年　随父母搬到苏州。

1894 年　随父母搬到杭州。王妈到赛家照顾赛珍珠。

1895 年　赛珍珠的弟弟卡罗德·萨登查克死于传染性热病，葬于上海白人公墓。赛珍珠的哥哥埃德加被送往美国。

1896 年　随父母到镇江定居。

1900 年　义和团运动，赛珍珠随全家被迫迁居上海近一年。

1901 年　赛珍珠一家从上海乘船到旧金山。

1902 年　赛珍珠随父母返回镇江，拜前清秀才孔先生为师，习读经书，接受中国古典文学教育。跟母亲学习写作，第一篇习作在《上海信使》英文报上发表。

1905 年　孔先生病故。

1906 年　赛珍珠在庐山牯岭美国教会学校入学，每周上课二至三天，

1909 年　赛珍珠进入上海朱厄尔女子教会学校寄宿。

1910 年　先随父母旅经欧洲，在瑞士纳沙特学校学习法语数月，9 月，就读伦道夫–梅肯女子学院。

1914 年　获伦道夫–梅肯女子学院文学学士学位，并作为助教在该校心理学系执教。因母亲病重，赛珍珠向长老会申请到中国担任教会学校老师，11 月返回中国。

1914—1916 年　在“润州中学”任教英文。在庐山陪伴生病的母亲。

1917 年　5 月 13 日，赛珍珠在中国与美国农业专家约翰·洛辛·布克结婚。婚后与丈夫居定在中国安徽宿县（又称“南宿州”，今安徽省宿州市），在当地的教会学校任教。

1920 年　年初，从宿州县（南宿州，今宿州市）移居南京，赛珍珠丈夫在金陵大学讲授农业理论，赛珍珠在该校教英国文学史。

1920 年　3 月 20 日，赛珍珠在南京生一女孩，取名卡洛尔，由于产后并发症，赴美国手术治愈。

1921 年　10 月，赛珍珠母亲病故。

1924 年　《也说中国》载于《大西洋月刊》（1 月号），其他中国题材的小说、散文开始在美国报刊上发表。

1925 年　担任国立东南大学外文系兼课教师。

1924 年　夏，返回美国，就读于康奈尔大学。为女儿治病。

1925 年　获康奈尔大学英国文学硕士学位，9 月返回中国。

1927 年　3 月，北伐军进攻南京，赛珍珠一家幸免于危难。离开南京，避居日本长崎。10 月，返回中国上海。

1928 年　7 月返回南京。

1929 年　7 月，全家回美国。赛珍珠支付了昂贵的学费，交女儿留在美国的瓦恩兰残疾人学校，卡洛尔在那里生活了长达 60 多年。第一部长篇小说《东风·西风》在美国出版，获得好评。

1930 年　1 月，与布克、养女珍妮丝返回南京。长篇小说《大地》在金陵大学寓所完稿。

1930 年　8 月 31 日，赛珍珠父亲去世。

1931 年　《大地》在美国出版，引起轰动。被列为最畅销的书，赛珍珠在美国名声大振。《大地》获美中普利策奖。同年《年轻的革命者》《儿女们》出版。

1932 年　《第一位妻子与其他的故事》出版。

1933 年　《水浒传》英译本《四海之内皆兄弟》出版。10 月 2 日，赛珍珠抵达上海，巧遇林语堂，沃尔什到南京与赛珍珠重逢，畅游东南亚（印度、泰国、缅甸），后到北京，与埃德加·斯诺以及其夫人海伦相聚。

1934 年　3—4 月，与沃尔什远游香港、马来半岛各国以及菲律宾。5 月 30 日从南京回美国定居。《母亲》在美国出版，深受好评。11 月获美国艺术文学院豪厄尔斯奖章（该奖章授予 1930—1935 年间美国最佳小说）。被选为美国文艺学院士。沃尔什接管《亚洲》杂志。

1935 年　《大地》三部曲（《大地》《儿子们》《分家》）一卷本问世。

1936 年　与约翰·洛辛·布克离婚。同年 6 月 11 日，与台庄出版公司董事长理查德·J. 沃尔什结婚。纪念母亲和父亲的传记《异帮客》和《战斗的天使》出版。

1937 年　1 月，米高梅公司拍摄的《大地》在全国公映。扮演阿兰的女主角荣奥斯卡奖。

1938 年　荣获诺贝尔文学奖（美国第三位获诺贝尔文学奖的作家、第一位获该奖的女作家）。长篇小说《这颗骄傲的心》出版。

1939 年　新年，在世界俱乐部为赛珍珠举办了盛大的招待会。长篇小说《爱国者》与演讲集《中国小说》《飞进中国》（9 月改编为剧本）出版。

1940 年　长篇小说《别的神：一个美国传奇》出版。公开支持修正案，呼吁扩大妇女就业机会。应邀参加在华盛顿举行的全国妇女第十次双年度会议，并作了主要发言。

1941 年　出版短篇小说集《今天和永远》、论文集《男人与女人们》。创立东西方协会（该会为旨在增进世界人民之间的了解的非营利组织）并担任主席。任《亚洲》杂志总裁。担任联合援华会主席，同时担任美国文艺学术院委员和《世界俱乐部》理事长。

1942 年 长篇小说《龙子》《中国的天空》，演说集《美国的统一与亚洲》出版。多次发表演讲，宣传她的种族平等思想。

1943 年 出版长篇小说《诺言》（抨击殖民主义)、论文集《我眼中的中国》、儿童读物《水牛娃儿》。王莹在美国白宫演出中国抗战歌曲和《放下你的鞭子》，赛珍珠担任主持。沃尔什夫妇成立了废除排华法公民委员会，赛珍珠为主要发言人，为排华法案的废除作出了贡献。

1944 年 出版剧本《孙中山》《中国到美国》、儿童读物《龙鱼》和传记集《灵与肉》。在纽约的孙中山逝世周年纪念集会上发言，盛赞孙先生的伟绩。担任美洲印度联盟“荣誉主席”。

1945 年 为“东西方协会”在国际新秩序中发挥强大影响而努力：

出版《告语人民》，宣传晏阳初的大众教育活动；在白宫举行“东西方之夜”百名社会名流庆典活动，王莹担任中国剧团团长。出版长篇小说《小镇人》（以约翰·赛吉斯为笔名)、《结婚写照》，剧本《准备占领世界吗?》《发妻》，谈话录《与玛莎·司各特谈苏联》。

1946 年 3 月 21 日，美国联邦调查局为赛珍珠设立了 300 页档案，怀疑赛珍珠是共产党。在家中接待老舍和曹禺。出版长篇小说《群芳亭》。《亚洲》杂志停刊。

1947 年 出版长篇小说《愤怒的妻子》、谈话录《来龙去脉：与艾尔娜·冯·普丝陶谈 1914—1933 的德国人民》《关于俄国的谈话》《远与近：日本、中国和美国小说集》。

1948 年 出版长篇小说《牡丹》和儿童读物《巨浪》。

1949 年 创办“欢迎之家”，收容美国军人在海外与亚洲妇女非婚所生弃儿——“亚美人”，出版长篇小说《同胞》《漫长的爱情》，论文集《美国的争论》。

1950 年 儿童读物《永远长不大的孩子》《一个明媚的日子》。

1951 年 出版长篇小说《上帝的子民》，犹太人慈善联盟授予当年“重要妇女”称号。被选入美国文艺学会，并任美国作家协会主席。

1952 年（60 岁） 出版长篇小说《羞涩的花朵》《光辉的列队》《撒

旦永不眠》。

1953 年　出版长篇小说《来吧，我亲爱的》《家声》，儿童读物《改变了中国的人：孙中山的故事》。

1954 年　出版自传《我的几个世界》（中译本作《我的中国世界》）和儿童读物《约翰·杰克和他的开端》。

1955 年　出版长篇小说《慈禧太后》。

1957 年　出版长篇小说《北京来信》。

1958 年　出版散文集《朋友之间》。

1959 年　出版长篇小说《控制早晨》。

1960 年　沃尔什先生去世，迁居宾夕法尼亚州费城郊区的青山农庄，出版儿童读物《马太、马可、路加和约翰》。

1961 年　出版《十四篇短篇小说》、剧本《巨浪》。

1962 年　获人类特殊贡献奖。出席在白宫举行的诺贝尔获得者宴会。出版传记《跨越鸿桥》。

1963 年　出版长篇历史小说《不死的芦苇》。西奥多·F. 哈里斯成为赛珍珠的终身“伴侣”。

1964 年　创设赛珍珠基金会，支持“欢迎之家”等慈善机构，使其在救助“亚美人”方面发挥更大作用。被授予“美国十佳妇女”称号。

1965 年　出版长篇小说《死在城堡中》。赛珍珠基金会在韩国开设办事处。

1966 年　出版《茫茫天宇：遨游谈笑间》（与西罗德·F. 哈里斯合著）。盖洛普民意测验结果；赛珍珠是本年度最受人们钦佩和羡慕的美国妇女之一。

1967 年　赛珍珠将自己的大部分收入 700 余万美元移交赛珍珠基金会，赛珍珠基金会在冲绳开设办事处。公开反对越南战争。出版长篇小说《正午时分》和散文作品《给我女儿的爱》。

1968 年　出版长篇小说《新年》。赛珍珠基金会在菲律宾开设办事处。

1969 年　盖洛普民意测验结果：赛珍珠是第八位最受敬重的妇女。出版长篇小说《梁太太和她的三个女儿》、短篇小说集《善行》。

1970 年　出版《赛珍珠传》（两卷本）（由西罗德 · F. 哈里斯编辑）赛珍珠基金会在越南开设办事处。

1971 年　出版儿童读物《中国讲故事的人》。

1972 年　尼克松总统宣布访华后，赛珍珠不顾八旬高龄，同意主持美国国家广播公司（NBC）专题节目“重新看待中国”。2 月 27 日—4 月 21 日，先后四次致函周恩来，4—5 月两致函黄华，积极准备重新访华。但不久加拿大使馆拒绝为其签证，赛珍珠大失所望，一病不起。

1973 年　3 月 6 日逝世于佛蒙特州丹比城，骨灰安葬在宾夕法尼亚州费城郊区青山农庄。她的故居作为国家级保护文物，后作为宾州景点，供国内外游人参观。

2. 约翰·洛辛·布克先生大事年表

1890 年 11 月 27 日，生于纽约达奇斯郡拉格朗日镇。

1910 年考入康奈尔大学农学院，1914 年毕业，获得理学学士学位。

1915 年作为农业传教士，被美国长老会派往中国安徽省宿州市（时称“宿县”或“南宿州”）。

1917 年在中国镇江与赛珍珠女士成婚，婚后定居安徽省宿州市（时称“宿县”或“南宿州”）。1920 年女儿卡洛尔出生于南京。

1920 年南京大学农林学院农业经济学系成立，担任该系教授和系主任，直至 1934 年。1920—1922 年间担任农林学院代理院长。

1925 年获得康奈尔大学硕士学位。在纽约州特洛伊市收养女儿珍妮丝。

1930 年出版《中国农家经济》，其数据来自中国 7 省 17 个地区 2866 户农家。

1932 年妻子赛珍珠基于其童年及其之后在宿州陪伴布克先生实地考察的经历，著小说《大地》，获得普利策奖。

1933 年获得康奈尔大学农业经济学博士学位。

1934—1939 年先后担任驻中国及华盛顿的货币顾问和美国国库代表，提出办法纠正 1934 年美国《购银法案》对中国经济的不利影响。

1935 年与赛珍珠离婚。赛珍珠后来与出版商理查德·沃尔什在内华达州里诺市完婚。

1937 年通过太平洋关系学院国际研究系列出版物资助，于南京大学出版《中国土地利用》一书，共三册。此项对中国乡村地区土地利用的研究包含 1929—1933 年间中国 168 个地区 16786 户农家以及 22 个省份 38256 户农家的数据分析。

1939 年中日战争期间担任中国财政部木油（桐油）运输顾问，帮助中国偿还美国贷款。

1940 年回到南京大学担任教授和《经济事实》主编，南京大学在日本入侵期间迁至成都。

1941 年与张渌梅在中国成都结婚。他们育有二子，罗莎琳德和保罗，分别出生在中国和美国。

1944 年在重庆和纽约国家农业工程公司担任首席经济学家。

1945—1946 年在华盛顿和中国担任技术顾问与美国农业部对外农业关系办公室成员，协助组织中美农业布道团。

1947 年加入联合国粮食及农业组织，担任土地和水资源处处长，其总部位于华盛顿和意大利罗马。

1954 年成为纽约新成立的经济和文化事务理事会（后为农业发展理事会）农业经济学处处长。遍布远东各国宣传农业经济学研究和教学。

1957 年退休回到其位于纽约达奇斯郡的家庭农场。

1964 年担任美国国务院教育文化事务局专家。

1966 年与欧文·道森和吴元黎合著《共产主义中国的食品和农业》一书。

1973 年著《南京大学农业经济学发展》，列入康奈尔国际农业发展系列出版物，简报第 25 号。

1975 年 9 月 27 日逝于纽约州波基普西市。

3. 纽约来信：约翰·洛辛·布克晚年对宿州工作的回忆

保罗·洛森·布克

致安徽宿州学院　约翰·洛森·布克研究所：

首先，对贵校成立这个研究所致力于对我父亲在中国尤其在安徽宿州的工作进行研究，我谨代表约翰·洛森·布克家族，表达我们最诚挚的感谢！我父亲的生日是1890年11月27日，今年是他诞辰120周年。他的事业和对中国农业研究和发展所作出的贡献正得到认可，对此我们感到非常欣慰！

我父亲和他的3个兄弟成长在美国纽约北部的达切斯县，距纽约市约80英里路程。在20世纪早期，我父亲亲身体验了农牧业的各方面工作，因此也很了解依靠土地谋生的困难和辛劳。他年轻时就读于康奈尔大学并在1914年从该校农学院毕业，在康奈尔大学学习期间，他认识了许多来自其他国家的同学，其中一些就来自中国，是当时“庚子赔款奖学金”的获得者。那时我父亲就产生了要把科技农业引入中国的想法，随后他向美国基督教长老会提出申请并成为一名农学领域的传教士。1915年，他收到了中国方面的邀请，他也高兴地接受了邀请。

在洛森晚年一次与其交谈中，他对在中国的经历进行了如下描述：

“在宿州的活动完全由纽约麦迪逊大街长老会赞助，宿州是个农业气息很浓重的地区，那里的传教士们希望有农业专家来帮助当地的农民改善农活的实践操作，这项工作正是一个城镇发展的介质和载体”（康奈尔大学当时赞助了纽约州一个农业发展项目，派遣农业专家到纽约州的各个县去收集相关信息，为学校的研究服务，同时也给当地农民提供技术指导和帮助）。洛森继续说：“很不幸，当时在中国并没有开展农业研究，因此很难找到可以发展改进的地方。这种情况下，我用各种不同的作物进行测试，尤其是小麦，因为小麦种植在中国比较普及。许多小麦品种被送往上海，我也参考美国农业部发给我的作物地域性和差异性资料对小麦品种的差异进行了测试。美国农业部的一项差异性数据相比其他资料，甚至比当地农民种植小麦的差异性数据更显著。我们将这一研究结果在当地农民朋友中广泛宣传，最终被他们广泛采纳，而这个规模在我离开宿州前往南京大学后进一步扩大。”

洛森把这项成功归因于中国农民愿意采纳新的物种，同时，一旦他们发现新的劳作实践相比他们正在采用的方法有所改进，他们也都欣然接受。他说：“只要比他们之前使用的更好，农民们接受新的作物种子甚至新的耕作方法并不难。获得农民们信心最好的方法就是一开始至少要给他们提供比原先优秀20%的东西，之后，如果你只找到了比原先优秀一点点的东西，他们也可能会接受。”

他努力地学习中文，提高与别人交流的语言能力。他说：“最初两年我一直在学习这门语言，第一年几乎是始终在学，后来也是忙中偷闲坚持学习。我会骑着自行车在村庄、在乡间穿梭，观察农民们如何劳作，以及为何这样劳作，同时练习我的中文。这样，我的确学到了他们的很多方法，我也开始懂得为何他们要这样或那样做一件事。”

“他们十分乐意和我交谈。后来，我在南京大学时相比我的学生甚至有一种优越感，因为我是一个农家孩子，我知道如何与农民们交谈。而学生们基本上一直在学校学习，他们很少有田间劳作的经历，甚至瞧不起农民。某种意义上他们害怕面对农民，因为他们不知道该说什么。当你看到农夫在犁地或锄地，重要的就是去和他谈论他正在做的事情。我当时出门如果看到农夫在犁地，经常会说：‘让我试试’。农夫们一开始往往会觉得好笑：这的确有趣，一个外国人在这里尝试犁地！但这确实有效，我这么做并没有失去声望，或许还获得了更多。”

“在宿州的第二年我面向当地的12名农场主开设了一个农业培训班，幸运的是，我得到了当地一名邮递员儿子的帮助，他在南京农学院学习了两年。这是一个很有趣的课堂，培训课程结束后我相信这些农场主将会是为中国农业引入新思路的希望所在，因为他们受过教育，理解能力较强，家境富足，能够负担起对一些新事物的尝试。之后一年我面向一些高中学生教授了一门农学课，随后还有一期短暂课程是面向紧邻周边甚至从上百英里以外的传教站而来的年轻人。第四年仍有一些年轻人希望开设短暂课程，那时我已意识到他们有进行农学培训的需求。”

“那时，我也开始意识到，因为资金受限，我在某个传教站测试作物或植物培育繁殖方面所做的实验工作无法有更大的进展。因此我建议，如有可能，希望在宿州建立一所农学为主修科目的高中，或在这所高中设立一个农学系所，但这一想法并没有被接受。我意识到，既然不能做出某种杰出或值得的事，那里的前景并不是很光明。大约就在那时，南京大学农学院的系主任雷士纳先生建议我去南京到他们学院工作，同时也可以开展农业经济研究工作。去南京并成为致力于培养农业方面人才的研究机构中的一员，这一点对我来说很有意义。同时，我与康奈尔大学乔治·瓦伦教授曾经的共事经历，使我懂得了农牧场管理和农业经济研究在农学院校的重要地位，我也感到这一点在中国会有很大用处，因此我决定辞去传教站的工作。这是个很困难的决定，因为我之前被派遣到中国就是为了做这项工作，但我相信，为农民们带去先进的农业实践技能，更应是中国人自己的工作，而不是外国人的工作。一个外国人或许可以短期从事这项工作，而且从工作中了解到更多中国农业的情况，但有个问题始终存在：那就是中国人对这个外国人持什么态度？因为中国有太多的农民，这项工作还应由中国人自己来做。”

这些摘录选自1962年我父亲与科尔曼教授的一次谈话内容，作为记载他在康奈尔大学农学院经历的系列资料。我父亲对他在宿州的工作经历以及那段经历对他了解中国农业的重要意义的描述，表明那段经历为他之后的工作奠定了基础。这样，他作为一名农业传教士、教授、研究员、美国政府代表，以及不朽的研究成果《中国土地利用》的作者，开始了他在中国近30年的不平凡的生活。

最后，闻听宿州学院决定成立约翰·洛森·布克研究所，我们感到十分高兴。衷心地祝愿各位与会人员在各自的研究领域取得成功。

保罗·洛森·布克

2010年11月26日　于美国纽约

4. 我的父亲约翰·洛辛·布克与赛珍珠在南宿州

保罗口述，汪健、张映碧口译，郗化志记录

约翰·洛辛·布克（1890—1975），自幼学农，常常和家人说要去中国。1915 年，布克乘一日本船从旧金山辗转到上海，他对传播农业种植技术以及参加中国另传统的农业耕作技术充满热情，后来出版过一系列关于中国农业的著作，如《中国农业管理》《中国的土地利用》《中国的农业经济、土地和农业、农村的调查》《1949—1958 年大陆的食品和农业》等。最后一书比较了中国 1929—1937 年间和新中国 1949—1958 年期间农业、食品的差异。他是美国财政部派往中国的官员。他的《中国的农业管理》一书，有大量照片取材于宿州农村。他在宿州对农村和农民研究都非常喜爱。

布克在传播农业技术时，试验过小麦品种，目的是提高质量。当时宿州治安很差，到处是强盗，出外活动很危险，一到晚上就城门大关，布克乘火车离开宿州时，县令专门派一队卫兵乘马车保护他去车站。赛珍珠的《大地》中有这一场景的描写。

布克赛珍珠是在庐山岵岭 1916 年认识的，1917 年二人在镇江结婚。在结婚照片上，只有赛珍珠的父亲参加二人婚礼。婚后二人随即搬到宿州，赛珍珠全力支持布克在宿州周围乡村展开实地考察。当年赛珍珠在从宿州写给布克在美国的母亲信中说："布克在这里前途无量，我会尽全力帮助他。"赛珍珠与布克在宿州乡村四处奔波，这使她真切感受到家民的生活。而对作为农民妻子的妇女们所受到的酸甜苦辣，体会尤其深刻。她在 1918 年 12 月 12 日的信中说："人们通常会对中国有个总体印象或概念，殊不知真正的中国，在于普通人的日常生活中。在于你对他们谈话的了解，在于你对他们的熟悉。"

1920 年，布克应南京金陵大学农学主任邀请，去金陵大学任教，金陵大学专为他成立了农林学院农业经济学，并因为对布克在宿州所做的农业考察非常满意，而任命他为系主任。

我（布克之子自称）的职业是建筑师，收藏有布克与赛珍珠在宿州居住楼房的照片。如果宿州重建该楼，我可以提供，并在建筑上提出意见。通过这次大会，我们了解到：过去宿州对赛珍珠研究较多，而对布克在宿州的工作，则关注较少。如果宿州能把布克对宿州农业的研究以及相关工作，和对赛珍珠的文学创作那样，列为研究对象，我们会感到十分欣慰。

中国的普通人对赛珍珠与布克一直怀着友好感情，1927 年金陵大学受到冲击，一名美国来的副校长被杀，外国人纷纷躲藏。一位姓鲁的大妈过去曾做过赛珍珠母亲的女佣，此时她冒着危险保护了赛珍珠和布克，布克和赛珍珠在文章中都称赞鲁大妈是个女英雄。我们家现在仍保存有他们 1931 年为鲁大妈一家在其农家门口拍的照片，鲁大妈家的小朋友叫“小米包”。（本书编者按：据宿州邵体忠先生考证，保罗所说的“鲁妈”，实为“芦妈”，其子在赛珍珠《我的中国世界》中被译作“肉蛋”。此处口译为“小米包”，当是对“Little Meat boy”意译、音译合成的说法）

此后不久，二人去了日本长崎。1927 年逃难时布克身上仅带唯一手稿是《中国农业经济》。1928 年，布克、赛珍珠夫妇与其智障女儿以及收养女儿有一张合影。后来这张照片因为赛、布的离婚，而被布克之母剪开了，现在又被我们复原。1931 年中国发生水灾，南京长江三角洲大水泛滥，布克乘船调查水灾，留有照片。

布克与赛珍珠后来因感情变化而离婚。从 1935 年开始，布克又成了单身汉，这一照片是布克与朋友合影，全是男性，然而持相机的是女性（笑），亦即张渌梅，她不久就成为布克的妻子，也就是我的母亲。现在仍住在美国，已经 101 岁了。

1937 年布克出版《中国农业地区图》，对何处适合种什么农业作物，分为水稻区、小麦区、高粱区、小米区……这本书受到南京大学高度重视，已经扫描入他们的资料数据库。

1940 年布克与张渌梅在成都结婚，张是上海崇明人，也是大户人家出身。她的哥哥（即我的舅舅）是哥伦比亚大学学建筑的。

1950 年，我父母到意大利罗马。父亲是联合国国际组织的农产品农业组织观察员。

1953 年布克到日内瓦开会。任食品与小产品利用之主管。

1953 年布克在越南参加土改。

1954 年，洛克菲勒请他回国任农业经济管理主任，在纽约上班。

1956 年布克在日本研究粮食增产和农业教育问题。

1960 年，布克退休，以写书为主要生活内容。他的书房仍保持着赛珍珠布置的格局，采光很好。

1973 年康斯坦大学发表布克的专著《中国农业发展信息》是他全部著述中一部很重要的著作。

1973 年赛珍珠去世，布克才得与其收养的女儿（Janice）团聚，过去，赛珍珠一直对养女隐瞒了布克自 1945 年回到了美国的事实。

1974 年布克其张渌梅在纽约合影。

布克之子说，他父亲对中国农业作了许多有益的考察，对农业技术，做了大量的研究工作，但他的许多工作在中国大陆一直没能产生预期影响，这其中的主要原因，可能是布克著作中没有阶级斗争的内容，以致在政治气氛很鲜明的大陆，一直没能成功流行。

5. 中国书简：我祖父约翰·洛辛·布克与赛珍珠的早期生活

（布克孙女）爱丽森·布克

（张　宇译）

在1915年11月，我的祖父布克从旧金山登上了日本丸号启程去上海。作为一位农业传教士，他当时的年龄为23岁，推广科学的农业和渴望了解中国农业的传统耕作方法，这一冲动奠定了他的职业生涯。他只在中国呆了两年就遇见了后来与之结婚的第一任妻子赛珍珠。在他们的婚姻生活中，我的祖父和赛珍珠所做的工作，使他们获得了国际赞誉，那就是：我祖父的研究成果《中国农业土地利用》和赛珍珠的获奖小说《大地》。因为他们经常从中国写信给我的曾祖母，我的家族存有他们一起生活的个人纪录。现在这些信作为他们1917年至1935年在中国生活的见证。

我的祖父在他抵达南宿州上任后，于12月14日写信回家："展望我在此地的工作从各方面来看都非常好。这里完全是个农业社会。"当他遇见赛珍珠时，布克是在为美国长老会工作，在宿州农村开展小麦种植试验。1916年7月26日，他从传教士的夏季度假胜地牯岭写信回家，他"刚结识了一位很好的传教士女儿"，并计划在当晚有个约会。很快布克邀请赛珍珠第一次去宿州。赛珍珠后来写到这次经历。我至今清晰地记得展现在我面前的世界就好像是昨天一样，一个和我的生活完全不同的世界，好像一百多年前。这就是中国农民的世界。他们于1917年结婚，赛珍珠搬到南宿州，经常伴陪我的祖父在城郊村庄开展工作。在这段生活中，她通过农民的妻子了解到中国农民的生活。

她在1918年12月12日写道："一个人必须深入人民大众的日常生活，了解他们的日常交谈并了解他们的真实生活——普通人的普通生活，看到真实情况。由此得出一般的印象和观点……并称此为中国"。

他们共同生活的这些年对我的祖父和赛珍珠都是非常重要的。1920年，布克完成了长老会的工作，南京大学农林学院院长约翰·芮斯纳对我祖父在宿县所做的农业考察成果相当满意，极力要求布克到他的学院工作，在其农林学院创建一个农业经济学院。布克在南京大学的12年，凭他的能力，组织和分析了他本人和他的学生收集的数据，这些数据包括22个省份168个地方16786个农场和38256个家庭农场。这些信息收进了1937年出版的《中国土地利用》三卷内容，这项工作是第一个也是唯一的关于中国农业1929年至1933年的记录，这都是完全基于事实的。他的朋友和同事博士达夫·罗伊在我的祖父去世后回顾，布克工作的伟大意义在西方世界大家尚未完全意识到。它展现的是全世界都知道的某些关于中国农业的可能性和资源，是以事实为根据而不是猜测。对经济学做出了方法论贡献。1942年，中文版的《中国土地利用》被中国政府出版局评为自1937年以来最佳出版物。

至于赛珍珠，在宿县那段传教士生活同样使她终生难忘。她在陪伴我祖父的同时做传教工作，她获得的家庭条件的信息和他们的习俗和信仰成为她的名著《大地》不可多得的珍贵素材。这本书以诚实而感人的笔触，描写了中国农村的普通农民，从而建造起一座东西方沟通之桥，使她赢得了普利策奖和诺贝尔文学奖。

对他们个人而言，南京生活的几年也富有挑战性。他们的第一个女儿，卡罗尔·格雷斯于1920年出生于南京，他们的第二个女儿贾尼斯，是1925年在纽约收养的。这对年轻夫妇对新家庭的喜悦逐渐由关心转向伤心，因数他们意识到了卡罗尔的发育是不正常的；赛珍珠作出痛苦的决定，于1929年把卡罗尔送进新泽西州的葡萄园学校。多年后，在1959年11月，赛珍珠写信给布克说：我们现在对卡罗尔的病情有一个确切的诊断。最近，通过长期持续的研究表明，她得的是苯丙酮尿症，这是一个先性蛋白同化缺乏症……当然，现在没有任何东西可以帮助卡罗尔。如果当她还是一个婴儿时我们知道病情，她就有可能被提供无蛋白饮食，她或许是可以正常的。

我的祖父和赛珍珠在各自领域为实现杰出的职业生涯而努力。尽管他们之间有分歧并最终离婚，但他们工作的共同主题——中国将他们联系起来。为沟通东方和西方持续的奉献精神使他们成为美国当局中国问题的权威人士。赛珍珠为大家所熟知的不仅是她关于中国和远东地区的许多出版作品，还有她的人道主义工作；成立赛珍珠基金会（今日仍作为赛珍珠国际继续存在），并为无数美亚儿童提供住所，后来扩展到对所有种族儿童。我的祖父也有一个长期的职业生涯，除了他在南京大学的工作，他曾担任美国财政部驻中国代表，联合国粮农组织农业司土地和水使用处的行政官员，经济和文化事务安理会农业经济部主任，以及美国国务院远东问题专家。

他和赛珍珠离婚几年后，布克在光启南京主办的一次晚宴上，遇见了我现在的祖母张渌梅，光启是张渌梅的哥哥，中国著名建筑师，光启后来写道，对于布克而言，这是一见钟情。从这第一次见面后，他很少离开她。他们于1941年结婚，并于1944年离开中国去美国，自从美国国会废除《中国排华法案》以来，渌梅首次收到在美国签发的移民签证。最后，他们与他们的两个孩子在布克出生并被抚养大的纽约达切斯县农场定居。(需要指出的是，我的祖母仍然生活在纽约，她刚刚庆祝过她的100岁生日)。

巧合的是，赛珍珠为游说废除《国家排华法案》，与我的祖父一直保持联系。1972年1月21日，在她去世前一年，她在一封信的末尾用道歉的口吻这样写道："请原谅我来告诉你这一切，但是我相信，当我们变老时，我们将依然是朋友。令人感到非常满意的是，你有一个很好的渌梅，她为你生育了你们的孩子。我像以往一样给予你们美好的祝福。赛珍珠"

我的祖父于1975年去世，享年85岁，他给这个世界留下了一大笔可以造福于民的丰富的科学遗产。在他的葬礼上，罗伊博士这样怀念他："一个敦厚纯朴的、脚踏实地、性情温和、勤奋工作的农业专家，他对农民的热爱比对自己的职业生涯更感兴趣……""一个从不有损于自己的荣誉、宣传、交际和政府职位的人……一名对其存在让你感觉如坐春风的人。"

艾丽森·布克

写于：中国镇江　赛珍珠国际学术研讨会

2008年10月18日（修订于11/14/08）

6. 埃德加·沃尔什
2011年11月致信宿州学院

美国科罗拉多州格林威治　06831-3637

森林大道14

宿州学院

宿州市　234000

中华人民共和国安徽省

受贵校邀请参加赛珍珠纪念馆开幕仪式，我不胜感激，也感谢宿州学院以此种方式来纪念我的母亲。

我希望我能够在12月10日参加开幕式，但是因为事先已有其他安排，致使我无法成行。我知道珍妮特·明泽女士计划前往出席，她也承诺回国后会向我展示一些照片，并介绍参会情况。

请向会长柯宇玲女士转达我衷心的问候。

我希望2011年6月或7月能有时间去中国。如果成行，我一定会去拜访你们。我之前访问过贵校以及宿州市的网站，我对这片土地充满好奇。许多年前我母亲在那里生活过的事实，以及她告诉我如此多的当地的所见所闻，使我非常渴望前去拜访这个地方。

谨向您和同事们送上我最真挚的良好祝愿。

埃德加·沃尔什谨上

2010年11月3日

7. 在赛珍珠纪念馆开馆仪式上的演讲

赛珍珠国际组织总裁　珍妮特·明泽

尊敬的各位领导，各位朋友：

很荣幸在宿州学院赛珍珠纪念馆开馆仪式上认识大家，首先，我谨代表赛珍珠国际基金组织向各位表示祝贺，同时也诚挚地感谢主办方邀请我参加这一盛事。这里，我也想感谢并介绍赛珍珠国际基金会的董事卡罗尔·沃特斯女士以及台湾赛珍珠基金会执行长柯宇玲女士。

将近一百年前，赛珍珠与她的前夫约翰·洛森·布克曾定居在这座城市。她对宿州这片土地和这里的人民怀有非常美好的回忆，而这些美好回忆始终伴随着她。她撰写《大地》一书时从这里的经历中汲取了很多素材。这片土地和这里的人们曾激发了她的创作灵感并帮助她最终获得普利策奖及诺贝尔奖；而现在，大家又在对她进行研究并认可了她在构建东西方文化交流桥梁中所作出的贡献和努力。真希望她能知道，一个世纪之后，我们为了纪念她而在此欢聚。

今天，我来参加盛会也是代表了赛珍珠女士宝贵遗产的重要部分——她在半个多世纪前创立的赛珍珠国际基金会。赛珍珠国际基金会有三项主要功能，而这三项功能又集中体现了一个共同的使命，那就是推进赛珍珠女士的梦想和宝贵遗产，即致力于改善全世界儿童的生活质量，扩展他们的各种机会；促进对其他文化价值与属性的理解，摒弃各自成见；以及在全世界范围内发扬人道主义。

为了这一宗旨，我们在美国保存了赛珍珠女士生活了40年的家，提供参观浏览和向导指引，推进跨文化鉴赏项目，开展收养活动，以及在中国、菲律宾、韩国、中国台湾、泰国和越南资助贫困儿童。

赛珍珠女士的多文化背景，使她成为一位性格坚韧、造诣颇深的女性，她从中国和美国文化中汲取力量，我相信，通过我们的项目活动，我们也同样可以在各自的国家，于日常生活中，于普通大众，加强和引入多文化鉴赏。通过包括举办庆祝活动、文化交流和教育项目，我们可以建立伙伴关系，共同探索新的道路。

很高兴贵校正致力于提高大众对赛珍珠的认识和认可，崭新的赛珍珠纪念馆和这次研讨会正是您们杰出的工作的写照。

为大家做出的诸多努力，我谨代表赛珍珠国际基金会，诚挚的祝愿宿州学院好运连连，我也期待，我们之间可以基于共同的目标，继续构建东西方交流的桥梁。

赛珍珠女士的成就属于她个人，而过去，现在和将来我们却可以共享。我们今天在这里欢聚就是赛珍珠宝贵遗产的显著例证。我也相信，我们可以共同建设一个充满无限可能的新世界。

最后，祝各位事业上取得更大的成就，谢谢大家！

8. 在赛珍珠–布克国际学术研讨会上的致辞

宿州学院党委书记　桂和荣

尊敬的赛珍珠国际基金会珍尼特·明泽总裁，女士们，先生们，朋友们：

大家上午好！

我谨代表宿州学院向各位专家学者、海内外朋友来我校参观赛珍珠纪念馆并进行赛珍珠、布克学术交流表示热烈的欢迎！

上世纪初，赛珍珠女士在宿州生活多年，并以宿州地区农村、农民为题材，完成了《大地》小说的创作，获得了国际最高文学奖，为促进东西方文化交流留下了十分珍贵的文化遗产。近年来，我们在借鉴镇江等国内几处赛珍珠纪念馆建馆经验的基础上，积极筹备建设我校的赛珍珠纪念馆，今天终于在《大地》作品的渊源地建成了赛珠纪念馆，以此来展示赛珍珠女士的传奇经历，表达她博爱慈善的情怀以及浓厚的中国情结，同时作为提升赛学研究水平、促进东西方文化交流和文明进步的重要平台。赛珍珠女士的丈夫布克先生早年在中国开展农业及农家经济的调查研究，足迹踏遍了大半个中国，他的《中国农家经济》等学术著作至今仍是世界研究中国农业最系统、最翔实的权威文献。中国人口占世界人口的1/5，是一个农业大国。中国农业的发展，不仅能养活本国13亿人民，而且对世界也是一大贡献。为此，我们决定成立布克研究所，在推进中国农业现代化过程中，立足因地制宜的思想，加强对布克学术成果的研究，为解决好农业、农村和农民的“三农”问题提供帮助。

女士们，先生们，学术研究永无止境，特别是镇江赛珍珠研究会活动和赛研水平上，都走在国内前列，在很多方面值得我们认真学习。我们真诚地希望你们对我校赛珍珠纪念馆的建设以及布克研究所的工作多提宝贵意见。让我们携起手来，加强交流与合作，共同促进赛研及布克研究提升到一个新的水平。

最后，祝各位朋友在宿州生活愉快！

谢谢！

9. 约翰·洛森·保罗关于本书的来函
(2016.11.14)

敬爱的鄢教授:

收到您的邮件及其附件，我惊喜万分。听闻贵校赛珍-布克珠研究工作从未间断，对此我们感激不尽。

您著书的计划很有趣。来自康奈尔大学的两位教授也已经开始就我父亲在中国的生活和工作情况著书立说，也许对此您有所耳闻。

我父亲 1916 年到宿州生活，值得一提的是您的邮件恰逢一百周年。下文两段引文，节选自我父亲写给其父母的信件:

1916 年 9 月 19 日

“我现在真真正正的在宿州了，安顿在我自己的房间里……他们去年夏天建了一栋新房子，有两层楼高，18 英尺宽 50 英尺长，每一层楼有三间房。

1916 年 11 月 25 日

我现在独自一人住在我的新房子里，顶层都属于我，有书房、卧室和浴室……

殷切希望你的工作将按计划进行，感谢您让我们随时了解相关信息。有一事我应当说明，我的儿子安德鲁持有区域规划学位，目前在北京工作。

祝好

保罗·洛辛·布克

保罗 20161114 关于本书的来函原文

Dear Professor Yan,

I was pleased to get your email along with the attachments. We appreciate your description of the research work that has been ongoing since the change in the university personnel and authority. Your plan for writing a book is interesting, and you may be aware that two professors from Cornell have begun work on books about my father´s life and career inChina.

It is notable that your email occurs on the 100th anniversary of my father´s arrival to live in Nanhsuchou (Suzhou) in 1916. Below are two quotes from letters from my father to his parents:

September 19, 1916

"I am now really and truly at Nanhsuchou and am settled in my room. . They built a new house last summer two stories high, 18 feet wide and 50 feet long, making three rooms on each floor."

November 25, 1916

1916 年 11 月 25 日

"I am living in my new house all alone, have the top floor to myself, study, bedroom and bathrooms……"

Hopefully your work will continue on schedule and thank you for keeping us informed. I should note that our son Andrew, who has a degree in regional planning, is currently working inBeijing.

Regards,

Paul L. Buck

参考文献

1. （美）赛珍珠著．王逢振译．大地（三部曲）．北京：人民文学出版社，2010.

* 2. （美）赛珍珠著．尚营林等译．我的中国世界．湖南文艺出版社，1991.

* 3. （美）赛珍珠著．汪健节译．中国的过去与现在．赛珍珠研究，2015.

* 4. （美）赛珍珠著．汪健节译．我所知道的中国．赛珍珠研究，2015.

* 5. （美）赛珍珠著．王逢振译．帝王女人．东方出版社，2010.

6. （美）赛珍珠著．林特溟译．告语人民．广西师大出版社，2003.

7. 王国荣主编．诺贝尔文学奖获奖作品集．文汇出版社，1997.

* 8. （美）布克著．张履鸾译．中国农家经济学．商务印书馆，1936.

* 9. （美）布克著．戈福鼎等译．中国农场管理学．商务印书馆，1947.

10. （美）布克著．中国土地利用．金陵大学农学院经济系出版，1937.

* 11. （美）彼·德康著．刘海平等译．赛珍珠传．漓江出版社，1998.

* 12. （英）希拉里著．埋骨——赛珍珠在中国．重庆出版社，2011.

* 13. 怡青．美丽与哀愁：一个真实的赛珍珠．东方出版社，2005.

* 14. 陈敬．赛珍珠与中国．南开大学出版社，2006.

* 15. 刘龙．赛珍珠研究．云南人民出版社，1992.

16. 刘龙，王玉国．赛珍珠．黄山书社，1993.

* 17. 李震．大地的女儿赛珍珠．江西美术出版社，2009.

* 18. 姚君伟．文学选论·赛珍珠研究．复旦大学出版社，2003.

19. 姚君伟．赛珍珠论中国小说．南京大学出版社，2012.

20. 朱骅．美国东方主义的“中国话语”——赛珍珠中美跨文化书写研究．复旦大学出版社，2012.

* 21. 郭英剑编．赛珍珠评论集．漓江出版社，1999.

* 22. 耿炜，丁亚明，斐伟．文化人桥赛珍珠．江苏大学出版社，2009.

23. 董晨鹏．走世界的中国与世界主义的赛珍珠．上海文艺出版社，2013.

* 24. 许晓霞等主编．赛珍珠纪念文集（1—35 集）．江苏大学出版社，2003. 08-2017. 07.

* 25. 许晓霞等主编．赛珍珠研究文集（1—4 册）．广西师大出版社，2006. 10-2011. 12.

* 26. 裴伟，周小英，张正欣．寻绎赛珍珠的中国故乡．江苏人民出版社，2015.

* 27. 邵体忠．古汴留痕．宿州学院赛珍珠研究所印发，2002. 03.

28. 邵体忠．消寥暇语．宿州学院赛珍珠研究所印发，2012. 02.

29. 邵体忠．晚窗集．宿州学院赛珍珠研究所印发，2004. 5.

30. 邵体忠．拾翠集．宿州学院赛珍珠研究所印发，2006. 09.

31. 邵体忠．埇下异闻．宿州学院赛珍珠研究所印发，1998. 08.

* 32. 邵体忠．赛珍珠研究小札．宿州学院赛珍珠研究所印发，2008. 10.

* 33. 邵体忠．赛珍珠研究及其他．宿州学院赛珍珠研究所印发，2012. 12.

* 34. 宿州学院赛珍珠-布克研究所编发．赛珍珠——布克国际学术研讨文集．2010. 09.

* 35. 宿州学院文学与传媒学院编发．大地的回声——赛珍珠、布克研究文选．2014. 02.

* 36. 宿州学院赛珍珠研究所印发．赛珍珠研究 1—9 期．2003—2010.

* 37. 盛邦跃．布克视野中的中国近代农业．社会科学文献出版社，2008.

* 38. 杨学新，阴冬胜．论卜凯在安徽宿州的农业改良与推广．河北师范

大学学报，2010（3）.

* 39. 杨学新，任会来．卜凯问题研究述评．中国农史，2009（2）.

* 40. 杨学新，任会来．卜凯文献挖掘整理的现状与思考．中国农史，2013（2）.

* 41. 叶公平．卜凯中国农村调查研究．南京农大学位论文，2009.06.

* 42. 叶公平．卜凯的中国农业调查．台湾版传记文学，95 卷 4 期.

43. 叶公平．卜凯——中国农业经济学的奠基人．台湾版传记文学，19 卷 6 期.

* 44.（美）H. 金著．程存旺等译．四千年农夫．东方出版社，2011.

* 45. 邵体忠．布克在宿州的事迹与事业．宿州学院布克研究所印发，2010.12.

* 46.（日本）韩敏著．陆益龙等译．回应革命与改革．江苏人民出版社，2007.

* 47. 南无哀．东方照像记．三联书店，2016.

* 48. 李小玉等编译．遗忘在西方的中国史．中国计划出版社，2015.

49.（日本）芥川龙之著．陈生保等译．中国游记．北京出版社，2006.

50. 日本．国立民族博物馆研究报告．2010.03.

* 51. 飘逝的岁月——中国社会史．华东师范大学出版社，2001.

* 52. 周道斌主编．宿县志．黄山书社，1998.

53. 周道斌主编．宿县地区志．中国人民大学出版社，1995.

* 54. 居永立主编．宿州市志．方志出版社，2015.

* 55. 李淑怀主编．宿州教育志．州教育志，1986.04.

56. 宿县政协文史委编．宿县文史资料．1989.10.

57. 宿县地区土壤调调查办公室．宿州土壤和土壤培肥．1974.04.

* 58. 清·何庆钊主修．清光绪版宿州志．1899（光绪 15 年）.

59. 姚玉金主编．宿州印象记——非物质文化遗产田野调查汇编（1—5 册）．2009（11）.

* 60. 黄保迎，陈喜庆主编．宿州市立医院九十年．2003.08.

61. 戴永生，黄幸平．宿州基督教福音堂壹佰周年．宿州基督教会，2008.10.

* 62. 宋建国主编．不容忘却的历史．安徽人民出版社，2015.06.

* 63. 苏兴佳主编．日军宿州轰炸影像史料．中国文史出版社，2015.08.

* 64. 刘海平．赛珍珠与中国文化关系的研究资料小识．镇江师专学报，2001（4）.

65. 清·冯煦主修．陈师礼总纂．皖政辑要．合肥：黄山书社，2005.

说明：

1. 加＊号者，为引用其图片、文字的书目，其余为参考内容或观点的书目。

2. 目录中未标明出版单位或“期刊论文 ”“学位论文”字样的，系相关研究部门印发的内部交流资料。

后　记

赛珍珠和布克都是从美国来到中国宿州“成家立业”，并各以其文学、农学的杰出成果而广为世界所知的文化名人。2017年是赛珍珠、布克在宿州开始工作的100周年纪念，谨以此书表达对赛珍珠、布克两位中国人民真诚朋友的崇高敬意！

从目前的学术进展而言，国内外对赛珍珠、布克的成果价值、文化贡献研究都较多，但对他们事业成果、人文贡献与发祥地——宿州的密不可分联系，除了数量不多的论文（如河北大学杨学新教授等学者的专题论文）予以探讨，整体上说关注较少。而对赛珍珠、布克二人的研究工作来说，若不具体考察他们生平事业中起始于宿州的生活、工作状况，不系统观察其成果与宿州人文风貌的深层关联，就难以追本溯源地切中其事业成果、文化意义的肯綮。

赛珍珠与布克的成就，虽然按照狭义的文化概念，可以分为文学艺术和科学知识的不同范畴，但在文明发展和文化交流的意义上，却有高度共性：二人共同以其对中国农民的生存状况、生活方式所做的史诗般描写和真切而取材丰富的阐述，“为西方世界打开了一条路，使之用更深刻的人性洞察力，去了解一个陌生而遥远的世界。——这是一项伟大而艰难的任务，需要用全副的理想主义与宽大的心胸，而这些都已经做到了。”这段评语出自瑞典学院常任秘书佩尔·哈尔斯特龙在诺贝尔文学奖颁发仪式上对赛珍珠所做的致辞，而对布克同样适用。因为他对中国“三农”（农业、农民、农村）问题所作的调查、记录、分析所展示的描述、研究与思考，不仅和赛珍珠的小说描写同样为近百年来中国农业发展的历史所证实，而且同样具有现代借鉴和未来启示的意义。

在新中国的改革开放之前，国内对赛珍珠、布克的研究基本处于封闭状态。20世纪80年代起，赛珍珠童年生活的江苏镇江和赛珍珠、布克长期工作的南京相继开展了二人在中国、在江苏的研究，近年来更是成果迭出。而作为布克、赛珍珠在中国共同生活与工作事业起点的宿州，虽然也从20世纪末起步，但力度、规模不免相形见绌。尤其对赛珍珠的《大地》和布克的《中国农家经济》两部巨著与素材原生地宿州的深层联系，一直未能做出较为系统的考察研究，本书拟针对这一空缺做些努力。

本书由宿州学院赛珍珠研究所、布克研究所组织赛珍珠研究、布克研究的相关人员共同撰写。编写组成员由宿州学院的赛、布研究人员和在外地工作的宿州籍从事赛、布研究的学人组成。全书九章，每章分为本章内容概述和相关图片说明两部分。各章的《概述》部分及全书的《前言》《后记》由本书主编执笔，各章图片阐释文字的撰写人员分别是：

第一章：鄢化志　鄢二星

第二章：陈世魁　陈艳梅

第三章：姚慧卿　井红波　魏　群

第四章：陈艳梅　王效昭

第五章：姚慧卿

第六章：居永梅

第七章：孟　方　姚慧卿　孟筱萌

第八章：张桂玲

第九章：张雁凌

本书的构思，原计划以文字表达为主，辅以相关图片，采用叙事加评议方式，较为全面深入地展现赛珍珠、布克在宿州的工作生活情况与事业起步，发展的过程。但随后发现：这种写法不仅需要进一步挖掘资料、更大范围采集学术信息，而且需要更为周密的构思和较长的撰写时日。以我们目前的资料储存和学术力量，短时间内很难胜任，故而调整为以图片内容为主线：精选赛珍珠、布克与中国（重点是宿州）相关的原始照片，辅以和原始照片时代相近、内容相关的资料图片，组成全书内容的行文脉络。通过每幅照片引发的相关故事和社会内容，连结成社会历史进程中人物活动的情节链条，从而以“视觉证据”，形象反映中美两种不同文明，异质文化在碰撞、交融中，孕育出文学艺术与农业科学两个领域峰巅成果的真实历史过程，较为系统地勾勒出赛珍珠、布克发端于宿州大地的中国经历，对促进东西文明交融和中美文化交流的影响与贡献；使全书通过这两个具有世界知名度的美国人在中国经历的微观视野，映射出中美文化宏观交流史中的一个真实侧面，以期为当代中美新型大国关系的研究，提供一个独特视角的历史参照。

我们自知学力、资料都有限，要实现上述初衷，实不免近于“野心”。但弘扬与赛珍珠、布克相关的地方特色文化资源的责任感，促使编写诸同仁密切合作，加班加点，终于在短时间内赶出这本“书被催成墨未浓”的小书。鉴于上述情况，我们自知书中的疏漏、舛误必然难免，敬待赛学、布研的方家与有识之士不吝赐教！

本书中有关赛珍珠、布克在宿州和中国各地生活、工作的照片，主要取自布克家族创建的布克生平网站和布克的《中国农家经济》诸书。凡布克拍摄皆予署名，另有部分照片为布克之子保罗先生提供。宿州学院赛珍珠研究所联络员桂莅鑫同学在留学美国期间，曾应布克之子保罗邀请，参观了美国费城青山农场的赛珍珠故居纪念馆。参观时拍摄的照片，也被选用于书中。拍摄于民国时期的与宿州教会、与赛珍珠、布克有关的老照片，分别由赛珍珠、布克宿州同事的后裔郜体忠先生、生景新女士提供。上述图片除了《中国农家经济》中照片，其余皆首次见于公开出版物。书中另有选自出版图书或相关文献资料的图片，相关情况见参考书目。书目中的《四千年农夫》的作者H. 金，是20世纪之初与布克观点截然不同的美国专家。但H. 金和布克对中国农业、农民进行考察的科学求真态度，却是一致的。因此，尽管二人结论迥异，但若能“过滤”其主观结论，单从素材的角度观察，则他们分别用相机客观记录的中国农民农业的图片，却常常可以相互印证对方的论点。因此，本书在说明布克对中国农村的考察内容时，适当移用了H. 金拍摄的同类题材的图片，并予以标明。

本书的编写得到宿州市档案局（馆）、方志办的王伟、居永立、高磊、柴培华等领导、专家的大力支持，热情鼓励，不仅对本书纲目初稿提出一系列指导意见，而且多次召开协调会解决信息沟通、资源共享问题；不仅为书稿的完成提供了良好的协作机制，而且设法在相应环节中提高了本书的出版规格。宿州学院评建办的唐爱华教授、环测学院付金沐教授、大学文化研究中心彭鸿雁教授、科技处卓馨教授等，或为本书出谋划策、多方支持，或为本书推荐资料、提供图片，周凤梅老师也曾参与初期撰写。统此一并表示衷心的感谢！

值得提出的是：布克、张渌梅夫妇之子保罗先生得知我们这项工作之后，专为本书发来热情洋溢的信函，并提供了布克100年前写于宿州相关信件的摘录（见附件三）。谨此对保罗先生的关注支持致以衷心感谢！编写组同仁希望和关心赛学、布研的有识之士加强联系，为推进赛珍珠、布克研究，为促进中美人民的友好交流，做出更多的努力！

作　者

2017年10月